CRISTINA SOREANU PECEQUILO

PROFESSORA DE RELAÇÕES INTERNACIONAIS DA UNIVERSIDADE FEDERAL DE SÃO PAULO (UNIFESP) e dos Programas de Pós-Graduação em Relações Internacionais San Tiago Dantas (UNESP/PUC/UNICAMP) e em Ciências Sociais da UNESP/Marília. Pesquisadora Associada do Núcleo Brasileiro de Estratégia e Relações Internacionais (NERINT/UFRGS) e do Grupo de Estudo Inserção Internacional Brasileira: Projeção Global e Regional (UFABC/UNIFESP). Mestre e Doutora em Ciência Política pela Universidade de São Paulo (USP) e autora de diversos livros e artigos sobre as Relações Internacionais do Brasil, dos Estados Unidos, da União Europeia, dos BRICS e da América do Sul. E-mail: crispece@gmail.com

DEDICATÓRIA

A todos os meus ex-alunos, hoje professores.

AGRADECIMENTOS

Ao CNPq pela Bolsa de Produtividade em Pesquisa.

SUMÁRIO

INTRODUÇÃO

Ao longo do século XX, a trajetória das Relações Internacionais se desenvolveu de forma diferente dependendo do país, relacionada aos recursos de poder possuídos por estas sociedades e à posição que ocupavam no mundo. Esta tendência revela-se na definição do campo como "ocidental" e como uma "ciência social norte-americana" (HOFFMANN, 1987). Estas associações derivam tanto da emergência das Relações Internacionais como disciplina em universidades dos Estados Unidos, no contexto da Primeira Guerra Mundial (1914–1918), quanto da consolidação da hegemonia deste país no pós-Segunda Guerra Mundial (1939–1945) com a *Pax Americana*.

Porém, considerar que as Relações Internacionais são uma "ciência nova, ocidental e norte-americana" pouco nos diz sobre sua complexidade no passado, presente ou futuro. Independentemente de o fato das Relações Internacionais terem nascido como disciplina em 1918, suas raízes remetem ao pensamento clássico da Ciência Política, da História, do Direito, da Geografia, da Economia e da Sociologia, somente para citar algumas. O passado não é apenas o mais recente, mas sim de séculos atrás e, em contrapartida, a realidade pressiona o campo por uma permanente renovação.

No presente, as transformações globais abrem perspectivas de pensamento. Tais dimensões surgem tanto no eixo Ocidental/Estados Unidos como nas sociedades emergentes dos grandes países do Terceiro Mundo como os BRICS (Brasil, Rússia, Índia, China e África do Sul). Além disso, pensar a política internacional e seus fenômenos em termos de poder e Estados revela apenas parte do problema. Desde os anos 1950, atores políticos, econômicos e sociais não estatais convivem com os Estados, gerando fenômenos como a regionalização, a interdependência e a transnacionalização. Dentre esses, destacam-se as organizações internacionais governamentais (OIGs), as empresas multinacionais (EMNs), as organizações não governamentais (ONGs) e os movimentos da sociedade civil. Temas estratégico-militares dividem espaço como questões relativas ao comércio, ao meio ambiente e aos direitos humanos.

No século XXI, as bases da disciplina precisam ser atualizadas e compreendidas. Neste contexto, o objetivo do livro é oferecer um mapeamento da Teoria das Relações Internacionais (TRI), com uma abordagem brasileira. Isso não significa ter a pretensão de desenvolver a "TRI do Brasil", mas sim questionar modelos que muitas vezes são tomados como verdades e obscurecem o propósito da teoria: fornecer instrumentos para interpretar a realidade. Como sustentam Dougherty e Pfaltzgraff,

> Teoria nada mais é do que a reflexão sistemática sobre fenômenos, destinada a explicá-los e mostrar como eles são relacionados um ao outro em um padrão com sentido e inteligente (...) a função essencial da teoria internacional é nos permitir melhorar nosso conhecimento a respeito da realidade internacional, seja para o mero entendimento ou para o propósito de mudar a realidade. (DOUGHERTY e PFALTZGRAFF, 1997, p. 15)

Dunne, Kurki e Smith complementam,

> As teorias oferecem explicações do porquê as coisas acontecem e o fato de que elas fornecem uma grande quantidade de razões para a ação reflete a realidade de que elas possuem concepções muito diferentes. Portanto, você vai conseguir diferentes respostas para os quebra-cabeças políticos e problemas mundiais, a partir das diferentes teorias (...). (DUNNE, KURKI e SMITH, 2013, p. 3)

Falar de TRI parte de escolhas: a primeira, que as Relações Internacionais são uma área de estudo científico autônoma; a segunda refere-se às teorias que são abordadas e como são definidas; por fim, a terceira reside na demanda de contextualizar estas reflexões, em oposição aos que alegam a necessidade do distanciamento e da neutralidade. A teoria (ou teorias) são reflexos de sua época, não sendo a época que deve se ajustar à teoria. Portanto, este livro é um recorte sobre teoria e se encontra organizado em cinco capítulos.

No Capítulo 1, "As Relações Internacionais", define-se o que é a disciplina, seus principais conceitos e debates, avaliando a evolução do campo como produto de suas contradições e diferentes contextos históricos. Na sequência, o Capítulo 2, "O Realismo", aborda uma das mais sólidas e controversas teorias da área, acompanhada de sua contraparte no Capítulo 3, "As Tradições Liberais". A contestação de ambas é apresentada no Capítulo 4, "As Teorias Marxistas", e o

Capítulo 5, "As Abordagens Contemporâneas", dialoga com as perspectivas teóricas mais recentes da área como a Economia Política Internacional, o Construtivismo e os recortes feministas e "pós".

Em um campo no qual faltam os consensos, refletir sobre as Relações Internacionais é um processo duplo: de dentro para fora e de fora para dentro. Somente assim, pode-se considerar a diversidade e a complexidade desta disciplina e seu mundo. Nesta trajetória, alguns agradecimentos se fazem necessários a toda equipe e colegas da 4Fit pelo incentivo, assim como ao colega Corival Alves do Carmo e a Márcio José de Oliveira Junior, pela ajuda na pesquisa.

Capítulo 1

AS RELAÇÕES INTERNACIONAIS

O objetivo deste capítulo é analisar as relações internacionais como disciplina e os principais debates teóricos que emergem do campo, a partir de uma perspectiva analítica, crítica e histórica. Para isso, o texto está dividido em dois itens: 1.1 Disciplina e Realidade e 1.2 A Teoria das Relações Internacionais.

Conhecer e debater a Teoria das Relações Internacionais (TRI) é um processo complexo o qual envolve o mapeamento de diversas correntes de pensamento que se propuseram a pensar este campo de estudo e sua aplicação à realidade. Contudo, antes de pensar a TRI, é válido compreender primeiro o que são as Relações Internacionais, indicando seu caminho de desenvolvimento conceitual e teórico de forma breve. Cabe também indicar quais são os chamados "grandes debates" da área.

1.1. DISCIPLINA E REALIDADE

Ao longo de sua trajetória como disciplina, poucos campos de estudo têm sido tão contestados quanto o das Relações Internacionais. As razões para esta negação são diversas, mas em síntese convergem em torno de alguns pontos comuns: afirmar que as Relações Internacionais não existem como disciplina autônoma, não existindo uma ciência das Relações Internacionais, que estes estudos não apresentam uma construção teórica coesa para explicar seu objeto de estudo, e, por fim, que este mesmo objeto de estudo é artificial. Assim, não existiria nem uma área de estudo ou o recorte específico temático. Os problemas tratados pelas Relações Internacionais poderiam ser abordados, com maior consistência metodológica e teórica em outras disciplinas como Direito, História, Geografia, Ciência Política, Economia etc.

A variedade dos métodos de pesquisa, a grande quantidade de teorias, os debates em torno de seus parâmetros e objetos de estudo seriam apenas alguns dos sintomas desta fraqueza disciplinar e a conclusão mais óbvia é que de fato esta corrente de estudo não existiria. Para agravar a questão, a contestação não é produzida só pelas disciplinas mais antigas, como as já citadas, mas também por estudiosos que se dedicam a temas internacionais, e que apontam a insuficiência da disciplina em pensar sobre o mundo real. Ou seja, está-se diante de uma negação dupla, das demais ciências, e uma autonegação dos estudos, práticas e reflexões da área.

Diante desta realidade, que é parte da evolução e complexidade da área, dificilmente qualquer obra neste campo de estudo, seja sobre Introdução ou

Teoria das Relações Internacionais, pode ser iniciada sem o reconhecimento e resposta a estas tensões. No geral, tem-se a sensação de se estar diante de debates circulares e intermináveis sobre algo que existe e se encontra em prática corrente em diversos espaços, seja nas universidades, na sociedade civil, em movimentos políticos e organizações não governamentais, em empresas multinacionais, Estados e instituições multilaterais. Não só se pensa, como se faz Relações Internacionais.

Como indica Halliday (1999), apesar de ser sempre válido, este esforço de reflexão não deixa de ser um exagero, visto que força a área a uma reafirmação constante de identidade e objetos de estudo. Embora outras Ciências Humanas e Sociais, passem por demandas similares, as pressões sobre as Relações Internacionais parecem ser maiores. Segundo o autor, grande parte dos desafios das Relações Internacionais é igual a outras Ciências Sociais, enquanto outra parte vem como indicado da própria área. Tais desafios, trazidos pelos críticos, podem ser resumidos nas expressões cunhadas por Halliday (1999) de "paralisia teórica" (HALLIDAY, 1999, p. 15) ou "invisibilidade teórica" (HALLIDAY, 1999, p. 19).

Portanto, para compreender o porquê destas indagações, é preciso compreender seus motivadores: a natureza, o objeto de estudo e a metodologia das Relações Internacionais. Cabe responder: o que são e o que estudam as Relações Internacionais? E, tendo as Relações Internacionais um objeto, como este objeto pode ser (e é) estudado?

De acordo com Halliday (1999), as Relações Internacionais podem ser definidas genericamente como o estudo do "internacional", que se refere aos temas que se processam além das fronteiras dos Estados e detêm impactos sobre os mesmos. Visão similar é apresentada por Braillard (1990), que define as Relações Internacionais como uma disciplina da área das Ciências Humanas e Sociais, cuja análise se foca nas relações sociais que ocorrem no campo internacional. Não se procura observar como as relações sociais se processam dentro dos Estados, ou se constroem e sustentam, ou quem são os atores envolvidos, isto é, a política nacional e doméstica, mas sim a dimensão da política internacional.

Tentando deixar mais clara esta dinâmica, o analista da área examina, dependendo de sua escola teórica, como a política nacional influencia o comportamento de um determinado país no mundo, quando, por exemplo, um dirigente autoritário assume o poder. Contudo, não é obrigatório que este analista explique como tal governante chegou a seu posto. Por outro lado, se este governante conquistou este cargo por meio da ingerência externa, o problema volta, de novo, ao campo das Relações Internacionais. O que faz a diferença é o componente "internacional".

Com isso, o propósito da área é organizar sistemas de pensamento e métodos de investigação que possam dar conta destas relações sociais, em suas mais diversas expressões: transações econômicas (comerciais e financeiras), movimentos migratórios, sindicais, empresariais, religiosos, negociações, dimensões históricas, guerra e estratégia, cooperação, meio ambiente e direitos humanos, dentre outros.

Mas, a partir desta lista não exaustiva aqui apresentada, os críticos das Relações Internacionais ainda perguntam: ora, todos esses temas já não são analisados por outras disciplinas? Por que criar outra disciplina para estudar comércio se a Economia também estuda? A Sociologia não avalia as questões sociais? A História, os problemas do passado e evolução das sociedades, suas guerras e contatos? E o que não dizer do Direito? Afinal, todos esses problemas ditos "internacionais" não estariam sendo objeto de preocupação desde que surgiram as primeiras comunidades humanas organizadas?

De fato, não há discordância dentro da área de Relações Internacionais de que o exercício de pensar o outro, aquele que é diferente por ser estrangeiro, não dependeu, em suas origens, da existência de um campo conceitual sistematizado. Além disso, não se discorda que as Relações Internacionais são uma disciplina que trabalha com temas, objetos de estudo, que tem forte conexão com outros campos, e que existem sobreposições de conceitos. As Relações Internacionais são, por princípio, uma disciplina multidisciplinar, cujo processo de criação, evolução e consolidação depende de suas disciplinas formativas: Direito, História, Geografia, Filosofia, Economia, Ciência Política.

Tais disciplinas e seus conceitos antecedem a criação das Relações Internacionais e as disciplinas formativas passam por um processo de evolução e debate interno, que se repete nas Relações Internacionais. Basta examinar textos de pensadores clássicos como Maquiavel, Grotius, Hobbes, Montesquieu, Adam Smith, Karl Marx, Max Weber, que poderão ser identificados muitos conceitos da área como poder, anarquia, interdependência, os quais foram "emprestados" pelas Relações Internacionais. Estas obras compõem as raízes clássicas do campo que estuda o internacional e que, ao amadurecer como disciplina desde sua criação, foi criando suas matérias de estudo.

Ao ser multidisciplinar, portanto, as Relações Internacionais são compostas de disciplinas formativas e próprias. No caso das disciplinas próprias, algumas das cadeiras mais conhecidas são Introdução às Relações Internacionais, História das Relações Internacionais e Teoria das Relações Internacionais.

A alegação do artificialismo do recorte da área também deriva desta percepção de que já havia outras escolas de pensamento capacitadas a enfrentar os dilemas que as Relações Internacionais se propuseram a estudar. Contudo, esta alegação ignora que toda disciplina é uma construção artificial, gerada pela necessidade de sua época de pensar e resolver determinados problemas. Nenhuma disciplina nasce do nada, mas sim do mundo concreto no qual interagem Estados e sociedades. Quando este mundo se tornou mais complexo, demandou novos olhares e reflexões. E, criada a disciplina, a forma de pensar seu objeto será igualmente uma construção. Como sustentam Dunne, Kurki e Smith (2013, p. 9), "Todas as teorias se localizam no espaço, tempo, cultura e história". Com as Relações Internacionais não foi diferente: sua criação respondeu a uma demanda de seu tempo, motivada por diversas razões, sendo que

> A mais óbvia é que as pessoas sentem que o internacional é importante (...), que aparentemente é cada vez mais intrusivo nas vidas cotidianas. O estudo acadêmico das relações internacionais começou como uma tentativa de pesquisar as causas da maior de todas estas intrusões, qual seja, a guerra e de desenvolver meios para reduzir sua futura incidência. Desde então ela passou a englobar uma agenda mais ampla (...) À medida que o mundo muda também mudam as questões colocadas para o estudo acadêmico do internacional. (HALLIDAY, 1999, p. 19)

A intrusão de que fala Halliday (1999) é a Primeira Guerra Mundial (1914–1918)[1], conflito de ampla extensão, representativo do processo de configuração

[1] Recomenda-se a leitura de VISENTINI, 2014, para um panorama deste conflito.

de uma nova estrutura de poder sócio-político-econômica e estratégica mundial. A Primeira Guerra, na época definida como a "Grande Guerra", foi motivada por um choque entre nações capitalistas, pelo comando do sistema internacional: a Grã-Bretanha e a Alemanha. Para Hobsbawm (1997), a guerra marcou o nascimento do século XX.

Potência hegemônica em declínio, que fora o berço da Revolução Industrial, e um dos pilares da construção do modelo político e econômico liberal (ao lado da França e dos Estados Unidos)[2], e que consolidara seu poder nos séculos XVIII e XIX, a Grã-Bretanha via-se pressionada pela expansão alemã na Europa e no mundo, que vivera, na segunda metade do século XIX, novo movimento de expansão colonial à África e à Ásia (mundo afro-asiático). Unificada em 1870, a Alemanha demandava seu espaço de forma agressiva e desafiava a ordem da *Pax Britannica*. Este processo, somado à modernização dos armamentos, ao incremento dos fluxos comerciais, às transformações sociais, compunha um quadro de mudanças aceleradas, e que leva ao embate de 1914.

Todavia, Grã-Bretanha e Alemanha não eram os únicos protagonistas das transformações, havendo processos similares de expansão econômica e surgimento de novos modelos em outras nações. Na Ásia, o Japão ascendia rapidamente por meio de uma industrialização e modernização comandadas pelo Estado, que já demonstrava a existência de pretensões imperialistas e expansionistas em seu entorno geográfico (sendo um exemplo a Guerra Russo-Japonesa de 1905). Por sua vez, a Rússia, a despeito de suas dificuldades econômicas e baixo índice de modernização industrial, desenvolvia outra forma de questionamento do modelo ocidental: o da evolução do pensamento socialista com Lenin, com base nas reflexões de Karl Marx[3], e que desembocaria, em 1917, na Revolução Russa.

Mais do que a Alemanha, a Rússia ou o Japão, a nação que se tornava dominante eram os Estados Unidos, antiga colônia britânica no hemisfério americano e que, como a Alemanha, crescera exponencialmente a partir da segunda metade do século XIX. No início do século XX, os Estados Unidos, conforme afirma

[2] O processo de consolidação do liberalismo é objeto de análise do Capítulo 3.

[3] O pensamento marxista e suas vertentes de estudo nas Relações Internacionais estão no Capítulo 4.

Kennedy (1990) já haviam se tornado a maior potência econômica em números: produção industrial, imigração, inovação, consumo, dentre outros.

Diferente da Alemanha, que questionava a hegemonia britânica como "desafiadora da ordem", os Estados Unidos eram "desafiadores dentro da ordem", beneficiando-se do papel estratégico inglês para crescer a menores custos (como *free riders*, i.e. caronas). O país colocava-se como um modelo de sociedade contrário à guerra e à política de poder: democrático, não expansionista, liberal, próspero e cooperativo. Com base nesta retórica, os norte-americanos entraram na Primeira Guerra somente em 1917, e foram decisivos para a finalizar no ano seguinte.

Será a visão norte-americana de mundo, sintetizada no Idealismo do Presidente Woodrow Wilson, a base do nascimento da disciplina das Relações Internacionais. Como diz Halliday (1999), o choque da Guerra e da destruição, as transformações que emergem nas sociedades, economias e relações entre Estados, e a necessidade de pensar o pós-conflito, geram um conjunto de reflexões específico do internacional.

Tal conjunto foi sistematizado nos 14 Pontos, que compuseram o discurso do Presidente Wilson à frente do Legislativo dos Estados Unidos, em 1918, e propunham novos princípios de organização da política mundial. Naquele momento, pode-se indicar que a principal preocupação era construir a estabilidade, ou, como indica o pensamento idealista, a paz, e adequar as relações entre os Estados à emergência de um novo equilíbrio de poder mundial e interações socioeconômicas.

Em linhas gerais, a proposta era de construção de uma ordem cooperativa sustentada em estruturas de cooperação baseada em acordos coletivos, e valores associados à democracia e seus pilares de liberalismo político e econômico. Conceitos como o de autodeterminação dos povos, estabelecidos nesta época, defendiam a autonomia e a soberania, com impactos diretos sobre o imperialismo europeu do século anterior. Simbolizando esses esforços, a Liga das Nações, precursora da Organização das Nações Unidas, foi estabelecida como este fórum, e como forma de superar, por meio dos contatos multilaterais, as práticas tradicionais da diplomacia e do equilíbrio de poder (o tema será abordado no Capítulo 3 em mais detalhes).

Contudo, o conflito de 1914 foi apenas um primeiro capítulo deste processo de reconfiguração de forças, que resultou incompleto: a Alemanha não foi derrotada plenamente, a Rússia encontrava-se imersa em sua revolução, o Japão matinha sua política expansionista na Ásia, os Estados Unidos pouco dispostos a assumir o posto de hegemonia global e a Grã-Bretanha assistia o definhar lento de sua *Pax*[4]. As dificuldades político-estratégicas do pós-guerra, incluindo o esgotamento concreto do idealismo na construção da ordem internacional e a continuidade das disputas de poder entre as potências protagonistas do conflito, significaram apenas um interregno até a eclosão da Segunda Guerra em 1939.

Esta combinação de fatores levou à constituição do que ficou conhecido como "Primeiro Debate das Relações Internacionais", entre o idealismo wilsoniano e o realismo político, a partir da obra de E.H. Carr *Vinte Anos de Crise — 1919–1939* (ver item 1.2 e os Capítulos 2 e 3). As bases teóricas da disciplina começaram a ser contestadas pouco tempo depois de sua emergência, culminando na perda de espaço do idealismo. Esta perda de espaço não viria somente a partir da eclosão da Segunda Guerra em 1945, mas de eventos como a Grande Depressão de 1929 e a ascensão dos fascismos na década de 1930.

Somente em 1945, com o término do conflito e a ascensão dos Estados Unidos como liderança, é que uma nova ordem global que mesclava raízes do idealismo wilsoniano com uma visão realista de poder foi instaurada. Para as Relações Internacionais, isso significou a consolidação da disciplina nas universidades norte-americanas e o predomínio do realismo, tendo como marco a obra de Morgenthau "Política Entre as Nações". Morgenthau define sua obra (ver Capítulo 2) como a elaboração de uma "teoria para entender a política internacional como ela realmente é". (MORGENTHAU, 2003, p. 17).

Como citado, porém, a ordem proposta pelos norte-americanos ia além dessas reflexões sobre o poder, sustentando-se na criação e consolidação de uma rede de organizações internacionais governamentais. Todavia, nos anos 1950, o que prevalecia era a imagem da *Pax Americana* e da Guerra Fria entre

---

[4] Para a política externa dos Estados Unidos, ver PECEQUILO, 2011.

as superpotências, Estados Unidos e União Soviética, que perduraria até 1989. Entretanto, esta disputa pela liderança global do sistema não significou uma estagnação para as Relações Internacionais como disciplina. Muito pelo contrário, significou a sua expansão, visto que as tensões estratégicas entre os blocos ocidental e oriental tornavam-se cada vez mais um recorte dentro da área, que passou a ter de responder a novos fenômenos.

Dentre estes, um já foi mencionado: o avanço das organizações internacionais governamentais, que geraram formas e espaços diferenciados de contato entre os Estados. Assim, fóruns de negociação que envolviam temas sociais, econômicos, políticos ampliavam-se, permitindo que o multilateralismo ganhasse densidade na arena internacional. Esta estrutura de instituições multilaterais também gerou um subproduto, que é relativo aos projetos de integração regional, com o nascimento da Comunidade Europeia em 1957, que estabelecia um arranjo cooperativo no continente europeu, palco das duas grandes guerras anteriores.

Mais ainda, estas estruturas e a defesa de princípios, já conhecidos desde 1918 como democracia e autodeterminação dos povos, sustentaram o processo de descolonização afro-asiática que se inicia nos anos 1950 e prossegue até a década de 1970. Este processo corresponde ao nascimento do Terceiro Mundo, e à contraposição do eixo Norte–Sul ao dominante Leste–Oeste, trazendo demandas e reflexões associadas não só à guerra, mas ao direito ao desenvolvimento, à liberdade, à autonomia política e à soberania, e uma agenda social contra a pobreza. A chegada desses atores ao cenário global encontrou nos organismos multilaterais um importante fórum para expressão dessas demandas, o que fortaleceu esses espaços.

De acordo com Braillard (1990), a emergência do Terceiro Mundo foi um dos movimentos mais significativos para ampliar o escopo da Teoria das Relações Internacionais. Esta ampliação permitiu diversificar suas reflexões além do escopo anglo-saxônico, e ocidental, dominante desde o surgimento da disciplina. Tanto na Primeira quanto na Segunda Guerra Mundial, e na construção da ordem pós--conflitos, a visão deste núcleo foi prevalecente, e o desafio do Sul trouxe, como um de seus pilares, questionamentos e posições críticas a este perfil.

As mudanças não se restringiam, porém, ao nível estatal e multilateral, mas também permeavam as sociedades, com a expansão dos fluxos comerciais e financeiros pela atuação das empresas multinacionais, dos movimentos sociais e da modernização científica e tecnológica. Diante desses eventos, não só o realismo passou a se renovar, como novas teorias, de cunho liberal e marxista, ganharam espaço (Capítulos 3 e 4).

Além disso, ocorre um repensamento disciplinar que leva a dois novos Grandes Debates nos anos 1960 e 1970: o Segundo Debate, entre Tradicionalistas e Behavioristas, questionando o método das Relações Internacionais (abordado em 1.2) e o Terceiro Debate entre Paradigmas (ou intraparadigmas). Esses processos se aceleraram com o fim da Guerra Fria em 1989. Processo similar ocorre neste século. Para alguns, isso leva até mesmo a um "Quarto Debate" das Relações Internacionais, sobre as formas de refletir o mundo: racionalista ou reflexiva.

Quadro 1: Uma Linha Histórica: As Grandes Correntes ao Longo do Século

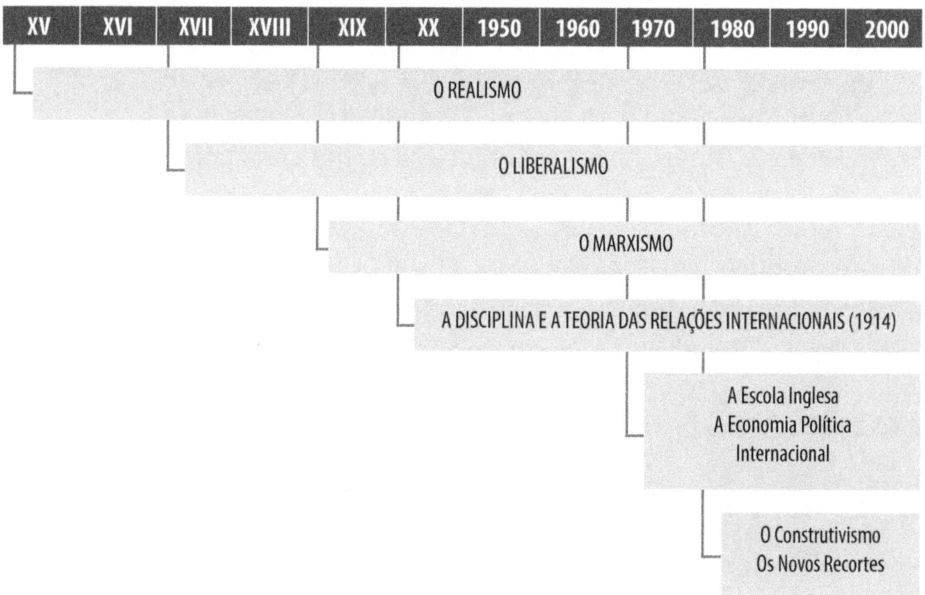

Mas o que este breve (e resumido) panorama histórico diz sobre as Relações Internacionais? Basicamente, demonstra que se está diante de uma disciplina cujo objeto de estudo foi se tornando mais complexo e diverso à medida que as relações sociais do internacional evoluíram. As Relações Internacionais cresceram com sua época e buscam compreender a natureza e conteúdo de seus elementos constitutivos. Especificamente, como indica Halliday, os elementos constitutivos das Relações Internacionais são: o interestatal, o transnacional e o sistêmico.

Tais elementos ligam-se aos problemas básicos das Relações Internacionais que se referem à dimensão agente e estrutura (DUNNE, KURKI, SMITH, 2013). Agentes são os que atuam nas Relações Internacionais, e podem ser divididos em estatais (Estados) e não estatais (organizações internacionais governamentais e atores transnacionais como organizações não governamentais, empresas multinacionais, movimentos da sociedade civil). No caso, estas relações compõem as interações estatais (entre os Estados, interestatais, como citado) e as transnacionais.

Por sua vez, estrutura refere-se ao sistema internacional (nível sistêmico), que é o espaço no qual esses agentes convivem de forma cooperativa ou conflitiva. O sistema internacional é caracterizado igualmente por fenômenos que ultrapassam fronteiras e detêm impactos sobre os agentes. Estes fenômenos podem ser definidos como forças profundas (que independem da ação racional dos atores) e forças organizadas (que são produzidas pelas sociedades), conforme a classificação de Duroselle (2000). Dentre as forças profundas podem ser mencionados os fenômenos naturais e, entre as organizadas, os demográficos, ideológicos, técnico/tecnológico e econômico.

A evolução das Relações Internacionais como disciplina, e seu objeto, também foi acompanhada por um adensamento dos debates referentes a forma como estudar este objeto. A área é caracterizada por "Grandes Debates", que refletem estas mudanças e representam o adensamento da Teoria das Relações Internacionais.

Quadro 2: O Estudo das Relações Internacionais

A Tipologia das Relações Sociais	Características do Campo	Descrevendo o Objeto: Atores e Fenômenos
As Relações entre os Estados	Relações Interestatais (Agente)	Os Estados
As Relações Não Estatais	Relações Transnacionais (Agente)	As Organizações Internacionais Governamentais As Forças Transnacionais
O Sistema Internacional	Análise Sistêmica (Estrutura)	Estudo do meio no qual se processam as relações internacionais Os Fenômenos Internacionais (Forças Profundas e Organizadas)
		Comandam o Comportamento dos Atores e Podem Independer dos Mesmos ou Ser por Eles Gerados Natural, Demográfico, Ideológico, Técnico/Tecnológico, Econômico

1.2. A TEORIA DAS RELAÇÕES INTERNACIONAIS

Falar em teoria, em qualquer área do conhecimento, implica pensar e delimitar uma discussão metodológica. A pergunta básica refere-se ao como se deve estruturar e compreender um determinado problema, tendo como base o recorte do campo de estudo. A Teoria fornece os instrumentais e o mapa para pensar o problema que se propõe aquela disciplina. A teoria é ela mesma parte do problema, no que se refere à definição de sua natureza e de sua metodologia. Como indicam Kurki e Wight, 2013 (p. 15), pensar sobre teoria significa refletir sobre uma escolha dos métodos para a avaliação dos problemas com os quais a sociedade se confronta.

De acordo com Spindler e Schneider (2014, p. 5), podem ser identificadas três dimensões sobre a Teoria: a ontológica, a epistemológica e a normativa. A dimensão ontológica, segundo os autores, procura observar e compreender o objeto de estudo, a partir do ponto de vista do observador. Com isso, constrói-se o conhecimento a partir da interpretação do mundo, o que fornece, naturalmente, a este processo uma característica de subjetividade. Termos frequentemente associados à explicação do que é a dimensão ontológica são "a teoria do ser", "do que o mundo é composto", dentre outros.

Por sua vez, a dimensão epistemológica faz afirmações sobre o objeto de estudo, visando a construção de uma teoria do conhecimento, com métodos quantitativos ou qualitativos. Enquanto o método quantitativo visa a construção de reflexões capazes de comprovação e demonstração, sustentada em fatos concretos, o qualitativo sustenta-se na subjetividade. A questão básica que envolve esta dimensão é sobre o rigor científico ou não da explicação, interligado à percepção do interlocutor do que pode ser ou não considerado como uma ciência.

Para as Relações Internacionais, este debate se mostra mais intenso em suas duas vertentes: primeiro, a decisão se aquela determinada área pode ser chamada de ciência e, segundo, se a área é uma ciência, que tipo de método deve adotar para compreender as realidades que se propõe analisar.

De certa forma, é um debate circular, pois, a escolha do método ou sua validação depende da percepção que se tem de ciência: a ciência homogênea, na qual tudo deve e pode ser resumido a modelos, sem subjetividade, ou a ciência heterogênea, na qual convivem, sem ser excludentes, as Ciências Humanas e Sociais, e as Ciências Exatas e Biológicas. Assim, cabe ao pesquisador, em particular das Ciências Humanas e Sociais, escolher seu caminho de pesquisa, pelo método qualitativo ou quantitativo (ou mesmo uma possibilidade de junção de ambos, interpretando os dados coletados). Esta discussão corresponde, no caso das Relações Internacionais, ao "Segundo Grande Debate", como abordado a seguir no 1.2.1.

A terceira dimensão da teoria é a normativa, que implica a existência de uma função associada à teoria, qual seja, a de estabelecer um guia para a ação política. Este guia pretende oferecer prescrições ao comportamento do sujeito, estabelecendo padrões. Segundo Erksine (2013, p. 38), a teoria normativa possui forte dimensão ética e prescritiva, e visa o estabelecimento de valores para os atores que participam de interações sociais. Além disso, a dimensão normativa é apresentada ao se fazer uma tipologia das teorias (havendo certa sobreposição nas discussões), falando-se em "Teoria Normativa". Ainda nesta linha, Erksine (2013) aponta tipologias adicionais: a teoria explicativa, que busca explicar fenômenos e gerar previsibilidade; a teoria crítica, que, como o nome indica, apresenta uma crítica da realidade social; e a teoria constitutiva, que procura explicar como o objeto é construído. Deve-se destacar que esta não é uma listagem exaustiva, indicando-se apenas algumas possíveis classificações.

No que se refere ao estudo das Relações Internacionais, e a reflexão sobre sua dimensão metodológica, a primeira constatação que a maioria dos estudiosos realiza sobre o tema a partir destas dimensões e tipologias, é que o campo possui vasto "pluralismo teórico" (SPINDLER e SCHIEDER, 2014, p. 2). Este pluralismo pode ser percebido tanto na diversidade de teorias que são classificadas como "Teoria das Relações Internacionais", como nos "Grandes Debates" que se desenvolvem sobre a natureza do objeto e do método da disciplina.

Para Spindler e Schieder (2014), os "Grandes Debates" são constitutivos da disciplina das Relações Internacionais, ajudando os pesquisadores da área a compreender quais são os principais procedimentos metodológicos presentes no campo de estudo. Na visão dos autores, os "Grandes Debates" auxiliam por fornecer estruturas temáticas abrangentes para a compreensão das Teorias da área. Uma analogia possível a ser feita é que o uso do termo "Grande Debate" corresponde a uma espécie de guarda-chuva sobre a natureza da teoria e a metodologia, que busca simplificar as linhas gerais das escolas de pensamento e promover o diálogo entre elas. Com esta síntese, caberá ao pesquisador avaliar qual compreensão de ciência ele possuirá da área de Relações Internacionais e qual corrente teórico-metodológica desejará adotar em seus estudos.

Especificamente, existe um consenso acadêmico a respeito da identificação de dois "Grandes Debates" — Idealismo x Realismo, Tradicionalistas x Behavioristas — e divergências sobre o conteúdo do terceiro debate, e a existência (ou não) do quarto debate (ver 1.2.2).

1.2.1. Os Debates Clássicos

Definidos como "Debates Clássicos" neste livro, por corresponderem à fase de nascimento e consolidação das Relações Internacionais de 1918 à década de 1960, o primeiro e o segundo debates tratam de temas referentes à natureza das preocupações da área e à metodologia. Pode-se compreender o primeiro e o segundo debates como parte de um processo formativo do campo. Tal processo passa, inicialmente, pela definição do objeto da área como o "internacional" a partir da pressão dos acontecimentos da Primeira Guerra Mundial, da Segunda Guerra e da consolidação da hegemonia dos Estados Unidos e, segundo, pela metodologia. Assim, pode-se sugerir que, enquanto o primeiro debate "forma" o objeto em um cenário de conflitos entre Estados e de consolidação de novas formas de ordenamento internacional, o segundo debate questiona a maneira como este objeto deve ser estudado, colocando em xeque as correntes protagonistas do diálogo constitutivo.

Examinando o primeiro debate, o mesmo se refere ao choque entre o Idealismo e o Realismo no pós-Primeira Guerra Mundial. Bastante conhecido, este debate pode ser resumido à contraposição das visões idealistas de construção da ordem mundial implementadas pelo Presidente norte-americano Woodrow Wilson, em 1918, e à crítica realista de E.H Carr. De acordo com Carr, o estudo e a prática das relações internacionais não poderiam ser realizados por meio de construções utópicas, que ignorassem o principal elemento da política, o poder. Com isso, não era possível ocorrer um descolamento entre a realidade e a teoria, sustentada em construções e interpretações sobre a natureza humana que ignoravam sua reprodução.

Ambos os lados se confrontavam com referência a como explicar o internacional, e como organizar as interações sociais entre os Estados e demais agentes do cenário mundial. Além disso, ambas correntes procuravam definir a partir de sua percepção o que é o "internacional" e quais os valores e princípios organizadores que a ele se aplicam, opondo temas como: poder e paz, cooperação e conflito, equilíbrio de poder e segurança coletiva, dentre outros. Para cada uma das correntes prevalece uma forma de ver o mundo, ou pelo viés do poder, ou pelo viés da paz e da cooperação.

A percepção sobre esses temas, porém, não deriva apenas das observações e preocupações confrontadas por essas correntes no século XX, mas detém raízes na política, na filosofia e no direito, disciplinas que antecedem o nascimento das Relações Internacionais. Tratam-se, em seu conjunto, de disciplinas tradicionais da área de Ciências Humanas e Sociais e, portanto, estudando seus problemas a partir de uma metodologia qualitativa e subjetiva. E, por sua vez, Idealismo e Realismo são correntes teóricas das Relações Internacionais, abordadas nos Capítulos 2 e 3.

Sintetizando o primeiro debate, o que está em jogo no diálogo é o conteúdo e o caráter da interpretação, visto que as duas correntes compartilham a mesma percepção metodológica. O segundo debate, contudo, traz outra inflexão, cujo foco é, justamente, o questionamento dos procedimentos de estudo que vinham sendo seguidos pelas Relações Internacionais e demais Ciências Humanas e Sociais. O momento é de uma consolidação da disciplina, que passa a agregar preocupações mais específicas quanto a seu método.

Portanto, o segundo debate questiona ambas as teorias, idealismo e realismo, e contrapõe suas práticas metodológicas definidas como "clássicas" e "tradicionalistas" às escolas de estudo "behavioristas" e "cientificistas". Neste sentido, a nomenclatura para se referir ao segundo debate pode ser encontrada na literatura em duas formas mais comuns (BRAILLARD, 1990): "Tradicionalismo x Behaviorismo" ou "Abordagens Clássicas x Abordagens Científicas".

Partindo de uma visão bastante genérica sobre teoria e método, pode-se trazer como primeira constatação de que existiriam, grosso modo, duas opções: a das Ciências Humanas e Sociais, caracterizada pela reflexão subjetiva e qualitativa, que parte do pressuposto de que existe uma interdependência entre o sujeito e o objeto de estudo; e a das Ciências Exatas e Biológicas, sustentada na comprovação científica quantitativa, que pode levar à síntese de modelos, na qual prevalece uma isenção e distanciamento do sujeito diante de seu objeto de estudo. Comparativamente, a segunda opção é classificada como detendo maior rigor científico e precisão, à medida que só trabalha com aquilo que pode ser provado, constatado e medido.

Segundo os defensores desta corrente, ao não seguir este padrão "científico", associado à comprovação dos resultados por meio de modelos, experiências e coleta de dados, as Relações Internacionais podem ser definidas como ciência. Esta perspectiva é defendida por analistas como David Singer e Morton Kaplan. A busca deste "rigor científico" insere-se nas preocupações positivistas, de que a ciência deve se focar na observação sistemática e na coleta de dados, procurando identificar regularidades.

O auge desse debate ocorre nos anos 1950 e 1960, mas suas premissas e os defensores de ambas continuam exprimindo as mesmas preocupações até os dias de hoje. Pode-se indicar que a procura por modelos quantitativos para explicar as Relações Internacionais teve um renascimento no século XXI, reagindo à consolidação de novas teorias interpretativas como o construtivismo, o feminismo e o pós-colonialismo (Capítulo 5). Prevalece o choque entre essas visões metodológicas as quais se agregam novos debates contemporâneos, o terceiro debate interparadigmático e, talvez, um quarto debate.

1.2.2. Os Novos Debates

Nos anos 1960 e 1970, a proliferação de novos fenômenos das Relações Internacionais gera também a proliferação das teorias deste campo de estudo e das discussões metodológicas. Por isso a escolha do termo "novos debates" para se referir a esta fase de criação e choques entre as correntes, sendo um marco dos anos 1970 o chamado embate "neo-neo" entre o Neorrealismo de Kenneth Waltz e o Neoliberalismo de Robert Keohane e Joseph Nye Jr. (ver Capítulos 2 e 3).

Ao mesmo tempo, os anos 1970–1980 trazem a expansão do pensamento crítico associado à teoria marxista como a Teoria da Dependência de Cardoso e Faletto, a Teoria Crítica de Robert Cox, e as reflexões do Sistema Mundo de Wallerstein e a proposta de Halliday do estudo do materialismo histórico (Capítulo 4). Além disso, vão sendo criadas as bases do questionamento das teorias clássicas, pela recuperação do debate cientificista, e pela formação do construtivismo.

Esta diversidade do campo se reflete tanto no terceiro debate quanto no quarto debate, uma vez que não há consenso sobre seu conteúdo, muito menos sobre a existência (ou não) de um quarto debate. Em linhas gerais, o terceiro debate é associado ao "Debate Interparadigmático", i.e., o debate entre diferentes conjuntos de linhas teóricas denominadas como: realismo, pluralismo e estruturalismo. Alguns autores usam os termos realismo, liberalismo e marxismo para se referir a este debate e, outros, realismo, pluralismo e globalismo. Como se pode perceber, o denominador comum é sempre o realismo, enquanto as correntes ligadas ao pensamento liberal e marxista variam de nomenclatura. Igualmente, é bastante intenso o debate intraparadigmas, colocando em choque diferentes visões de realismo, liberalismo e marxismo. O debate seria entre correntes de pensamento, como constata Lapid,

> A tarefa, como destacada pelo terceiro debate, não é nem a descoberta de algum método científico universal e a-histórico, nem conseguir alcançar objetivamente uma verdade válida sobre a política mundial. Na verdade, é uma questão de promover um ambiente intelectual no qual o debate, a crítica e a inovação podem circular livremente. (LAPID, 1996, p. 100)

Contudo, esta não é a única interpretação associada ao terceiro debate, ainda que pareça ser a mais frequentemente aceita. Segundo Spindler e Schieder (2014), a outra interpretação que pode ser atribuída ao terceiro debate é, novamente, uma metodológica, referente ao diálogo entre racionalistas e os que buscam a reflexão (*reflectivism* no original) ou mesmo entre os positivistas e pós-positivistas. Porém, para os que adotam o terceiro debate como "interparadigmático", este seria o quarto debate. Estas tendências seriam representadas pelas análises "pós", em particular o pós-modernismo e o pós-estruturalismo (ver 5.4.2).

Para Lapid (1996), seriam apenas três debates, e o que se chama de quarto debate é apenas uma atualização do segundo debate. Na perspectiva deste texto, tende-se a concordar com Lapid, de que existem apenas três debates. Mas, certamente, esta não é, como se tem procurado insistir, uma questão consensual. Afinal, desde a criação da disciplina, os próprios "Grandes Debates" estão em "Debate".

Isto se reflete em dois questionamentos: se existe "muito debate" e "muito pluralismo" e se as Relações Internacionais podem ser consideradas uma disciplina e ciência. Para Wæver (2013), a resposta é simples: sim, as Relações Internacionais são uma disciplina e ciência jovem, e precisam estar atentas ao excesso de debates sem conexão com a realidade (que levam ao exagero como citado com Halliday), pois,

> Em uma disciplina diversa com as Relações Internacionais, o desafio não é alcançar o conhecimento, mas como entender sua multiplicidade, e isso somente é possível quando entendemos tanto o mundo quanto os processos por meio dos quais o nosso conhecimento se constrói. Conhecendo como sabemos, sabemos mais sobre o que conhecemos. (WÆVER, 2013, p. 324)

A mesma percepção é defendida por Dunne, Kurki e Smith, já que,

> A diversidade pode ser perturbadora porque ela deixa o leitor enfrentando alguns problemas fundamentais de como escolher entre teorias rivais; mas isso permite confrontar a ortodoxia e desenvolver teoria relevante para a maior parte da humanidade e, por fim, aceitar que nossa escolha de teorias para explicar o mundo das relações internacionais nunca pode ser um ato neutro. A teoria é sempre socialmente localizada, sempre tem uma relação inequívoca com o poder, e não pode ser defendida (...) como a "verdade". (DUNNE, KURKI e SMITH, 2013, p. 12)

Como apontam os autores, o problema não é a proliferação de teorias, mas a dificuldade de compreensão da natureza e conteúdo dessas teorias, pois "a questão é como alguém escolhe a teoria que vai utilizar" (DUNNE, KURKI e SMITH, 2013, p. 9). Mas, pode-se ir além: a questão não é somente a escolha da teoria, mas o uso que se faz dela. Afinal, a teoria pode ser utilizada como instrumento de compreensão e explicação do mundo, ou apenas como uma forma de obscurecê-lo. Para dar conta de ambos estes desafios nada melhor, portanto, do que conhecer, as "Teorias das Relações Internacionais", em suas diversas expressões, avaliando suas raízes e evolução no contexto sócio-político-histórico das sociedades humanas.

Quadro 3: Os Debates

Realismo x Idealismo

Tradicionalismo x Behaviorismo

Neoliberalismo x Neorrealismo

"O Pós"

Questões de Estudo

1. Identifique a trajetória histórica do surgimento das Relações Internacionais como disciplina.
2. Quais são as principais características da disciplina e da Teoria das Relações Internacionais?
3. Escolha um dos "Debates" das Relações Internacionais e classifique-o.

Dinâmicas de Debate: Documentários e Filmes

1. Uma das características de um bom pesquisador é encontrar fontes para sua análise atualizadas e inovadoras. Procure na internet ao menos duas entrevistas de analistas citados como bibliografia neste capítulo e apresente à sala para debate.

1. O filme "Dr. Strangelove" (1964) é considerado um dos mais importantes para o estudo das relações internacionais. Assistam o filme e debatam sobre esta relevância.
2. Estabeleça um debate com a sala sobre a relevância de se estudar relações internacionais.

CAPÍTULO 2

O REALISMO

O Realismo nas Relações Internacionais é o tema de análise deste capítulo que tem como objetivo examinar a evolução desta corrente teórica desde suas bases de pensamento até o pós-Guerra Fria. Com isso, serão avaliadas as seguintes dimensões: 2.1 O Realismo Político: Bases Clássicas, 2.2 O Século XX e o Realismo: Carr e Morgenthau, 2.3 Kenneth Waltz e o Neorrealismo, 2.4 Os Novos Realismos? O Pós-Guerra Fria.

TRADICIONAL E DOMINANTE, MAIS ANTIGA E INFLUENTE, abrangente e verdadeira, superficial e reducionista, acrítica e a-histórica, são apenas alguns dos adjetivos que se encontram associados à teoria realista das Relações Internacionais, e que refletem o que os estudiosos consideram tanto suas forças quanto suas fraquezas. Porém, mesmo os mais ferrenhos críticos reconhecem: o realismo fornece algumas das principais bases do pensamento deste campo de estudo. Poucos discordam do fato de que isso se relaciona à capacidade analítica do realismo em sintetizar as dinâmicas da cooperação e do conflito entre as sociedades, explicando-as por meio de um conceito atemporal, de fácil compreensão e percepção: o poder.

Em uma visão bastante simplificada, toda e qualquer interação é sustentada na conquista, manutenção e expansão do poder. E, para as populações, que formam as sociedades e os Estados, o poder sempre será o primeiro e o último objetivo, o meio e o fim de sua ação. Este foco permite, como indica Halliday (1999), que o Realismo seja capaz de exprimir e resumir de forma clara percepções e preocupações associadas ao senso comum que nos afetam diretamente. Independentemente do tempo e do espaço que vivemos, todos tememos a guerra, a violência, nos preocupamos com nossa sobrevivência e desejamos uma vida sólida e próspera. Diante disso, o Realismo nos explica que todas essas variáveis dependem, apenas, do poder, desde suas raízes clássicas até suas versões contemporâneas[1].

1 A divisão aqui apresentada é opção da autora, com base na literatura. Existem outras variações, não só de nomenclatura, mas de alocação dos autores. Dentre estas, somente para citar algumas, encontram-se as de Dunne e Schmidt (2005), que divide o realismo em clássico, estrutural e contemporâneo (neoclássico e racional), Doyle (1997), complexo, fundamental, estruturalista e constitucionalista, e Mearsheimer (2001), realismo da natureza humana, realismo defensivo e realismo ofensivo.

Quadro 4: A Linha Histórica do Realismo

Séculos XV–XVI	Século XIX	1919–1939	1940–1960	1970	1989 em diante
Maquiavel e Hobbes	Max Weber	E.H. Carr e os Vintes Anos de Crise	Hans Morgenthau e o Realismo Clássico	Kenneth Waltz e o Neorrealismo	John Mearsheimer, Joseph Grieco, Christopher Layne, Stephen Walt

2.1. O REALISMO POLÍTICO: BASES CLÁSSICAS

Quando se analisam as origens do realismo político, e as bases do que se configura como a teoria realista das relações internacionais, três autores são imediatamente citados: Tucídides (460–406 a.C.), Maquiavel (1469–1527) e Thomas Hobbes (1588–1679). Nomes como o de Jean-Jacques Rousseau[2] (1712–1778) e Max Weber (1864–1920) são também mencionados, como representativos do realismo pré-século XX, período no qual suas raízes encontram-se relacionadas à Ciência Política e à Sociologia. O que une esses autores para serem identificados, cada um a seu tempo, como "pais do realismo"? E de que forma estas reflexões fazem a ponte com os conceitos contemporâneos do Realismo do século XX aos dias de hoje?

[2] Dentre estes, Rousseau é o que tem a inserção mais controversa entre autores que compartilhariam a linhagem realista e seria a origem do que é hoje conhecido como realismo estrutural. Segundo Doyle (1997), esta é uma interpretação possível, mas não se pode esquecer que algumas reflexões rousseaunianas o enquadram no campo dos autores utópicos e comunitaristas, podendo ser relacionado a preocupações do socialismo e do marxismo contemporâneo. Para isso, destacam-se suas reflexões sobre a deterioração da condição humana a partir do estabelecimento da propriedade privada, e a necessidade de uma participação política mais efetiva das sociedades na definição de seus destinos, defendendo a democracia direta e questionando conceitos como os de representação política e de Estado.

Todos visam explicar as relações sociais com base no poder e colocam problemas a resolver no que se refere à formação e organização das comunidades. A análise da guerra, das dinâmicas de cooperação e conflito endógena e exógena a estas comunidades, o papel dos líderes e as motivações envolvidas são tópicos abordados. Subjacente a todas essas reflexões, encontra-se uma natureza humana conflitiva, sedenta pelo poder e a glória, egoísta na procura de seus objetivos e na preservação de seus interesses e conquistas.

No que se refere à Tucídides (460–406 a.C.), a obra clássica de referência é *A Guerra do Peloponeso* (2001), cujo foco é o estudo do conflito entre Atenas e Esparta. Em sua obra, o autor examina as motivações específicas para a guerra, o desenrolar da confrontação entre as cidades-estado grega e a maneira como os recursos de poder influenciam estas dinâmicas. A guerra entre Atenas e Esparta é entendida como uma disputa pelo poder dentro do território grego, gerada por preocupações mútuas de risco. Tais percepções envolvem tanto a ameaça que uma cidade-estado[3] representa para a sobrevivência da outra, como para o aumento de seus recursos de poder.

De acordo com Tucídides, a primeira ameaça é a motivadora de fundo da guerra: a avaliação, por Esparta, de que Atenas estaria conquistando cada vez mais poder, e que esse poder seria usado em prejuízo de seus interesses, levando à perda de sua segurança. Por sua vez, Atenas demonstra preocupações similares, mas seu foco recai na segunda percepção: a de que a permanência de Esparta como poder contrário a sua expansão impediria seu fortalecimento. Estas dinâmicas são expressas por Tucídides no "Diálogo Meliano", que expõe as motivações de ambas as cidades para a guerra, e como se processam estas inter-relações. Avaliando este Diálogo e sua importância na construção das bases do pensamento realista, Dunne e Schmidt indicam que,

> Um dos mais significativos episódios da guerra entre Atenas e Esparta é conhecido como o "Diálogo Meliano" e representa um exemplo fascinante de princípios-chave do realismo (...) Em resumo, o que Atenas está impondo aos

[3] Embora muitos autores usem o termo "Estado" para se referir a Atenas e Esparta ao analisar a obra de Tucídides, optou-se pela definição das mesmas como "cidades-estado" e "comunidades humanas", visto que o Estado como ator internacional, em sua concepção moderna, emerge apenas no século XVII. (BOBBIO, 1986)

> melianos é a lógica da política de poder. Uma vez que eles detêm uma força militar amplamente superior, eles oferecem aos melianos opções fechadas: ou submeter-se pacificamente a Atenas ou serem exterminados. (DUNNE e SCHMIDT, 2005, p. 169)

Em síntese, como indicam Dunne e Schmidt (2005), Tucídides já apresentava em sua obra o núcleo do pensamento realista: de que o poder rege as ações das comunidades, possuindo uma lógica própria que se encontra nas raízes da natureza humana como ambiciosa e egoísta. Enquanto prevalecia certa igualdade de poder entre Atenas e Esparta, esta dinâmica manteve-se estável. Porém, quando começaram a aparecer assimetrias entre ambas, e a clareza de que a favorecida, Atenas, estava em processo de expansão, não havia escolha a Esparta senão resistir. Como resultado da quebra do equilíbrio e das motivações dos atores tem-se, portanto, a eclosão da guerra como fenômeno normal e natural da política. Haveria, portanto, na Grécia, uma polarização entre duas cidades-estado que se tornaram competidoras a partir da quebra da estabilidade gerada por diferentes interesses e recursos de poder.

Argumento similar é sustentado por Doyle (1997) que indica que se encontra em Tucídides a origem de conceitos fundamentais do realismo político. Estes conceitos, além da avaliação sobre a natureza humana como propensa à guerra e ao conflito, ao exercício e à busca do poder, são: autoajuda (*self-help*), ou seja, que uma comunidade humana só pode contar consigo mesma para garantir sua sobrevivência; e equilíbrio de poder, que se refere ao choque entre estas comunidades, e que gera uma situação de contenção mútua, sensível a alterações nas capacidades dos envolvidos, aumentando o nível de competição.

Avançando ao século XVI, o outro pensador clássico associado à formação das bases do pensamento realista é Maquiavel, tanto na Ciência Política quanto nas Relações Internacionais. Inclusive, para muitos, Maquiavel pode ser considerado o "pai fundador da Ciência Política Moderna", tendo como referência suas três grandes obras: *O Príncipe* (1512–1513), *Discursos Sobre a Primeira Década de Tito Lívio* (1513–1519) e *A Arte da Guerra* (1520–1525). Dentre estas, *A Arte da Guerra* é considerada uma obra menor, ainda que trate de alguns ensinamentos interessantes sobre a estratégia e a tática relacionada à guerra. Mas, para a base do estudo do Realismo, é interessante focar nas duas primeiras obras.

A partir delas, atribui-se a Maquiavel a característica de ter sido o "primeiro" a "pensar a realidade concreta das coisas": "pensar o mundo como ele realmente é", a partir de seu problema concreto — a Itália fragmentada e como construir um Estado coeso, tendo como foco a ação do homem que governará esta nova sociedade. No contexto no qual escreve Maquiavel, contudo, a preocupação com a fragmentação e a descentralização do poder, e a forma como as superar, não era exclusiva à Itália. Trata-se de um processo comum a toda Europa Ocidental, que percebia o padrão do feudalismo, pessoalizado, fragmentado e com elevado poder da Igreja, como um obstáculo à consolidação de unidades políticas e à expansão da atividade econômica.

O incipiente processo de incremento de trocas comerciais, a reorganização da base territorial no qual viviam as populações, o aumento dos conflitos intraeuropeus como parte deste reordenamento são realidades que impactam o pensamento do autor, que vive de perto estas dinâmicas. No caso específico de Maquiavel, o problema mais latente era a Itália, e sua obra "fala" aos que considera os potenciais líderes de um futuro Estado: os Bórgias (de quem era conselheiro político). Independentemente do fato de a Itália somente ter se unificado em 1870, seus escritos sobre a política, o poder e a ação humana extrapolam esta realidade e são chave para a compreensão do mundo contemporâneo.

Conhecido como uma espécie de manual político para os governantes, *O Príncipe* vai muito além disso. Em suas páginas encontra-se estabelecida a ética própria da política, que se direciona e sustenta a partir da conquista e da manutenção do poder, isenta de julgamentos morais, princípios religiosos ou valorativos. O homem da política deve ser avaliado por sua capacidade e nível de sucesso com relação a esses objetivos citados, conquista e manutenção de poder, independentemente dos métodos que utilize para isso. Esta avaliação leva ao clichê bastante conhecido de que "os fins justificam os meios", expressão muitas vezes atribuída ao autor, mas que nunca foi escrita por Maquiavel.

Porém, falar em conquista e manutenção de poder pode soar genérico, ou simplesmente ser interpretado como uma imposição violenta de vontade de uma coletividade sobre outra. Para Maquiavel, o propósito não se resume apenas ao prestígio, à riqueza ou à glória que podem ser associadas a este aumento de capacidades, mas sim à construção de uma ordem política coesa e estável, na qual estas coletividades humanas podem se fortalecer e progredir. O que está em xeque é como organizar e impor a ordem, em uma unidade política, estudando quais são os métodos para a fundação, construção e manutenção do Estado de forma centralizada e não dispersa (superando os padrões pessoalizados e informais do feudalismo).

Outra avaliação que decorre desta percepção concreta da relação poder e ação humana é a atribuição, a esta ação humana, da responsabilidade, por seu destino. Como indicado, a organização política é uma construção artificial que depende essencialmente do homem, e não de fatores a ele externos, como Deus. Nesta dimensão, já se encontra presente aquela que se consiste em uma das raízes do Estado Moderno: a secularização do poder político, levando à separação entre o Estado e a Igreja. Cada qual, Estado e Igreja, detém atribuições diferentes dentro de uma determinada sociedade, que não podem ser confundidas. O Estado é responsável pela ordem política, a Igreja pela dimensão espiritual, e cada Estado deverá ser construído obedecendo a forma de governo mais adequada a seus homens.

Para Maquiavel, estas formas de governo podem ser resumidas em duas: a República e o Principado. No caso das Repúblicas, abordadas em Tito Lívio, a estabilidade é construída a partir dos homens, mas, principalmente, das instituições, e das leis que se estabelecem. Nesta obra, Maquiavel realiza uma espécie de estudo de caso da República de Roma, identificando suas forças e vulnerabilidades, que teriam levado a sua derrocada. A ideia é estabelecer, como em *O Príncipe*, uma guia de ação, para a construção de um governo político.

Cabe lembrar, ainda, que tanto em Tito Lívio quanto no Príncipe, existe uma forte preocupação do autor em sustentar sua análise em fatos concretos, que permitam analisar erros e acertos a partir do mundo real e não em interpretações subjetivas. Deste mundo real, adicionalmente, é que devem derivar as avaliações dos governantes para decidir suas ações, de forma racional, antecipando uma premissa muito relevante do realismo: o cálculo estratégico para definição dos interesses a serem perseguidos, quais táticas serão aplicadas para isso, e tudo isso derivando de uma consideração não idealista de custos e benefícios, limites e capacidades envolvidas.

Mas, voltando à análise mais específica das obras, Maquiavel estabelece em Tito Lívio que Roma conseguira sustentar sua república em três fundamentos, que somente foram corrompidos e enfraquecidos quando a sociedade deixou de progredir e se atualizar: a igualdade social, a liberdade popular e a participação política. Enquanto este tripé funcionou de forma adequada, as paixões dos homens e o caos puderam ser controlados, mas, na ausência de sua modernização, a República foi atingida por três problemas: a corrupção de seu povo e governo levando à decadência das instituições, a corrosão interna pela ausência de atualização e as ameaças externas. Porém, sem atualização das leis e das instituições, e de sua aplicação legítima e sistemática, Roma pereceu.

Por sua vez, para a constituição do Principado, o foco é no homem, no Príncipe. E, para Maquiavel, naquele momento da história italiana na qual escrevia, esta era a forma de governo mais adequada para o país e não a República. Analisando especificamente as contribuições de *O Príncipe*, nesta obra encontra-se a análise da "arte da política e de governar", sustentada em três componentes: as boas armas, as boas leis e os bons homens. Dentre estes, recai sobre o Príncipe a tarefa de conquistar, construir e manter a ordem política, que ele somente conseguirá cumprir se agregar certo conjunto de qualidades e uma determinada compreensão das relações sociais.

O Príncipe é quem sustenta e governa o Estado, devendo-se basear tanto na força quanto na legitimidade para manter a estabilidade e a ordem interna, assim como para se proteger das ameaças externas. Apesar das "boas armas" que se deva ter, traduzido em um exército leal e não de mercenários, cuja única lealdade é à recompensa financeira, o povo é quem mantém o Príncipe no poder. Para isso, o governante precisa ser tanto amado e temido e, no caso, se tiver de escolher entre ambas, o ideal é ser temido. Além disso, é preciso adaptar-se às circunstâncias e à realidade, aprendendo com suas mudanças e a elas respondendo de forma clara. Para isso, demanda-se que o governante detenha sabedoria, além da força, mesclando as características do leão e da raposa.

Finalmente, à medida que o destino está nas mãos do que agem, o Príncipe deve ser dotado de virtude (*virtú*) e fortuna. Na visão de Maquiavel, a virtude pode ser entendida como uma síntese das dualidades apresentadas, amado e temido, leão e raposa, que correspondem às qualidades que o autor considera essenciais a este homem. Caso o governante detenha estas qualidades, e também consiga aparentar ter a maioria delas, a fortuna estará a seu lado. A fortuna se relaciona aos desejos da sorte, às forças exteriores às ações humanas. Volátil e volúvel, Maquiavel relaciona-a à figura feminina, que somente sorri aos que tem a *virtú*.

Resumindo, encontra-se na obra de Maquiavel um conjunto de preocupações sobre o poder, e sua dinâmica de conquista e manutenção, que se estendem por todo o pensamento realista. A presença do homem, das armas e das instituições como parte deste processo é essencial, demonstrando a capacidade humana de estabelecer seu caminho, e de pensar racionalmente suas escolhas. Tentando sistematizar estas visões, sobre o papel do Príncipe, a ordem política, a guerra e a paz, Maquiavel afirma que,

> Um príncipe deve, pois, não deixar nunca de se preocupar com a arte da guerra e praticá-la na paz ainda mais mesmo que na guerra, e isso pode ser conseguido por duas formas: pela ação ou apenas pelo pensamento (...) As coisas internas, por sua vez, estarão sempre estabilizadas se estiverem as de fora, salvo se aquelas já estiverem perturbadas por uma conspiração (...). (MAQUIAVEL, 1987, p. 59 e p. 78)

Completando este conjunto de pensadores clássicos, Thomas Hobbes não só recupera reflexões similares a de Tucídides e de Maquiavel, como incorpora novos conceitos à base do pensamento realista, consolidando sua influência na Ciência Política e nas Relações Internacionais. Em termos de semelhança, Hobbes parte dos mesmos pressupostos sobre a natureza e o poder que seus antecessores, tendo como meta compreender o mundo concreto, sem utopias.

Para este conjunto de realistas, o homem, como ser social, nunca deixa de ser ambicioso, mau, perverso, e sua principal preocupação é preservar sua sobrevivência e elevar suas conquistas. Quanto mais poder detiverem, estes homens tenderão a usar estes recursos para subordinar seus pares e, consequentemente, agregar mais capacidades, para que se mantenha sua condição de superioridade. Os objetivos humanos são apresentados em um tripé: segurança, poder e glória. Outros conceitos como ordem política e equilíbrio de poder encontram-se presentes, enfatizando a dimensão conflituosa das relações sociais.

Todavia, escrevendo no contexto de formação do Estado Moderno ocidental, desafio que já pressionara Maquiavel, Hobbes agrega um novo conjunto de reflexões: a anarquia, a soberania, a autonomia, o contrato social, a separação entre Sociedade e Estado Civil, o sistema internacional e a interação entre guerra e cooperação como forma de garantir ganhos aos Estados. Tais conceitos são essenciais ao realismo nas Relações Internacionais e tentam responder à seguinte pergunta: como construir uma ordem política, partindo de um cenário fragmentado e descentralizado, que possa ser legítimo e prover proteção aos homens?

Ao longo dos séculos XVII e XVIII, a resposta mais comum a esta pergunta foi apresentada pelo conjunto de autores denominados de contratualistas e/ou jusnaturalistas: Hobbes (1588–1679), John Locke (1632–1704) e Jean-Jacques Rousseau (1717–1778). Tais autores sucedem-se cronologicamente, correspondendo a diferentes períodos históricos, que apresentam desafios políticos, sociais e econômicos relacionados às realidades de seu tempo.

Como visto no Capítulo 1, não é possível descolar a teoria da história, pois existe uma forte interdependência entre o pensar e a ação. Embora este não seja um livro de Ciência Política, ou de História, é fundamental que se compreenda esta evolução, que se liga à consolidação das Relações Internacionais como prática e, depois, como ciência. Neste processo, Hobbes e Rousseau são fundamentais para o Realismo, assim como Locke o será para o Liberalismo.

Comum aos contratualistas, encontra-se a estrutura explicativa da qual deriva o Estado e a Sociedade Civil: ambos são constituídos a partir de um Contrato Social, no qual os homens, em Estado Natural (ou de Natureza), concordam em transferir sua autonomia e direitos a uma entidade a eles superior a qual obedecem dentro de parâmetros de legalidade e legitimidade. Ou seja, parâmetros baseados em leis reconhecidas pela sociedade e que sejam aplicadas pelo Estado de forma justa. Este é um processo consensual, ainda que não isento de conflitos, e que deriva essencialmente da autonomia humana. Como indicava Maquiavel, o homem é responsável por seu destino, e não forças divinas, reafirmando-se o papel da escolha racional individual.

Os contratualistas divergem, contudo, com relação ao perfil do Estado, da Sociedade Civil e do Contrato, e de como estas relações se estendem ao mundo externo dessas unidades políticas. E, no caso, estas diferenças são exploradas nos próximos capítulos e correspondem, também nas Relações Internacionais, às diferentes abordagens teóricas que derivam do pensamento clássico.

No que se refere a Hobbes, a obra de referência para a análise de suas reflexões é o *Leviatã* (1651), que tem como objetivo estudar a consolidação do Estado soberano, que detenha caráter legítimo e seja capaz de proteger seus cidadãos da desordem interna e prover também segurança externamente. Para Hobbes, todos os homens nascem iguais, e é esta condição de igualdade de direitos, interesses e ambições que torna o Estado de Natureza, por princípio, um Estado belicoso.

A guerra é inerente às interações humanas e os indivíduos, independentemente de suas capacidades, tendem a confrontar-se diretamente com seus pares a fim de melhorar sua condição e sua vontade. Fazendo uso de um termo conhecido do realismo, prevalece no Estado de Natureza uma condição de autoajuda (*self-help*) para os indivíduos. Não se pode contar com ninguém e nem confiar em ninguém.

Afinal, como diz Hobbes, o homem é o lobo do homem, que habita uma condição na qual prevalece a lei da selva e que tem como consequência a guerra de todos contra todos. O Estado de Natureza é caracterizado por um estado de guerra permanente e latente, no qual se processa um jogo de soma zero. No jogo de soma zero todos querem ganhar, mas a vitória de um será sempre a derrota de outro. Não há compartilhamento de ganhos e sim a imposição de sua vontade sobre os demais, chegando ao limite (e à possibilidade constante) de aniquilação de seu oponente.

Caso a derrota plena do oponente não seja possível, existe uma preocupação com a natureza dos ganhos: para os realistas, caso o jogo não termine como soma zero, não importa o ganho absoluto, aquilo que se conquista em uma determinada interação, mas sim o ganho relativo, que é avaliado a partir da comparação entre seu ganho e o de seu competidor. Neste contexto, uma vez que todos os

Estados visam maximizar poder, e impedir seus pares de conquistar mais capacidades, a cooperação torna-se quase uma impossibilidade, restrita a situações e alianças muito específicas. O que predomina é a sensação de desconfiança e o desejo de destruir o outro. No mundo realista, todos são, e continuaram sendo, potencialmente inimigos.

Desta análise do Estado de Natureza, e destas características, deriva o conceito de anarquia. A anarquia corresponde à existência de uma situação sem lei e sem ordem, na qual não existe um governo ou princípio superior que possa reger as relações sociais, que se caracterizam por um permanente conflito. É um cenário de desordem, no qual inexistem regras ou procedimentos legais, prevalecendo as disputas diretas entre os envolvidos. A condição do Estado de Natureza é anárquica, e somente o Contrato Social permite sua superação.

> As paixões que fazem os homens tender para a paz são o medo da morte, o desejo daquelas coisas que são necessárias para uma vida confortável, e a esperança de consegui-las através do trabalho. E a razão sugere adequadas normas de paz, em torno dos quais os homens podem chegar a acordo (...). (HOBBES, 1988, p. 77)

Por meio deste Contrato, os homens que antes viviam em sua condição natural, comprometem-se a transferir seus direitos e vontades, abdicando de sua liberdade plena. A opção não é pela autonomia, mas sim pela segurança e pela sobrevivência. Esta escolha somente é alcançada porque os homens são dotados de racionalidade, que lhes permite considerar suas escolhas e as consequências das mesmas. Com isso, estabelecem-se dois espaços distintos, que permitem aos homens escapar do destino inevitável da guerra civil, detonada por seus interesses, e conviver de forma pacífica: o Estado Civil e a Sociedade Civil.

O Estado, o Leviatã, consolida-se como uma entidade superior, acima dos indivíduos. Este Estado é dotado de soberania, que se traduz na autoridade de mando e controle da população em um determinado território. Assim como a Anarquia, a Soberania é um conceito fundamental da Ciência Política e das Relações Internacionais, pois é o componente essencial que estabelece a existência do Estado vis-à-vis a sociedade civil. A soberania define um Estado como entidade política única e separada, que existe em um determinado território e que governa um povo.

Estes três princípios, população, território e governo que caracterizam a soberania, e o papel do Leviatã como condutor de processos internos, já haviam sido previamente estabelecidos no mundo europeu concreto do século XVII. No caso, o Tratado de Vestfália (1648), que foi assinado ao final da Guerra dos Trinta Anos, define estes pilares como os princípios clássicos e iniciais de nascimento do Estado Moderno. A partir dos mesmos derivam as premissas de que os Estados devem se reconhecer mutuamente como soberanos, e que a partir deste reconhecimento são plenamente autônomos em suas fronteiras, devendo prevalecer o respeito a estas fronteiras e a não intervenção. Em 1713, estes componentes foram reafirmados pelo Tratado de Utrecht.

Permanecem algumas questões em aberto: se o Estado é soberano dentro de um determinado espaço e governa o povo que nele habita, como se dará sua formação? Quem é o povo que pode se agregar e transferir seus direitos ao Leviatã? E, após formado, como será a interação de um Estado com seus pares, também dotados de soberania?

Tendo como base as reflexões de Hobbes, a primeira pergunta é respondida de forma direta: o Estado é formado a partir da transferência dos direitos da população ao Soberano, via Contrato Social, havendo a subordinação dos homens às regras do Estado. Esta subordinação é plena, regrada por leis, estabelecidas pela constituição do Estado, o que lhe fornece legitimidade e credibilidade. A ordem política é tanto imposta pela força do soberano, como por sua capacidade de convencimento (que reproduz a dualidade explorada por Maquiavel entre a necessidade de o governante ser amado ou temido). Como sustenta o autor,

> Diz-se que um Estado foi instituído quando uma multidão de homens concorda e pactua, cada um com cada um dos outros (...) É desta instituição do Estado que derivam todos os direitos e faculdades daquele ou daqueles a quem o poder soberano é conferido mediante o consentimento reunido. (HOBBES, 1988, p. 107)

A segunda questão, referente ao que constitui o povo, não representa uma das principais preocupações do autor, mas será uma das mais centrais na área das Relações Internacionais, visto que detém impactos sobre o conceito de Soberania e as relações interestatais. Uma parte significativa dos conflitos que emergem deriva da contraposição de vontades entre povos, que desejam ter seu próprio Estado e se autogovernar. No século XX, o Idealismo wilsoniano traduziu este objetivo no conceito de autodeterminação dos povos, devendo-se examinar o que constitui um povo que passa a pleitear esta identidade política.

De acordo com Hobsbawm (2008), a construção de um povo é um processo complexo que envolve dimensões sociais, culturais e políticas. Fatores linguísticos, étnicos, religiosos, nacionalistas, com cada população compartilhando uma experiência comum. Destacando estes mesmos elementos, Simpson (2008) acentua a conformação desta identidade compartilhada como fator de emergência da comunidade política, independentemente das origens que os habitantes daquele espaço possam ter. Ainda que possamos falar em Estado Nação, composto por um povo vindo de uma mesma identidade étnica, a maioria das unidades políticas é feita por "nações": Estados multiculturais e multiétnicos que se consolidam a partir da união de diferentes povos, como, por exemplo, os Estados Unidos e o Brasil[4].

Por fim, a resposta à terceira pergunta derivada das reflexões de Hobbes, referente às interações entre Estados soberanos com seus pares é uma das mais significativas das Relações Internacionais, tanto para o realismo quanto para seus críticos. De acordo com Hobbes, o Estado Civil e a Sociedade Civil representam a superação da anarquia do Estado de Natureza, e criam esferas distintas e reguladas de relações sociais. Os Estados são o nível máximo da soberania e interagem no sistema internacional. Porém, justamente por representarem este nível máximo de soberania, os Estados não possuem nenhum ator que se sobreponha a eles no sistema internacional.

Na concepção realista, o Estado não pode transferir sua soberania a outrem fazendo um "Contrato Social Global", uma vez que isso representaria uma quebra do compromisso original. Portanto, os Estados vivem em um cenário de absoluta liberdade no sistema internacional, que, por princípio, assemelha-se

[4] O tema da autodeterminação dos povos será abordado em maior extensão no Capítulo 3.

ao Estado de Natureza. Esta semelhança refere-se à prevalência da anarquia e à possibilidade latente da guerra permanente entre unidades políticas que visam atingir sua plena autonomia, objetivos e aumentar suas capacidades. Todos os Estados são iguais, livres e soberanos e perseguem seus interesses em um jogo de soma zero. Segundo Hobbes,

> (...) pertence à soberania o direito de fazer a guerra e a paz com outras nações e Estados. Quer dizer, o de decidir quando ela, a guerra, corresponde ao bem comum (...) a grande autoridade é indivisível e inseparavelmente atribuída ao soberano (...) o poder é sempre o mesmo sob todas as formas, se estas forem suficientemente perfeitas para proteger os súditos (...) (HOBBES, 1988, p. 111–112)

Segundo Doyle,

> Todos os Leviatãs são iguais em sua autoridade absoluta, daí a definição de igualdade de soberania. Por analogia, os soberanos na política interestatal são como os indivíduos no Estado de Natureza: eles existem uma condição de guerra, na qual não existe nenhuma lei internacional efetiva ou moralidade (...) todos têm uma tarefa que é seguir a lei internacional, mas a lei internacional nada mais é do que a mesma lei natural da autodefesa (...) no Estado de natureza. (DOYLE, 1997, p. 116)

Tendo em vista a impossibilidade, para o Realismo hobbesiano, de que se estabeleça um Contrato Social estatal, pois o Estado é o nível máximo de soberania, e não pode abrir mão do poder que lhe foi conferido por seus cidadãos, coloca-se uma situação crítica[5]: o sistema internacional, anárquico por princípio, levará, sempre, os Estados à beira da guerra em uma competição incessante por recursos, poder e glória e mesmo por sua simples garantia de sobrevivência. Não há como cooperar ou aliar-se a outros para se proteger, pois todos são inimigos em potencial. As relações interestatais são uma "guerra de todos contra todos", prevalecendo a vontade do mais forte.

---

[5] Avaliação da qual as correntes de inclinação liberal discordam, como será analisado no Capítulo 3.

Quadro 5: O Realismo Clássico

Maquiavel
- O Príncipe e o Interesse do Estado
- Lógica da Política e da Racionalidade
- Poder Como Objetivo e Meio
- Guerra Como Instrumento
- Leão e Raposa
- Amado e Temido
- Virtude e Fortuna

Hobbes
- Homem Lobo do Homem
- Guerra de Todos Contra Todos
- Anarquia
- Jogo de Soma Zero
- Soberania dos Leviatãs
- Poder Como Objetivo e Meio
- Guerra Como Instrumento
- Equilíbrio de Poder

Richelieu
- O Interesse Nacional
- A Razão de Estado

Bismarck
- A Realpolitik

Contudo, uma breve observação da realidade demonstra que as guerras, apesar de frequentes, em particular no contexto europeu dos séculos XVI a XIX, não eram o único referencial destas relações. Dentro de um ambiente anárquico, o estabelecimento de um cenário estável e organizado demonstrou-se possível a partir da própria dinâmica destes intercâmbios entre Estados. Tais intercâmbios não levam necessariamente à confrontação direta, e sim a processos de acomodação e autorregulação entre os Estados que incluem o estabelecimento de alianças em determinadas circunstâncias. Os Estados se contêm mutuamente a partir de choques entre suas vontades.

Este mecanismo de autorregulação e contenção mútua é denominado de Equilíbrio de Poder (EP). O EP estabelece-se por meio da competição entre Estados soberanos dentro do sistema internacional anárquico, dotados de um mesmo caráter e com capacidades relativamente iguais. Ao perseguirem seus interesses, os Estados geram uma situação de contenção mútua havendo a emergência de um equilíbrio automático.

Entretanto, não é possível considerar o EP apenas como um "mecanismo natural". Por trás de sua lógica, existe um processo de escolhas que depende das ações dos Estados e implica certo ponderar de opções à disposição dos governantes. O primeiro passo desta ponderação, que sucede no EP, resulta da constatação que o conflito direto de vontades e capacidades pode colocar em xeque o bem mais relevante para uma unidade política: sua soberania. Com isso, o realista evita a guerra para garantir a estabilidade e não para buscar a paz como valor. Paz, no sentido realista do termo, é entendida como "ausência de guerra".

De acordo com Kissinger (1994), pode-se considerar a insatisfação relativa dos Estados como parâmetro do bom funcionamento do EP. Para o autor, isso significa que os atores envolvidos estão abrindo mão de suas prerrogativas de poder para valorizar uma situação intermediária que favorece sua segurança e não suas possibilidades de maximização de poder. Nenhum Estado encontra-se satisfeito com o *status quo*, mas procura garantir sua soberania e certa margem de manobra, assim como a ascensão de um poder que possa se sobrepor aos demais.

O EP representa uma opção de menor risco do que a realidade de guerra permanente. Esta reflexão tem um caminho simples: uma vez que os Estados são compostos por seres racionais, eles também se consistem em unidades políticas racionais, que procurarão os melhores caminhos para atingir seus objetivos. O objetivo máximo é a soberania e, portanto, constituída esta soberania, ela deve ser preservada, como interesse nacional máximo. Somente ao ser garantida a soberania, o Estado pode perseguir outros objetivos.

O EP ajuda a preservar esta situação, seja por meio de ações individuais Estado a Estado, como pelo estabelecimento de alianças entre eles, caso considerem necessário. Estas alianças não representam uma valorização da cooperação ou uma cessão de soberania entre os Estados que nela se envolvem, mas sim uma ação tópica para resolver um problema que alguns atores identifiquem como comum.

Qualquer objetivo que se coloque além da soberania dependerá das capacidades que o Estado possui, derivadas de seus recursos de poder. Quanto mais poder, maior autonomia terá o Estado. O Estado sem poder deverá estar atento a suas limitações e estabelecer formas de se autopreservar diante dos mais fortes. No contexto no qual emergem estas preocupações, a percepção sobre o que são recursos de poder é de certa forma reduzida ao que já dizia Maquiavel: "boas armas e bons homens", governados de forma organizada em um território delimitado em suas fronteiras, e com bens materiais acessíveis a sua população (especialmente os básicos como alimentos).

No século XVII, a primeira tradução desta racionalidade estatal resultou no conceito de Razão de Estado (*Raison D'État*). Trazido pelo Cardeal Richelieu, na França, a Razão de Estado nos indica que todo Estado somente vai privilegiar o seu interesse. A definição deste interesse passa por um cálculo racional, no qual o Estado vai pesar os prós e contras de suas ações. Cabe ao Estado, a partir da definição de seu interesse nacional, estabelecer um conjunto coerente de objetivos (estratégia) e a forma como deseja obtê-los (tática). O julgamento da ação política, retomando Maquiavel, será apenas por critérios políticos, avaliando a eficiência (ou não) desta correlação entre meios e fins.

Esta síntese é aprofundada no século XIX no conceito de *Realpolitik*, que tende a abarcar esta evolução dos conceitos clássicos. Segundo Waltz,

> (...) o governante, e depois o interesse do Estado, promovem a motivação para a ação; as necessidades da política emergem da competição não regulada dos Estados; o cálculo baseado nestas necessidades pode descobrir quais políticas serão as mais adequadas para melhor servir os interesses do Estado; sucesso é o teste definitivo destas políticas, e sucesso é definido pela preservação ou pelo fortalecimento do Estado (...) A *Realpolitik* indica os métodos pelos quais a política externa é conduzida e lhe fornece racionalidade. (WALTZ, 1986, p. 115–116)

Segundo esta lógica, o Estado deveria recorrer à guerra somente quando necessário, visando sua proteção. Entretanto, as motivações da guerra envolvem questões mais complexas: a primeira, que antecede à proteção do Estado, é a construção da unidade política soberana. Esta realidade esteve bastante presente no processo de consolidação do Estado moderno, europeu ocidental, nos séculos de XV a XIX, e permanece como motivadora de guerras até o período contemporâneo. Disputas fronteiriças, pelo direito a ser Estado, são elementos de confrontação recorrentes na história da humanidade. A segunda motivação refere-se ao desejo de um ou mais Estados concentrarem mais recursos de poder do que seus pares e, a terceira, refere-se às reações dos que se sentem ameaçados por estas alterações de poder.

No que se refere à tipologia do EP, com base nos recursos de poder dos Estados, três modalidades podem ser identificadas (ver Figuras 1, 2, 3 e 4):

a. **Unipolar** — Cenário no qual prevalece a existência de um único polo de poder como dominante devido à concentração de seus recursos de poder. Estruturalmente, o sistema se caracteriza pela assimetria, com a existência de um poder dominante que se impõe sobre os demais.

b. **Bipolar** — Sistema que se caracteriza pela concentração de poder em dois polos, em torno dos quais os demais países do sistema internacional se organizam, pois detêm menor capacidade. O sistema gera duas situações possíveis para estes outros Estados, cuja denominação é de satélites: a do alinhamento a um dos polos ou a autonomia. A autonomia é denominada de "não alinhamento" ou "desalinhamento".

c. **Multipolar** — EP que emerge da interação de três ou mais potências com capacidades similares de poder. O sistema multipolar é considerado o "tipo ideal" de EP, devido à estabilidade que emerge destas interações entre os Estados envolvidos.

Cada um desses tipos de equilíbrio pode ser ilustrado a partir de alguns momentos-chave, apontados como "tipos ideais" de funcionamento deste mecanismo. O unipolar é tradicionalmente ligado à paz dos impérios, como o Romano. Pensando em termos de Estado, existem divergências sobre a existência, ou não, de um momento unipolar: para alguns, desde a criação dos Estados nacionais no século XVII, nenhum teria alcançado o mesmo nível de dominação que Roma; para outros, nações como a Grã-Bretanha e os Estados Unidos, que se tornaram hegemônicas nos séculos XIX e XX, foram representativas de "Paxes" similares à imperial (*Pax Britannica* e *Pax Americana*). A concentração de recursos de poder significativos, a capacidade de imposição de regras aos demais Estados, a projeção bélica são alguns dos elementos que permitiriam considerar estes cenários como unipolares (Figura 1).

Todavia, quanto mais complexos os cenários históricos, mais complicado é considerar que houve um momento unipolar. Pode-se indicar que o mais correto é sugerir que, dependendo do tipo de recurso de poder, há uma situação de unipolaridade, e que os equilíbrios tendem a ser mistos quando considerados todos os componentes que permitem a um Estado agregar força. Avaliando as eras de dominação britânica e americana, a britânica correspondeu a outro tipo de equilíbrio também apontado pela literatura como um "tipo ideal": o multipolar, vigente na Europa Ocidental de 1815 a 1914, resultante dos arranjos do Congresso de Viena, e a americana, à Guerra Fria, de 1947 a 1989 (correspondente ao equilíbrio de poder bipolar)[6].

Analisando esta sobreposição, no século XIX, a Grã-Bretanha teria exercido sua *Pax* dentro do cenário multipolar, mesmo com a possibilidade da unipolaridade. A "solução" usada para explicar esta dinâmica é que haveria uma razoável equivalência de poder entre os membros do equilíbrio multipolar pós-Viena, Grã-Bretanha, Prússia, Rússia, França e Império Austro-húngaro (Figura 3). Este equilíbrio fora instaurado após as guerras napoleônicas e visava estabelecer um sistema de alianças e contenção mútua entre os participantes, impedindo o revisionismo francês. As alianças eram: a Santa Aliança formada por Prússia, Rússia e Império Austro-húngaro, e a Quádrupla Aliança composta de Grã-Bretanha, Prússia, Império Austro-húngaro e Rússia.

Dentre estes, somente a Grã-Bretanha se destacaria devido a seu poder bélico e econômico, mas optou por apostar neste arranjo equilibrado. Ainda assim, o país seria o regulador do equilíbrio, como "primeiro entre os pares" (*primus inter pares*) e nele interveria quando necessário. Com isso, a política britânica foi prioritariamente de não intervenção, atuando somente quando percebia que

---

[6] As discussões históricas sobre os tipos de equilíbrio são baseadas nas análises de KISSINGER, 1994, WATSON, 2009 e KENNEDY, 1989.

poderia ser prejudicada (o termo usado para se referir a esta política é "Isolamento Esplêndido").

Este cenário do século XIX tornou-se muito mais complexo, e nem unipolar ou multipolar, a partir da unificação da Alemanha em 1870. Para autores como Kennedy (1990) e Kissinger (1994), esta unificação e a política de fortalecimento da Alemanha empreendida pelo Chanceler Otto Von Bismarck geraram um cenário que tendia à bipolaridade. Esta bipolaridade somente teria se consolidado a partir de 1890, quando a Alemanha teria abandonado uma política realista de poder (*realpolitik*) e iniciado uma ação agressiva de expansão (*weltpolitik*), confrontando diretamente a Grã-Bretanha. Assim, a quebra da multipolaridade já teria ocorrido em 1890[7].

Situação similar se reproduz no caso americano na Guerra Fria (Figura 2): a despeito do poder estadunidense ser maior que o da União Soviética e de seus aliados, o país optou por uma posição de menor projeção. Apesar da competição com a superpotência soviética, a superpotência norte-americana mantinha uma ação de reguladora do equilíbrio similar à britânica, intervindo somente quando necessário, seja para manter a estabilidade em sua zona de influência, seja para conter seu inimigo.

No geral, todos os equilíbrios poderiam ser vistos como "mistos", e esta situação teria se acentuado ainda mais no pós-1989, com a quebra do modelo da bipolaridade (Figura 4) e a dispersão dos recursos de poder entre vários polos. Haveria, apenas, a unipolaridade militar norte-americana e a perda de poder em outros níveis. Com isso, o cenário do pós-Guerra Fria, desde 1989, seria unimultipolar. Como se pode notar, avaliar a tipologia dos equilíbrios depende muito do "olhar" do analista, pendente a escolha de qual recurso de poder ele vai valorizar ou não. Da mesma forma, ela tende a variar conforme a perspectiva histórica utilizada. Mas, como se procurou indicar aqui, dificilmente prevalece um "tipo ideal", havendo a sobreposição de várias dinâmicas de equilíbrio, em particular se avaliados períodos temporais mais longos e mais complexos.

---

[7] Outro marco da decadência da multipolaridade teria sido a Guerra da Crimeia em 1854 entre Rússia, França e Grã-Bretanha, e as disputas imperiais entre as potências europeias pelos territórios africano e asiático. Ainda assim, prevalece a visão comum de que a multipolaridade prevalecera de 1815 a 1914 com poucos conflitos internacionais, em particular nos livros de teoria das relações internacionais.

Feitas estas considerações sobre o EP, que derivaram da análise sobre o pensamento de Thomas Hobbes nas relações internacionais, cabe ainda apresentar mais dois autores que são apontados como importantes para o pensamento realista em suas bases clássicas: Jean-Jacques Rousseau e Max Weber.

A inclusão de Rousseau entre os realistas é controversa, como apontado na nota 6, pois seu pensamento utópico e comunitarista o ligaria a visões socialistas (outros diriam que é um autor liberal por crer na capacidade humana). Sem entrar neste debate, opta-se por colocar o autor, um contratualista como Hobbes, dentre os pensadores realistas clássicos. Esta escolha deriva das análises de Doyle (1997) que indicam o perfil de Rousseau como um “Realista Democrático” ou “Constitucionalista”, que valoriza a democracia como forma de ação política e o estabelecimento de uma ordem regulada de interações entre Estados e indivíduos.

Rousseau não tem ilusões e aponta que esta ação ocorre em um cenário de guerra e tensão. Além disso, diferente de outros realistas, Rousseau indica a possibilidade de um arranjo constitucional para alcançar o equilíbrio nas interações estatais. É preciso mencionar que, apesar de ser otimista quanto ao potencial dos homens, o que prevalece é a disputa pelo poder (a propriedade) e a guerra como instrumento de política para os homens e o Estado. Sintetizando estas reflexões, Doyle (1997) sustenta que, para Rousseau,

> A condição internacional entre os Estados é de um estado de guerra caracterizado pela “miséria social”. Na condição natural da humanidade antes da instituição do Estado existem muitas disputas, mas a guerra é uma criação social dos Estados (...) o estado de guerra é por princípio injusto. A justiça demanda a união da força e da lei (...) Na maioria dos Estados (corruptos) sofremos os malefícios de duas condições: a tirania doméstica e a insegurança internacional. (DOYLE, 1997, p. 140)

No que se refere ao pensamento de Max Weber, o autor sistematiza questões fundamentais para o realismo clássico referentes ao Estado: o poder, a ação política e a dominação, presentes em seus antecessores, e que se consolidam de forma contemporânea nos autores do século XX. Algumas reflexões de Weber merecem ser recuperadas, indicando a atualidade de seu pensamento e sua relevância na conformação da teoria realista das Relações Internacionais.

De acordo com Weber, o Estado moderno é o detentor legítimo da força dentro das fronteiras da unidade política, reforçando a compreensão do tripé instituído pela Paz de Vestfália (1648): território, população e governo. Esta legitimidade é sustentada por três tipos de dominação: a tradicional, baseada na religião, a carismática, pertencente à esfera do carisma e da subjetividade, e a legal, derivada das leis. No Estado moderno, o que prevalece é a terceira forma de dominação, compondo o binômio legalidade e legitimidade. Portanto,

> (...) só podemos definir o Estado moderno (...) em termos dos meios específicos peculiares a ele, como peculiares a toda associação política, ou seja, o uso da força física (...) Quem participa ativamente da política luta pelo poder, quer como um meio de servir a outros objetivos ideais ou egoístas quer como o poder pelo poder (...) a fim de desfrutar a sensação de prestígio atribuída pelo poder. (WEBER, 1979, p. 98)

Neste trecho de *A Política como Vocação*, podem ser observadas diversas convergências entre Weber, Maquiavel e Hobbes, que somente ressaltam o papel do Estado e a natureza humana como sedenta de poder. Porém, uma natureza humana cuja vocação política é baseada na racionalidade e na construção de uma estrutura de projeção de seus interesses, pois

> A política é feita com a cabeça e não com outras partes do corpo e da alma. E, não obstante, a dedicação à política, se não for um jogo intelectual frívolo, mas uma conduta genuinamente humana, pode nascer e crescer apenas da paixão (...) A força da personalidade política significa, em primeiro lugar, a posse das qualidades de paixão, responsabilidade e proporção (WEBER, 1979, p. 139)

Finalmente, no que se refere aos critérios de julgamento da ação política, o autor distingue duas esferas, a "ética das últimas finalidades" e a "ética das responsabilidades",

> O meio decisivo para a política é a violência. Podemos ver as proporções da tensão entre meios e fins (...) Se fizermos qualquer concessão ao princípio de que os fins justificam os meios, não será possível aproximar uma ética dos fins últimos e uma ética da responsabilidade (...) Quem deseja dedicar-se à política, (...) tem de compreender esses paradoxos éticos (...) uma ética de fins últimos e uma ética de responsabilidade não são contrastes absolutos, mas antes suplementos. (...) A política é como a perfuração lenta de tábuas duras (...) Mas para isso o homem deve ser um líder. (WEBER, 1979, p. 145–146 e p.150–151, p. 153)

De Tucídides a Weber foram estabelecidas as bases do pensamento realista sobre a natureza humana, a política, o Estado, a dominação, a anarquia, o poder, o sistema internacional e o equilíbrio de poder, cuja relevância para as relações internacionais é significativa. Guardadas diferentes ênfases e atualizações, é possível perceber no realismo um forte sentido de conjunto. Seja no século XX ou no século XXI, o realista se autodefine como o analista da "política como ela realmente é".

FIGURA 1: A UNIPOLARIDADE

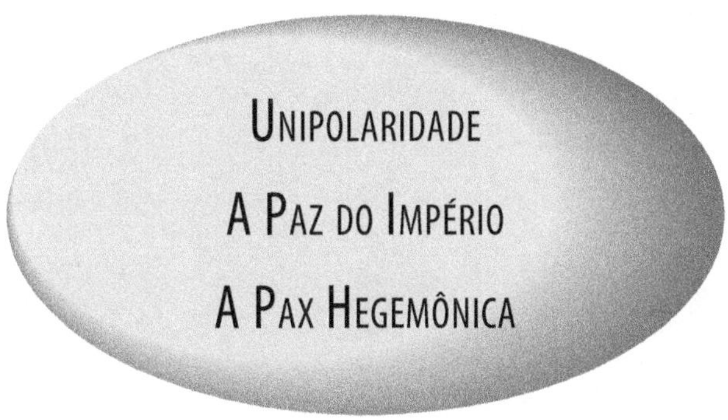

FIGURA 2: A BIPOLARIDADE

FIGURA 3: A MULTIPOLARIDADE

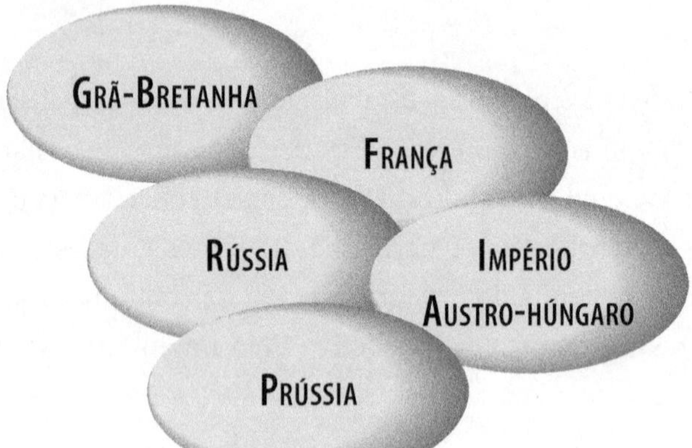

FIGURA 4: A UNIMULTIPOLARIDADE

2.2. O SÉCULO XX E O REALISMO: CARR E MORGENTHAU

Como abordado no Capítulo 1, o século XX é, para as Relações Internacionais, o momento de seu surgimento como disciplina e teoria autônomas. Tal surgimento é associado à sombra da guerra e, inicialmente, às formas de pensar o mundo que visem impedir a eclosão de novos conflitos entre os Estados. Com isso, não será o Realismo, mas sim o Idealismo, a corrente identificada como a "teoria fundadora" do campo. Isto ocorre a partir da agenda do Presidente Woodrow Wilson, sustentada em uma visão positiva da natureza humana, e na possibilidade de estabelecer Contratos Sociais entre os Estados, substituindo a guerra e o egoísmo como vetores da política mundial pela cooperação (ver Capítulos 1 e 3).

Já na década de 1920, a tradição realista se torna a principal crítica do pensamento idealista, dando forma ao primeiro grande debate deste campo de estudo, tendo como base as reflexões de E.H. Carr em *Vinte Anos de Crise — 1919–1939*. Ainda que não apresente uma teoria realista para as relações internacionais, tarefa que caberá a Hans Morgenthau na década de 1950 em *A Política Entre as Nações*, Carr recupera no pós-Primeira Guerra as bases clássicas das concepções desta corrente sobre a natureza humana, o Estado e a Guerra.

Por isso, inclusive, alguns textos colocam Carr entre os realistas clássicos da política e da sociologia ao lado de Maquiavel, Weber e Hobbes, e não como um teórico contemporâneo da política internacional. A opção de o alocar entre os contemporâneos reside no contexto de sua obra, o século XX, no entreguerras, que não pode ser descolado da visão formativa das Relações Internacionais e suas teorias. Afinal, ainda que não se proponha a elaborar uma "teoria" da política internacional, o autor claramente apresenta os pilares que considera necessários para isso. Carr trabalha com o estabelecimento dos propósitos e limites da ciência da política internacional. Assim,

> A ciência da política internacional está em sua infância. Até 1914, a condução das relações internacionais era preocupação das pessoas profissionalmente engajadas nela (...) A guerra de 1914–18 pôs um fim na opinião de que a guerra é um assunto que afeta unicamente soldados profissionais e, fazendo isto, dissipou a impressão correspondente de que a política internacional podia ser deixada com segurança nas mãos dos diplomatas profissionais. (...) A ciência da política internacional, portanto, surgiu em resposta a uma demanda popular. Foi criada para servir a um objetivo e, neste ponto, seguiu o padrão de outras ciências. (CARR, 2001, p. 3–4)

De acordo com Carr, o principal problema da ciência política internacional em sua emergência em 1918, associada ao Idealismo Wilsoniano (ver 3.2), baseado no tripé segurança coletiva (Liga das Nações), democracia e autodeterminação dos povos, é a utopia. Tendo como raiz o Liberalismo Político dos séculos XVIII–XIX (ver 3.1), o Idealismo parte de pressupostos equivocados sobre a natureza humana, considerando-a capaz de promover a paz e a unidade entre os povos. Nesta perspectiva, o poder é colocado em segundo plano, construindo um cenário distante da realidade para as relações humanas e internacionais e, portanto, fadado ao fracasso. Pois,

> O desejo passional de evitar a guerra determinou todo o curso e direção iniciais do estudo. Como outras ciências na infância, a ciência da política internacional tem sido marcadamente e francamente utópica. Ela se encontra no estágio inicial, no qual o desejo prevalece sobre o pensamento (...) Tanto nas ciências físicas quanto nas ciências políticas, logo se atinge

> um ponto onde o estágio inicial do desejo deve ceder lugar a um estágio de análise dura e impiedosa. (CARR, 2001, p. 11 e p. 13)

Carr destaca a política e a política internacional como sendo movidas pelo poder, o princípio da anarquia e a ausência de uma entidade política que se sobreponha, ou tenha legitimidade, para se impor aos Estados soberanos. Entre Estados não há cooperação por valor ou princípio, ou subordinação a outro, mas sim um equilíbrio de poderes e uma convergência tópica quando necessário para assegurar a sobrevivência e a segurança desta unidade política. Além disso, é ingênuo pensar em uma estrutura organizada de instituições para comandar as relações internacionais.

> Em política internacional, não há nenhum poder organizado encarregado da tarefa de criar a harmonia e a tentação de presumir uma harmonia natural torna-se, portanto, particularmente forte. Mas isto não é desculpa para o fato de evitar a questão. Fazer da harmonização de interesses o objetivo da ação política não é o mesmo que postular que a natural harmonia de interesses existe. Foi este último postulado que causou tanta confusão no pensamento internacional. (CARR, 2001, p. 69–70)

Na visão do autor, a Política Internacional não possui "freios" e o poder deve ser sempre compreendido como o meio e o fim da ação dos Estados. Esta ação será dependente da capacidade racional do Estado de definir de forma clara e equilibrada seus interesses e táticas para realizar seus objetivos, assim como de uma visão pragmática de suas capacidades. Tais capacidades, segundo Carr, possuem três fontes principais: o poder bélico, o poder econômico e o poder sobre a opinião. Os Estados que detiverem maiores recursos destes três itens são definidos como potências, e são aqueles que estabelecem os rumos da política internacional. Rumos estes que, na perspectiva do autor, demonstraram a incapacidade dos homens de pensar sua realidade concreta, e que os levou à beira de um novo conflito, a Segunda Guerra Mundial,

> O que se nos defronta na política internacional de hoje é, portanto, nada menos do que a completa falência da concepção de moral que dominou o pensamento político e econômico durante um século e meio (...) A síntese da moral e da razão, pelo menos sob a forma crua do liberalismo do século dezenove, é insustentável. O real significado da atual crise internacional é o colapso de toda a estrutura utópica, baseada no conceito da harmonia de interesses. A geração atual terá de reconstruir a partir das bases. (...) A revelação das bases reais dos princípios declaradamente abstratos, invocados na política internacional, é a parte mais comprometedora e mais convincente da condenação realista contra a utopia. (CARR, 2001, p. 83, p.114, p. 188)

Bastante crítica, a visão de Carr foi validada pelos acontecimentos dos "vinte anos de crise" que dão título a sua obra: a Grande Depressão (1929), a ascensão dos fascismos na década de 1930 e a eclosão da Segunda Guerra Mundial e os desenvolvimentos associados a este conflito. Foi validada até mesmo pelos Estados Unidos de Woodrow Wilson que abandonaram, já na década de 1920, as estruturas institucionais que haviam construído no pós-1918, em particular a Liga das Nações. Esta recusa demonstrava o retorno da política de poder no governo dos Estados Unidos, e a validação das críticas à utopia.

Com isso, o caminho para a consolidação de uma teoria Realista das Relações Internacionais encontrava-se em aberto e foi solidificado pela obra de Hans Morgenthau nos anos 1950. De acordo com Halliday (1999),

> Depois da Segunda Guerra Mundial, com o crescimento do estudo acadêmico das Relações Internacionais, o realismo se tornou a abordagem dominante, senão única na área. Ele possuía uma explicação poderosa e abrangente das Relações Internacionais e do conflito. Em muitos debates públicos nos quais os assuntos internacionais eram discutidos, ele estava em harmonia com o senso comum. (HALLIDAY, 1999, p. 24–25)

Todavia, esta ascensão do Realismo Político escondia um cenário muito mais complexo: a despeito da validação do pensamento de Carr (e dos antecessores do realismo) e da síntese teórica de Morgenthau, o cenário do pós-Segunda Guerra retomou, na construção da ordem mundial pela nascente potência hegemônica, a lógica da cooperação internacional. A hegemonia dos Estados Unidos criou organismos multilaterais, inspirados na ideia de um Contrato Social entre os Estados, como o fizera em 1918 com a Liga das Nações. Adicionalmente, estendeu o escopo destes organismos a setores político-estratégicos e às arenas de negociação econômica (comercial e financeira), social e cultural.

Seria esta realidade o sinal de uma nova utopia fadada ao fracasso? Ou uma elaborada tática de projeção de poder para o exercício da dominação? De que forma o realismo explica esta opção pela construção do que autores como Ikenberry (2011) definem como hegemonia "interpenetrada", que compartilha com seus comandados a administração da ordem global e aplica a si mesma a autorrestrição estratégica?

Responder estas questões representa aplicar a teoria que se apresenta aqui nestas páginas e demonstrar suas limitações e sutilezas. Na década de 1920, os Estados Unidos abandonaram estes arranjos quando confrontados com a demanda da segurança coletiva e a necessidade de condicionar sua soberania a um organismo. Entretanto, no pós-1945, repetiram estas ações e construíram o sistema multilateral e se tornaram os principais responsáveis por seu funcionamento.

O pós-Segunda Guerra Mundial é o do contexto da ascensão da potência hegemônica estadunidense, da emergência da bipolaridade entre os Estados Unidos e a União Soviética, à sombra da era nuclear. Trata-se de um momento no qual os norte-americanos concentram a quase totalidade da iniciativa estratégica e econômica internacional, e sustentam seu poder no monopólio da bomba atômica e da construção do sistema. Independentemente da dimensão "interpenetrada" da hegemonia, este é um mundo no qual existe um Estado que detém capacidades acima dos demais, e estabelece uma ordem internacional, em contraposição a seu adversário soviético.

Ainda assim, para o realista "puro", a ação norte-americana de contrabalançar poder e instituições consiste, desde seu princípio, em um erro, à medida que gera uma situação de dependência mútua entre os Estados, ignorando suas capacidades de poder. Assim, os Estados Unidos optaram por abrir mão de poder, tentando minimizar a imposição de sua força, com base em princípios morais, a fim de sustentar sua hegemonia de forma mais consensual. Com isso, tornam-se vulneráveis e permitem aos demais Estados também se beneficiarem da ordem, gerando para eles ganhos relativos que podem vir a ameaçar o país em médio e longo prazos.

Se retomarmos Maquiavel, pode-se dizer que esta é uma estrutura de dominação sustentada no "medo e no amor", ou, como diz Hobbes, "na lei e na espada", e poderia diminuir custos de liderança e riscos bélicos. Ou seja, está-se diante de uma opção tática para validar a estratégia de dominação dos Estados Unidos e sua *Pax Americana*. Ainda assim, a classificação do perfil hegemônico dos Estados Unidos é o de uma hegemonia "liberal", que, por si só, já representa uma contradição em termos, pois envolve subordinação e cooperação. Tal tema voltará a ser abordado no Capítulo 3.

Morgenthau, por exemplo, é um dos críticos desta ação, pois considera que ela embute o risco da utopia na definição das prioridades dos Estados Unidos. O autor até se refere menos aos organismos multilaterais, mais ao discurso da Guerra Fria associado à ascensão norte-americana, de combate ao comunismo da União Soviética. Tal discurso acentua o aspecto de missão e cruzada neste combate, relacionando-o a questões morais e valorativas, sem pensar em considerações concretas de poder. Para o autor, a intervenção no Vietnã na década de 1970 é exemplar de uma política baseada na moral e não no poder, uma vez que este Estado não representaria risco aos norte-americanos[8].

Avaliando a obra de Morgenthau, *A Política Entre as Nações: a luta pelo poder e pela paz*, é considerada o referencial teórico chave do realismo político para as relações internacionais. Suas reflexões partem das mesmas raízes de seus antecessores: natureza humana que tende ao conflito, sistema internacional anárquico que reproduz o estado de natureza hobbesiano, a ausência de uma lei ou autor superior aos Estados soberanos e a ordem como produto do equilíbrio de poder. O que o diferencia é a pretensão de realizar uma "Teoria Realista das Relações Internacionais", e a forma como alguns problemas são resolvidos sobre a ordem internacional e o equilíbrio de poder no contexto da década de 1950, como será analisado. Nas palavras do autor, *A Política Entre as Nações* foi

---

[8] Sobre o tema, Morgenthau publicou artigo clássico na revista Foreign Affairs, intitulado *"To intervene or not intervene"* (In HOGE e ZAKARIA, 1997).

> (...) escrito com dois propósitos. O primeiro consiste em descobrir e compreender as forças que determinam as relações políticas entre as nações. O segundo propósito é entender os meios pelos quais essas forças agem umas sobre as outras e sobre as relações políticas e as instituições internacionais. (MORGENTHAU, 2003, p. 29)

Deve-se lembrar que, nos anos 1950–1960, a obra teórica de Morgenthau é apenas uma das referências do realismo norte-americano no contexto da Guerra Fria. Existem, além destas reflexões teóricas, demandas práticas de pensar a hegemonia. Tais demandas encontram-se tanto na academia, quanto na diplomacia e no exercício do governo, e se encontram em obras como as de George Kennan, o Sr. X, que escreveu o texto chave para a política de contenção (*The Sources of Soviet Conduct*), de Henry Kissinger, *A World Restored*, e seus textos mais recentes como *Diplomacy* e *World Order* e Zbigniew Brzezinski com *Entre Duas Eras* e *Strategic Vision*, marcos da década de 1970 e do período atual. Kissinger e Brzezinski tornaram-se notórios Assessores de Segurança Nacional nos Estados Unidos. Kissinger acumulou este cargo ao de Secretário de Estado na era Nixon, de 1969 a 1974, enquanto Brzezinski serviu ao Presidente Carter de 1977 a 1981. Mesmo deixando esses cargos, tornaram-se consultores recorrentes da Casa Branca desde os anos 1980.

Mas, voltando à análise de Morgenthau, seu livro é bastante extenso e estabelece já na Parte I, Teoria e Prática da Política Internacional, composto de dois Capítulos "Uma Teoria Realista da Política Internacional" e "A Ciência da Política Internacional", seus propósitos e as bases da teoria realista das Relações Internacionais. Neste sentido, o Capítulo 1 desta parte "Uma Teoria Realista da Política Internacional" revela-se leitura essencial para qualquer analista, crítico ou defensor do realismo, que deseja compreender a lógica desta teoria. Tal teoria deriva seus fundamentos dos autores clássicos e os atualiza para a era contemporânea. Sobre o Realismo, afirma-se que,

> Essa preocupação teórica com a natureza humana tal como ela se apresenta, e com os processos históricos, na medida em que eles ocorrem, fez com que a teoria aqui caracterizada ganhasse o nome de realista. Quais são os princípios do realismo político? Não se poderá fazer aqui uma exposição

> sistemática da filosofia do realismo político, mas nos bastará destacar seis de seus princípios fundamentais, que têm sido frequentemente mal compreendidos. (MORGENTHAU, 2003, p. 4)

Esta incompreensão do realismo deriva, como já apontava Carr, da tentativa de reduzir a política internacional a fundamentos utópicos e valores morais, que escondem a realidade do poder como componente norteador da política. Com isso, é preciso compreender que esta é

> (...) uma teoria que busca entender a política internacional como ela é, e como deve ser, em face de sua natureza intrínseca, e não como as pessoas gostariam que ela fosse, é inevitável que a referida teoria tenha de vencer uma resistência psicológica que a maioria dos outros ramos do conhecimento não precisa enfrentar (MORGENTHAU, 2003, p. 28) [pois] A política internacional, como toda política, consiste em uma luta pelo poder. (MORGENTHAU, 2003, p. 50)

Mas como explicar esta luta pelo poder? Quais são os "Seis Princípios do Realismo Político", conforme a análise de Morgenthau?

O Primeiro Princípio do realismo estabelece que "as relações políticas, assim como a sociedade em geral, são governadas por leis objetivas que têm suas raízes na natureza humana" (MORGENTHAU, 2003, p. 4). A natureza humana tende ao confronto e ao embate na busca por seus objetivos, sendo por princípio conflitiva como já apontavam autores como Hobbes. O poder é o objetivo primeiro e último de todos os homens que compõem sociedades e Estados. Portanto, e aqui já se encontra definido o Segundo Princípio: o conceito chave do realismo político é o interesse definido em termos de poder. Segundo o autor,

> Esse conceito fornece-nos um elo entre a razão que busca compreender a política internacional e os fatos a serem compreendidos. Ele situa a política como uma esfera autônoma de ação e de entendimento, separada das demais esferas, tais como economia (entendida em termos de interesse definido como riqueza), ética, estética ou religião. (MORGENTHAU, 2003, p. 6)

O poder é tratado de forma circular: ele é o meio e o fim em torno do qual os Estados agem no sistema e os Estados só agem em termos de poder. Isto é, o poder na política internacional é um objetivo que todos os Estados almejam, mas é também o que lhes permite agir no sistema internacional. Para Morgenthau, a essência do poder nacional corresponde à realidade de sua época, os anos 1950: geografia, recursos naturais, capacidade industrial e militar, capacidade de conversão de recursos de poder em poder efetivos, liderança e moral nacional.

Esta relação poder meio-fim traz implicitamente não só um componente de circularidade, mas, de inevitabilidade: enquanto uma unidade política estatal não agregar uma significativa quantidade e qualidade de capacidades, sua posição no mundo será sempre de subordinação. Se para ter poder é preciso já ter poder, como fazer se alianças são consideradas sinal de fraqueza? Neste dilema, a resposta realista é simples: se for necessário faça a aliança *ad hoc* para sua sobrevivência ou fortalecimento, mas dela se desvencilhe assim que puder, uma vez que a política internacional é sempre um jogo de soma zero. O que importa são os ganhos relativos e não os absolutos no cálculo dos interesses dos Estados.

Sobre estes interesses, o Terceiro Princípio estabelece que o interesse definido em termos de poder é uma categoria universalmente válida e objetiva. Com isso, é um conceito que se reproduz, sempre da mesma maneira, ao longo da história: ou seja, todos os Estados, em qualquer época histórica perseguem interesses definidos em termos de poder. O interesse nacional é estabelecido por meio de um cálculo estratégico racional, que delimita os objetivos e as capacidades disponíveis ao Estado para perseguir estas metas. Porém, uma das metas surge como invariável: a "primeira prioridade" de todo Estado é a sobrevivência, i.e., a garantia de sua segurança e de sua soberania. O que pode variar, dependendo da época histórica, é o restante da agenda: se o interesse terá foco estratégico, político, econômico, dentre outros.

Morgenthau alerta que supor que uma decisão é racional não deve impedir de a pensar criticamente, pois

> Os desvios em relação à racionalidade — desde que não resultantes do capricho individual ou da psicopatologia pessoal do *policy maker* — podem se apresentar como fatores contingentes apenas do ponto de vista privilegiado da

> racionalidade, embora possam constituir, eles próprios, elementos integrados em um sistema coerente de irracionalidade. Por isso, merece ser explorada a possibilidade de se construir, por assim dizer, uma contrateoria irracional da política. Qualquer pessoa que reflita sobre a evolução do pensamento americano em matéria de política internacional ficará impressionada pela persistência de atitudes equivocadas que, sob formas variadas, sobrepuseram-se à argumentação intelectual e à experiência política. (MORGENTHAU, 2003, p. 10)

O Quarto Princípio, por sua vez, trata da ação do Estado em termos de julgamentos e/ou critérios morais e políticos, reafirmando questões já estabelecidas desde Maquiavel e Weber. Tais questões referem-se ao reconhecimento da existência da moral e da ética nas ações políticas, mas não considera que as atitudes dos Estados não podem ser julgadas por estes princípios. A política internacional e as ações dos Estados somente podem ser julgadas a partir de critérios específicos, ligados ao interesse nacional, e a forma como se tenta alcançá-lo.

Para Morgenthau, o primeiro mandamento da política internacional é o julgamento das ações do Estado, sustentada neste interesse nacional. O autor destaca que para o realismo, a prudência é uma virtude, uma vez que é obrigatório ao Estado distinguir entre o desejável e o possível. O sucesso ou não de uma política depende de uma análise de suas escolhas e das consequências derivadas dessas escolhas e dos meios que foram definidos para as obter. Sobre isso, considera-se que,

> O realismo político é consciente da significação moral da ação política, como o é igualmente da tensão inevitável existente entre o mandamento moral e as exigências de uma ação política de êxito. E ele não se dispõe a encobrir ou suprimir essa tensão, de modo a confundir a questão moral e política, dando assim a impressão de que os dados inflexíveis da política são moralmente mais satisfatórios do que o modo como eles se apresentam de fato, e que a lei moral é menos exigente do que aparenta na realidade. O realismo sustenta que os princípios morais universais não podem ser aplicados às ações dos Estados em sua formulação universal abstrata, mas que devem ser filtrados por meio das circunstâncias concretas de tempo e lugar. (MORGENTHAU, 2003, p. 20)

A questão da moral, e dos valores em geral, é retomada no Quinto Princípio, indicando que nenhum Estado pode considerar-se superior aos demais nestes campos ou desejar impor seus valores a outros. A diversidade de opiniões e inclinações dos Estados é uma das questões que pode ajudar a gerar a estabilidade internacional, na visão de Morgenthau, à medida que nenhum ator poderá estabelecer uma verdade absoluta. No sistema internacional deve predominar a diversidade entre os Estados, a heterogeneidade e o respeito mútuo. Assim,

> O realismo político recusa-se a identificar as aspirações morais de uma determinada nação com as leis morais que governam o universo. Assim como sabe distinguir entre a verdade e a opinião, é capaz também de separar a verdade da idolatria. Todas as nações são tentadas a vestir suas próprias aspirações e ações particulares com a roupagem dos fins morais do universo — e poucas foram capazes de resistir à tentação por muito tempo (MORGENTHAU, 2003, p. 21)

Pode-se indicar que o Quinto Princípio traz embutida uma crítica à política externa dos Estados Unidos e sua natureza idealista e excepcionalista, uma vez que o autor percebe neste país uma ação de imposição de valores. Todavia, o princípio vai além desta crítica, e Morgenthau indica que, embora este seja um problema nos Estados Unidos, não significa que não atinja todas as nações, em particular as que ascendem à condição de potência. Para o autor, somente o poder é o referencial a ser seguido, afinal,

> (...) é exatamente o conceito de interesse definido em termos de poder que nos salva, tanto daquele excesso moral, como da loucura política, porque, se considerarmos todas as nações, inclusive a nossa, como entidades políticas em busca de seus respectivos interesses definidos em termos de poder, teremos condições de fazer justiça a todas elas. E estaremos fazendo justiça a todas, em um duplo sentido: podemos julgar outras nações como avaliamos a nossa e, tendo julgado deste modo, seremos capazes de executar políticas que respeitam os interesses das demais nações, ao mesmo tempo que protegemos e promovemos os nossos próprios interesses. Em política, a moderação tem necessariamente de refletir a moderação no julgamento moral. (MORGENTHAU, 2003, p. 22)

Por fim, o Sexto Princípio reafirma a autonomia da política diante de outras esferas e a necessidade de que ações políticas sejam julgadas por critérios políticos. Além disso, este Princípio apresenta uma das mais controversas afirmações do Realismo nas relações internacionais: a de que o mundo doméstico e o internacional são, também, esferas separadas no sentido de que a ação política internacional dos Estados independe de seu regime político ou forma de governo. Segundo esta lógica, não há diferenças entre o comportamento de um Estado autoritário ou democrático no sistema internacional, uma vez que eles sempre se orientarão pela lógica do poder. Esta é uma avaliação que se choca com diversas correntes políticas, como o liberalismo e o marxismo, que inter-relacionam a ação do Estado a seu perfil interno, como será analisado nos Capítulos 3 e 4.

Estabelecidos os "Seis Princípios", Morgenthau desenvolve o livro analisando o conteúdo do poder, as dinâmicas da política internacional, seja na guerra ou na diplomacia. Sobre esses temas, é importante indicar que, para o autor, dentro de um cenário anárquico, o equilíbrio de poder é o elemento essencial para a manutenção da ordem. O equilíbrio de poder detém o caráter de mecanismo estabilizador e provedor de um cenário com a "ausência de guerra", e sua tipologia, característicos do realismo. A despeito do papel que o autor atribui a diplomacia no sentido de regular as relações internacionais e facilitar estes intercâmbios e negociações, é na dinâmica do choque entre os Estados que se estabelece a organização do sistema internacional.

Um marco em sua época, a obra de Morgenthau corresponde também ao contexto, como indicado, da ascensão e consolidação da hegemonia dos Estados Unidos e da Guerra Fria. O diferencial da era nuclear, a ampliação do poder estratégico das superpotências norte-americana e soviética são marcos deste período, que atinge seu auge na década de 1950. Este período é considerado o mais conflitivo da bipolaridade e que representa a sobreposição dos temas estratégicos aos demais, à montagem dos blocos e o início da corrida armamentista. Com ou sem o multilateralismo, este é o momento de confrontação mais aberta entre as agendas capitalista e socialista.

A agenda de segurança soma "novos" termos a conceitos tradicionais do realismo como o "Equilíbrio do Terror" (ARON, 2001), que indica as transformações na lógica do equilíbrio de poder trazidas pela arma nuclear. Elemento decisivo de poder, uma vez que pode gerar a destruição mútua dos Estados e do sistema internacional, esta arma nuclear é um elemento de dissuasão, contenção e *deterrence* (conceito similar ao da "contenção", que sinaliza ao oponente sua capacidade de o deter).

Outra concepção que se tornou presente na década de 1950 foi a expressão cunhada por John Herz, "dilema da segurança", que estabelece uma correlação direta entre a segurança dos Estados. A segurança de um determinado Estado é inversamente proporcional à segurança de outros. Esta lógica sustenta-se na dinâmica já examinada dos ganhos relativos e absolutos e a forma como estes ganhos distribuem-se de forma desigual entre os Estados. É fundamental que os Estados procurem maximizar seus ganhos, independentemente do custo que isso tenha para os demais (em 2.3 esta necessidade de os Estados buscarem sempre sozinhos seus objetivos refere-se à premissa da autoajuda). Sistematizando esta dinâmica, Mearsheimer estabelece que,

> A essência do dilema é que as medidas que um Estado toma para assegurar a sua segurança normalmente reduzem a segurança dos outros Estados. Portanto, é difícil para um Estado aumentar sua chance de sobrevivência sem ameaçar a sobrevivência de outros Estados (...) A implicação da análise de Herz é clara: a melhor maneira para um Estado sobreviver na anarquia é buscar vantagens sobre outros Estados e ganhar poder às suas custas. (MEARSHEIMER, 2001, p. 36)

Entretanto, estas visões nas quais predominavam basicamente aspectos de segurança e conflito, associados às raízes clássicas do Realismo começam a ser pressionadas. Não se pode esquecer que a evolução da teoria corresponde, também, à evolução destas interações entre os Estados que, no caso da Guerra Fria, é dividida em algumas fases: Confrontação (1947–1962), Coexistência (1963–1969), *Detente* (1969–1979), Segunda Guerra Fria ou Confrontação Renovada (1980–1985) e Reaproximação (1986–1989). Ainda que não tenha deixado de ser um dos principais referenciais da área, senão o principal, dependendo do autor, o auge do realismo corresponde a esta epoca da confrontação.

Quadro 6: O Realismo de Carr e Morgenthau

E.H. Carr

- A Ciência da Política Internacional
- Crítica às Utopias
- Compreender o Mundo como Ele Realmente É
- Compreender o Homem como Ele Realmente É
- Diplomatas, Soldados, Analistas
- Ordem Mundial e Guerra
- Poder como Meio e Fim

Hans Morgenthau

- "A Política Internacional, como Toda Política, É Política de Poder"
- O Mundo como Ele Realmente É
- Os Seis Princípios do Realismo Político
- Interesse Nacional
- Equilíbrio de Poder
- Diplomacia e Guerra
- Estabilidade
- Hegemonia

Os Conceitos Adicionais

- Buck-passing
- Bandwagoning
- Equilíbrio do Terror
- Dilema da Segurança

Com as mudanças no sistema internacional que vão desde a emergência de novos Estados provenientes dos processos de independência colonial, no mundo afro-asiático, passando pela solidez do multilateralismo e de fenômenos como a integração regional que se inicia, onde se encaixa a política de poder pura e simples? E o desafio behaviorista do Segundo Debate, que demanda mais cientificidade das Relações Internacionais e Ciências Humanas em geral?

Somados todos estes fatores, ao longo dos anos 1960 e 1970, o Realismo passa a ser confrontado por outras correntes, e pela realidade, que parece questionar seus pressupostos mais básicos: se não é possível cooperar, por que a Europa Ocidental estava formando um bloco de Estados via integração regional? E o que dizer da ação das companhias multinacionais como atores privados globais que agem em busca de lucros? Como inserir na agenda realista as preocupações sociais relativas ao meio ambiente e os direitos humanos? E as visões críticas sobre o homem e a sociedade? Pode-se ainda pensar Estado como o único ator das Relações Internacionais e uma entidade fechada em suas fronteiras, com seu território e população? Como o Realismo responde a estas pressões por maior cientificidade e ampliação de sua agenda de pesquisa?

2.3. KENNETH WALTZ E O NEORREALISMO

As indagações que se impunham ao Realismo eram amplas nos anos 1960 e 1970. Para muitos, a incapacidade desta corrente teórica em lidar com estes novos desafios e adaptar-se a um cenário mais complexo do que o representado pelo binômio Estado-Guerra teria como resultado o esvaziamento natural. Entretanto, sugerir que uma teoria possa perder sua capacidade explicativa porque o mundo mudou corre o risco de oferecer uma visão simplista sobre o problema.

Ainda que as teorias acompanhem os acontecimentos históricos, seu foco de estudo traz embutido pressupostos sobre as sociedades, os Estados e o sistema internacional que podem ser adaptados. Neste viés, de atualização e adaptação, é que se encaixa o surgimento do "Neorrealismo". Sintetizando estas reflexões com atenção ao Neorrealismo, Halliday indica que,

> Face a estas mudanças e da crescente importância das questões econômicas na agenda internacional, a escola dos realistas previamente confinada à reflexão histórica e filosófica gerou um novo corpo de trabalho, o "neorrealismo" (...) Se em alguma medida o neo serviu para esconder a reafirmação de temas tradicionais — sobre o Estado, o poder e o conflito — ele também refletiu duas importantes revisões no caráter da agenda anterior: por um lado uma maior atenção ao papel do econômico nas relações interestatais,

> como um instrumento mercantilista e competitivo de poder estatal e não em termos de abordagens transnacionais ou interdependentes; por outro, uma revisão teórica em uma tentativa de trazer mais rigor à teoria e isentá-la dos ataques metodológicos sofridos pela outra geração. (HALLIDAY, 1999, p. 45–46)

O autor de referência para a emergência do Neorrealismo é Kenneth Waltz, com suas duas obras: *Man, the State, and War* e *Theory of International Politics*, publicados originalmente em 1959 e 1979. O objetivo de Waltz é promover uma atualização, de caráter científico, ao pensamento realista em resposta às pressões sobre este campo de estudo de caráter acadêmico e com foco na realidade. A primeira destas pressões resulta do "Segundo Debate" analisado no Capítulo 1.

A segunda pressão refere-se à realidade: apesar de caracterizado pela Guerra Fria e temas de segurança no imediato pós-1945, o sistema internacional já dava sinais de estar se tornando mais complexo. Pensar o mundo apenas em termos de conflito e poder parecia chocar-se com um momento no qual a bipolaridade não impedia a expansão e fortalecimento do multilateralismo, via organizações internacionais governamentais, e a criação de novos mecanismos de interação entre os Estados. Destaca-se o projeto de construção da integração europeia, cujo ponto de partida foi a Comunidade Europeia do Carvão e do Aço (1954) e a assinatura do Tratado de Roma que criou em 1957 a Comunidade Econômica Europeia. Igualmente, novos atores surgiam no mundo afro-asiático, demandando uma forma diferenciada de pensar o desenvolvimento e as relações interestatais.

Da mesma maneira, atores transnacionais como empresas multinacionais e o aumento da participação da sociedade civil na arena global traziam uma dimensão inédita de complexidade a discussões de temas como democracia, direitos humanos e o meio ambiente, que se tornaram centrais na agenda internacional nos anos 1970.

O Realismo parecia não dar conta destes fenômenos privados e problemáticas da cooperação e era pressionado por outras correntes, como sua contraparte "neoliberal". Sistematizando esta somatória de indagações que compõem as mudanças que o realismo deve confrontar, Baldwin (1993) aponta os seguintes pilares como base do debate "neo-neo": a anarquia e a forma de a compreender e superar, a inter-relação cooperação e competição internacional, os objetivos e os ganhos dos Estados e o peso das organizações internacionais governamentais no sistema internacional.

Waltz, no caso, é o autor que se consolida como o interlocutor renovado do realismo e de sua mudança relativa para dar conta dessas indagações. E, de fato, utiliza-se o termo "mudança relativa", pois em nenhum momento de suas reflexões Waltz abandona a escola realista ou a percebe como inadequada para explicar o mundo. Muito pelo contrário, ao formular as reflexões do Neorrealismo (também chamado de "Realismo Estrutural"), ele apenas atualiza e reafirma a centralidade da teoria como a mais relevante e mais adequada para explicar a política internacional, independentemente de suas transformações. Diz Waltz,

> Como uma teoria da política internacional pode ser construída? Como qualquer outra teoria (...). Primeiro, precisa-se conceber a política internacional como um campo específico; segundo, precisa-se descobrir quais são as regularidades deste campo, similares às leis; terceiro, deve-se desenvolver uma forma de explicar estas regularidades observáveis. (WALTZ, 1986, p. 115)

As reflexões de Waltz estabelecem três imagens: a natureza do homem — nível do indivíduo; a constituição doméstica dos Estados — o sistema político; e o sistema internacional. No que se refere à primeira imagem, o autor compartilha as concepções tradicionais do Realismo de que a natureza humana é conflitiva, que se orienta pela busca do poder e que o faz de forma racional. A primeira imagem é insuficiente para explicar a dinâmica da política internacional e o comportamento dos Estados. Tal comportamento não é nem mesmo explicado pela segunda imagem, os Estados em sua constituição doméstica. Segundo Waltz, "Não é possível entender a política mundial simplesmente olhando para o interior dos Estados". (WALTZ, 1986, p. 71)

Isso ocorre, pois, na visão do autor, um breve exame do comportamento dos Estados internacionalmente demonstra que todos seguem os mesmos objetivos de segurança e sobrevivência, independentemente de seu regime político ou demais características internas. Portanto, se não são os homens ou os regimes políticos dos Estados que explicam as regularidades da política internacional, o que explica então?

A compreensão da política internacional localiza-se na terceira imagem, a do sistema internacional e sua estrutura. Além disso, Waltz sustenta que, para que se analise uma estrutura, seja ela a do sistema internacional ou a da política doméstica, é preciso estudar aquilo que a define: primeiro, seu princípio de organização; segundo, as características de seus agentes e a especificação de suas funções; terceiro, a distribuição de capacidade entre seus agentes.

Iniciando sua análise comparativa, Waltz indica que o princípio de organização explica os diferentes pressupostos nos quais se sustentam e se desenvolvem a política doméstica e a internacional. Enquanto o sistema doméstico é organizado a partir de regras e instituições que regem a população e são legal e legitimamente aplicadas pelo Estado, o internacional corresponde ao âmbito da anarquia. De acordo com Waltz,

> As questões estruturais referem-se às questões sobre a organização das partes em um sistema (...) Os sistemas domésticos são centralizados e hierarquizados. As partes dos sistemas políticos internacionais se encontram em relações de coordenação. Formalmente, cada um é igual aos outros. Ninguém tem o direito de comandar; ninguém precisa obedecer. Sistemas internacionais são descentralizados e anárquicos. Os princípios organizadores das duas estruturas são muito diferentes, na verdade, opostos. (WALTZ, 1986, p. 82)

Waltz reafirma, como o já fizeram seus antecessores no campo do realismo político, as características básicas da anarquia: a descentralização e dispersão de poder e a ausência de uma autoridade que possa regular as relações entre os agentes que se inserem no sistema internacional. Neste ponto localizam-se alguns dilemas, pois

> A característica proeminente do sistema internacional é a falta de ordem e organização (...) A anarquia da política internacional é apresentada como referência. Mas se a estrutura é um conceito organizacional, os termos "estrutura" e "anarquia" parecem estar em contradição (...) O problema é esse: como conceber a ordem sem um organizador e na falta de uma organização formal que gere efeitos organizacionais. (WALTZ, 1986, p. 82)

Outro elemento de diferenciação entre as estruturas, o segundo fator refere-se a quem são os atores e quais suas funções em ambas as esferas, nacional e internacional. Internamente, os atores são os membros do governo e da sociedade civil, que exercem diferentes papéis em cada setor da política doméstica. Na esfera internacional, os atores são os Estados, e eles sempre desempenham a mesma função, que é a da garantia de sua segurança e sobrevivência. Para isso, cada Estado só pode contar consigo mesmo, em um sistema de autoajuda (*self-help*). A maneira como cada Estado desempenha, melhor ou pior, esta função, depende de seus recursos de poder. Tais recursos correspondem ao terceiro fator definidor de estruturas, a distribuição de capacidades entre os agentes, e definem não só a posição relativa dos mesmos, como o escopo de suas ações.

Ainda que a sobrevivência e a segurança não sejam os únicos objetivos do Estado, estas metas são fixas, como estabelecera Morgenthau (e os demais clássicos). Porém, aqui se insere uma primeira distinção entre os realistas pré-Waltz: Waltz dá mais peso a estes objetivos mínimos do que seus antecessores, colocando em segundo plano metas ambiciosas. Para Waltz, ir além desses objetivos mínimos é muito arriscado para a maioria dos Estados, à exceção das grandes potências, cujos recursos de poder são mais significativos.

A preocupação maior de todos é com a manutenção de sua sobrevivência e com os ganhos relativos de seus pares que podem afetar suas possibilidades de segurança e posição no sistema internacional, isto é, o equilíbrio de poder. O Equilíbrio de Poder não traz lógica diferente das aqui já examinadas, apenas apresenta-se um maior destaque à posse das armas nucleares pelos Estados como geradora de estabilidade internacional[9]. Para Waltz, a bipolaridade americano-soviética da Guerra Fria representa um dos mais estáveis exemplos de equilíbrio por conta da arma nuclear e, ainda que as armas nucleares se dispersem, o risco da destruição mútua (MAD) traz um elemento de contenção e dissuasão natural ao enfrentamento ("equilíbrio do terror").

De acordo com Schornig (2014, p. 40–41), três afirmações sobre o Estado podem ser sintetizadas a partir da obra de Waltz e que se encontram aqui expostas: a prioridade máxima dos Estados é a sobrevivência e a manutenção

[9] Em um de seus últimos artigos, Waltz defende esta posição de que a posse de armas nucleares gera estabilidade ao abordar um assunto polêmico: o direito do Irã desenvolver potencial bélico no Oriente Médio (WALTZ, 2012).

da integridade política e geográfica de seu território; as ações dos Estados são sempre sustentadas por um cálculo racional de meios e fins; e, por fim, a única forma de examinar diferenças entre os Estados é a partir da avaliação de seus recursos de poder.

Tendo em vista estas análises e as demais considerações, pode-se perguntar: a única inovação de Waltz residiria nesta questão dos objetivos dos Estados serem mais defensivos do que ofensivos? Afinal, anarquia e equilíbrio de poder são conceitos que parecem estar apenas reproduzindo discussões anteriores. Todavia, o Neorrealismo é mais complexo e como Halliday já nos indicava no trecho já citado engloba a introdução e análise de novos fenômenos em andamento nos anos 1950 a 1970, em particular os econômicos.

O salto qualitativo do Neorrealismo reside tanto em sua linguagem como na resposta do problema apontado pelo autor de como "organizar sem organizador" e compreender a interação entre os Estados de diferentes capacidades. Segundo Waltz, a ordem emerge no sistema internacional a partir de um processo similar ao do mercado econômico, estabelecendo uma analogia entre ambos. A analogia refere-se aos padrões de interação, ao comportamento dos atores e a forma como a ordem é construída em ambientes que surgem, à primeira vista, como instáveis e de elevada competição.

O sistema internacional, assim como o mercado, tem sua organização definida de maneira espontânea pela movimentação de agentes racionais em seu interior, que visam alcançar seus objetivos específicos: lucro no mercado, sobrevivência no sistema internacional. Prevalece a racionalidade e o princípio de autoajuda, parâmetros segundo os quais os atores se orientam, calculando seus custos e benefícios, e sem poder contar com nenhum auxílio, além deles mesmos. Para Waltz,

> Os sistemas políticos internacionais como os sistemas econômicos são formados pela correlação de unidades autônomas. As estruturas internacionais são definidas pelas unidades políticas principais de uma era, sejam elas cidades-estados, impérios ou nações. As estruturas emergem da coexistência dos Estados (...) A política internacional é uma esfera na qual tudo vale (...)

> é estruturada de forma similar à econômica de mercado, ao se considerar a operacionalização do princípio de autoajuda (...) (WALTZ, 1986, p. 85).

Além disso, o autor também sustenta que,

> Na microteoria, seja da política internacional ou da economia, a motivação dos atores é assumida, em vez de ser realisticamente descrita. Eu considero que os Estados procuram assegurar sua sobrevivência. A afirmação é uma simplificação radical pela necessidade de construir uma teoria (...) Além do objetivo da sobrevivência, os propósitos dos Estados podem ser amplamente variados: eles podem variar da ambição de conquistar o mundo ao desejo de serem deixados sozinhos. A sobrevivência é o pré-requisito para atingir qualquer um dos outros alvos. (WALTZ, 1986, p. 85)

Portanto, os Estados como atores unitários têm a sobrevivência como seu objetivo essencial, e são os atores dominantes no sistema internacional. A igualdade entre os Estados é apenas jurídica, em termos de reconhecimento de sua soberania, mas sua autonomia é bastante distinta, tendo como base a avaliação de recursos de poder. A ação do Estado e sua posição no equilíbrio de poder, i.e. na hierarquia que se estabelece pelas movimentações das unidades políticas, deriva de suas capacidades, e não de lei e regras preestabelecidas.

Em resposta aos críticos do Realismo de que isso reduziria o escopo e as motivações dos atores em um momento de maior complexidade do sistema internacional, Waltz destaca as seguintes proposições: primeiro, nem ele ou qualquer outro realista antes dele nega a existência de outros participantes do sistema internacional, como as organizações multilaterais, as empresas transnacionais, as igrejas, dentre outros. Ele apenas considera os Estados como os mais importantes e que fenômenos relacionados à cooperação, transnacionalização ou interdependência encontram-se condicionados pela dinâmica da política estatal.

Segundo, com relação à tríade transnacionalização, cooperação e interdependência, Waltz não os nega, mas os condiciona ao Estado. A transnacionalização é uma realidade, pelo avanço da tecnologia, pela ampliação da relevância das questões econômicas e sociais, mas não existe no vazio. É reflexo da política de poder dos Estados e seus temas podem ser instrumentalizados pelos Estados, na busca de seus benefícios e na contenção do poder de seus potenciais rivais ou alvos de cobiça para maximizar seus recursos.

Por exemplo, os Estados mais fortes podem impor políticas ambientais ou de direitos humanos a nações mais fracas (o que se define como "condicionalidades") em troca do fornecimento de ajuda financeira. De tempos e tempos surge, igualmente, a agenda da troca de dívidas que um país tem pela preservação ambiental: no final dos anos 1990, ativistas ambientais, como o ex-Vice-Presidente dos Estados Unidos Al Gore, chegaram a sugerir a "internacionalização da Amazônia", propondo trocar a perda da soberania das nações desta região (não só o Brasil, mas Venezuela, Equador, Colômbia) pelo fim de sua dívida externa. O objetivo declarado? O bem maior para a preservação dos bens públicos ambientais, do "pulmão do mundo". O propósito para o realista? Adquirir novos espaços geopolíticos e geoeconômicos e diminuir a autonomia dessas outras nações, enfraquecendo ainda mais sua posição relativa.

No que se refere à cooperação e à interdependência, em particular esta última, Waltz dialoga com o Neoliberalismo (Capítulo 3) e com os teóricos da integração, a luz do desenvolvimento do processo europeu iniciado nos anos 1950. Mais uma vez, o fenômeno é reconhecido, ele existe, o que difere é a forma como a teoria o interpreta: se nas correntes liberais e no contemporâneo neoliberalismo, este processo pode significar a mudança de comportamento dos Estados, envolvendo até a cessão de sua soberania a outra unidade política como uma organização multilateral, para o realista estamos diante de tentativas de maximização de poder dos atores mais fortes ou de preservação de espaço pelos mais fracos.

Como visto, a tática da cooperação e da interdependência foi utilizada pelos Estados Unidos na construção de sua "hegemonia liberal" no pós-1945. Houve a canalização do poder em estruturas multilaterais, mas em nenhum momento abriu-se mão de poder, ou do exercício unilateral do mesmo quando necessário. Ainda assim, seja para os mais fortes ou mais fracos, qualquer relação de cooperação ou interdependência não muda sua concepção de soberania. O que varia é sua capacidade maior ou menor de resistir a ameaças ou de ameaçar os demais.

A prioridade máxima de um Estado é sua sobrevivência e estes são apenas mecanismos táticos, aos quais o Estado precisa recorrer em um determinado recorte temporal para sustentar sua posição. Mas é um movimento arriscado, que deve ser usado apenas como último recurso, pois pode afetar as capacidades dos envolvidos. Neste ponto, volta-se ao tema dos ganhos relativos. Embora possam todos se beneficiar de um arranjo coletivo, não necessariamente estes benefícios serão distribuídos de forma igual. Além disso, estas coalizões não são necessariamente ofensivas, mas podem ser defensivas, em resposta a pressões.

Voltando ao tema ambiental e à Amazônia, nos anos 1970, os países amazônicos, liderados pelo Brasil, resolveram criar o Tratado de Cooperação Amazônica (1974), na esteira de pressões externas para o conservacionismo e a internacionalização da região. Embora esse tema seja pouco lembrado nos dias atuais, entre 1970 e 1972 (data da realização da primeira grande Conferência Ambiental em Estocolmo) havia um forte movimento no sentido de regular as questões ambientais e o crescimento. Estes temas atingiam principalmente os países em desenvolvimento que lutavam por sua modernização. A fim de diminuir sua vulnerabilidade, estes países se uniram e propuseram o conceito de "desenvolvimento sustentável" em oposição aos discursos de "crescimento zero"[10].

No fundo, por que não se pode pensar a atual União Europeia, em suas origens na Europa Ocidental da Guerra Fria como uma coalizão antissoviética e não um movimento pela paz continental? Como bem destaca o realista, tudo depende da interpretação e cooperação ou a interdependência não é um arranjo inédito, pois, no fundo, tudo se refere à construção de alianças.

Tradicionalmente, as alianças eram construídas entre os Estados de forma *ad hoc*, direcionada à obtenção de certos objetivos, em um determinado momento. À medida que o objetivo fosse cumprido, as alianças deixavam de existir, a fim de que os Estados não atrelassem sua agenda a outros. As alianças podem ser tanto ofensivas quanto defensivas, podendo funcionar também como alternativas para diminuição dos custos de ação de um Estado (divisão de ônus, ou *buck-passing* no original). Nos séculos XX e XXI, este mecanismo se mantém ao lado dos organismos multilaterais que poderiam ser definidos como "alianças permanentes".

[10] O conceito de crescimento zero foi apresentado pelo "Clube de Roma" em 1972, como parte da rediscussão dos paradigmas de desenvolvimento. É um grupo privado, de caráter multinacional a favor do conservacionismo.

Para os Estados mais fracos, as alianças também significam a possibilidade de ganhar mais espaço diante dos demais por meio de políticas de alinhamento (*bandwagoning*) ou de caronas (*free riders*). No primeiro caso, os Estados acompanham as políticas do líder, visando obter benefícios em troca de seu apoio. Em uma tradução livre, pode-se indicar que os Estados "pulam no trem" para acompanhar o maquinista, apoiando suas escolhas, mesmo que não possuam recursos de poder para as bancar. A "Coalizão da Vontade", construída pelos Estados Unidos na Guerra do Iraque em 2003, contava, majoritariamente com países de menor poder relativo apoiando a operação (à exceção da Grã-Bretanha).

No que se refere ao carona, o Estado aproveita-se de um ator mais forte para atingir seus objetivos, indicando os riscos associados à divisão dos ganhos. Com isso, mesmo que o Estado contribua pouco em uma determinada situação com o líder da aliança, ele obtém benefícios ao estar na sombra. Aqui se pode indicar a parceria bilateral entre os Estados Unidos e Japão depois da Segunda Guerra Mundial: os ganhos relativos do Japão no setor econômico, e ausência de custos no setor de defesa, que era fornecida pelos norte-americanos, permitiu a alavancagem deste setor elevando o poder nipônico nesta área. Outro conceito importante para estas reflexões é o de *buck-passing*, que se refere ao interesse dos Estados em repassarem seus custos de defesa a outros.

Como se pode perceber, a agenda Neorrealista (ou mesmo a realista antes dela) não nega a existência de nenhum dos novos fenômenos globais ou das transformações internacionais. Apenas considera que estes fatos não mudam a natureza básica nem do homem, do Estado ou do sistema internacional: anarquia, poder, equilíbrio de poder, racionalidade permanecem os referenciais básicos, e a guerra como um instrumento de política internacional.

Os riscos associados à cooperação continuam elevados, devido ao desequilíbrio que se pode estabelecer entre os atores e seus ganhos relativos. Por fim, os Estados não alteram seu comportamento ou seu objetivo primeiro, que é a sobrevivência, por estarem inseridos em instituições ou porque fazem alianças com outros, ou porque se encontram em um cenário de interdependência e transnacionalização: eles sempre serão unidades políticas soberanas que perseguem o interesse nacional racionalmente, fazendo uso das táticas mais adequadas para maximizarem seus recursos e reduzirem suas vulnerabilidades.

Em síntese, a agenda de Kenneth Waltz promove uma significativa revitalização do pensamento realista, que responde aos desafios emergentes do Neoliberalismo (ver 3.4) na década de 1970. Tais desafios compuseram o debate "neo-neo" entre estas duas correntes, que, desde então, continua em andamento, alternando fases de maior ou menor intensidade. Todavia, este mesmo debate assumiu elevado grau de endogenia no campo de estudos, trazendo o risco do reducionismo e da polarização teórica. Esta situação tornou o diálogo "neo-neo" igualmente fonte de críticas de outras correntes teóricas existentes ou emergentes nas Relações Internacionais, a partir dos anos 1980 (tema analisado nos Capítulos 4 e 5).

Quadro 7: O Neorrealismo

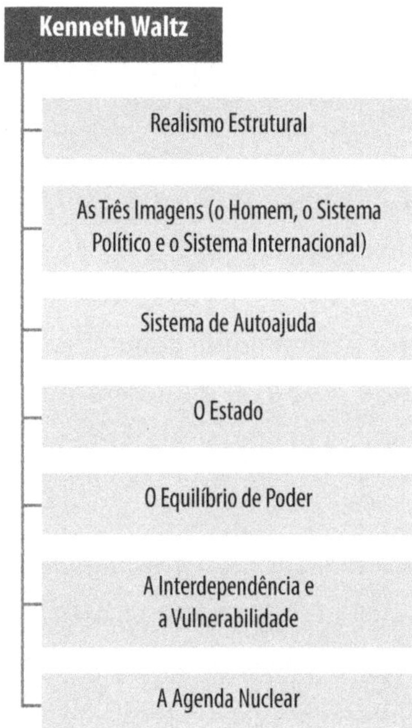

2.4. NOVOS REALISMOS? O PÓS-GUERRA FRIA

Em 1989, a Queda do Muro de Berlim, que encerrava a bipolaridade "sem derramamento de sangue" como parte de um processo de superação da guerra como instrumento de política internacional, colocou em xeque o realismo político. Mais do que o conflito, o sistema tendia à governança. Três mortes estavam sendo anunciadas: a da história, a do realismo político e a das correntes marxistas ligadas à concepção socialista.

Este "anúncio" foi realizado com base na tese de Francis Fukuyama, denominada de "fim da história". Segundo Fukuyama[11], em *O Fim da História e o Último Homem* (1992), o encerramento da Guerra Fria representava o início de uma era de paz e prosperidade nas relações internacionais, devido à universalização dos princípios e práticas associadas ao liberalismo político e econômico. Esta universalização fora proporcionada pela evolução do modelo capitalista ao longo do confronto bipolar por meio da liderança dos Estados Unidos, que confrontara a então União Soviética. A soma de forças estatais e não estatais, associadas a esta liderança, também promovera o fortalecimento deste modelo, com destaque para o desenvolvimento econômico, o aprofundamento de fenômenos como globalização e interdependência e o incremento da cooperação via governança multilateral.

O modelo capitalista sobrepôs ao socialista, pela força de suas ideias e eficiência de seus mecanismos, colocando em xeque o sistema ideológico que o acompanhava. Em linhas gerais, os acontecimentos de 1989 sinalizavam este aludido "fim da história" entendida como choque de modelos sistêmicos. Portanto, para compreender esta realidade sem guerras e pacificada, na qual predominavam nações democráticas, também era necessário ultrapassar visões teóricas como a realista.

Uma vez que o foco realista recai em pilares como a anarquia, o poder, a autoajuda e os Estados, esta corrente não teria mais utilidade, ou capacidade explicativa, para traduzir em análises um cenário de cooperação. No extremo, chegou-se a considerar que a governança multilateral sustentada nas organiza-

[11] Tanto esta tese quanto a de Samuel Huntington de "Choque das Civilizações", analisada neste item, foram publicadas inicialmente em revistas de relações internacionais estadunidenses, para depois serem editadas em livro, em *The National Interest e Foreign Affairs*. Ambos, Fukuyama e Huntington, são alguns dos pensadores conservadores mais influentes dos Estados Unidos, atuantes em universidades e think tanks como a Rand Corporation. A Rand é uma das consultorias de cenários norte-americanas para as relações internacionais, associada também ao governo e à Central de Inteligência Americana (CIA). Huntington faleceu em 2008 e Fukuyama continua na ativa, seu último livro publicado é *Political Order and Political Decay: From the Industrial Revolution to the Globalization of Democracy* (2014).

ções internacionais governamentais também viria a substituir os Estados como principais atores globais.

O Presidente George H. Bush chegou até mesmo a cunhar o termo "nova ordem mundial", em 1990, para se referir a este cenário, em discurso sobre a Guerra no Iraque (1990–1991) travada, segundo ele, no bojo desta nova governança. A justificativa seria que a guerra fora autorizada pelas Nações Unidas e travada contra um Estado agressor (Iraque invadindo o Kuwait) em nome da democracia. A política internacional, portanto, escapava de sua orientação pró-poder para concentrar suas atenções na paz.

Além do realismo, outra corrente teórica que estaria se provando esgotada era a do marxismo, devido à desmontagem do campo socialista. Como se verá no Capítulo 4, de fato a crise dos modelos político-econômico-sociais reais associados ao marxismo, representados pela ex-União Soviética e seu bloco oriental, além de nações como Cuba, Vietnã e Coreia do Norte, ocorre. Entretanto, esta crise não é terminal e não significa nem o chamado fim da história ou o esgotamento das perspectivas de esquerda sobre o sistema internacional.

Como foi construída a reação do realismo a estas críticas? Em linhas gerais, esta reação foi sintetizada na reafirmação de seus princípios e na desconstrução da argumentação de seus adversários. Isso passa pela continuidade dos pilares do debate "neo-neo" já iniciado nos anos 1970 e sua atualização para dar conta do fim da Guerra Fria. Muitos autores contemporâneos que se engajaram neste debate, em uma lista não exaustiva, podem ser mencionados: Joseph Grieco, Christopher Layne, Stephen Walt, Stephen Brooks, William Wolforth e John Mearsheimer (dentre estes, abordaremos os trabalhos de Mearsheimer, Wohlforth e Walt).

A voz de John Mearsheimer foi uma das primeiras e mais sólidas vozes realistas a se levantar contra as premissas da paz democrática associadas ao fim da história e à elevação das perspectivas da governança global defendidas pelas correntes neoliberais. Em artigos clássicos, e de debate, publicados na revista *International Security*, "Back to the future — Instability in Europe after the Cold War" (1990) e "The false promise of international institutions" (1995), Mearsheimer confronta estas previsões do pós-Guerra Fria e apresenta o futuro do mundo como permeado de guerras e conflitos, e no qual as instituições internacionais são apenas apêndices das relações internacionais. Estas reflexões são retomadas em seu texto *The tragedy of great power politics*, de 2001, no qual discorre sobre a política mundial do ponto de vista das nações hegemônicas.

De acordo com Mearsheimer (2001), o pensamento realista é sustentado em cinco afirmações sobre o sistema internacional, que retomam as discussões aqui já apresentadas sobre as bases deste pensamento e sua evolução. Tais afirmações são: o sistema internacional é anárquico, os grandes poderes possuem capacidade militar ofensiva, os Estados nunca podem ter certeza sobre as intenções dos outros Estados, a sobrevivência é a "primeira prioridade" e que os Estados são atores racionais. Será a partir dessas afirmações que Mearsheimer construirá suas reflexões.

O autor se define como um realista ofensivo, em oposição às reflexões de Walt, definidas como defensivas. Para Mearsheimer, todos os Estados, em particular os hegemônicos, ou os que são potências e desejam se tornar hegemônicos, buscam maximizar poder. Diferentemente dos interlocutores defensivos que pressupõem uma agenda de preservação de posições relativas, para Mearsheimer o foco é a expansão de poder, ainda que isso traga riscos à sobrevivência dos Estados no médio e no longo prazos.

Quanto mais Estados com potencial de poder e recursos disponíveis, maior será a competição entre os pares para solidificar sua posição como líder do equilíbrio de poder, e maior a insegurança. À medida que o número de contendores por essa liderança se reduza, maior será a estabilidade do sistema, mesmo que ele tenda, como na Guerra Fria, à bipolaridade. Pode-se indicar que a bipolaridade é o equilíbrio de poder que o autor considera mais estável. Com isso, a multipolaridade é a forma mais instável que pode assumir um sistema. Por sua vez, a unipolaridade será mais ou menos estável dependendo da ação da hegemonia para preservar sua posição e recursos de poder, e da dinâmica que os demais Estados assumirão na contestação (ou não) desta hegemonia.

Sobre isso, e o cenário do pós-Guerra Fria, Mearsheimer sustenta que,

> (...) a situação ideal para qualquer grande poder é ser o único poder hegemônico regional no mundo. Este Estado seria um poder do status quo e faria

> todos os esforços para preservar esta situação existente de distribuição de poder. Os Estados Unidos estão em uma posição invejável hoje: eles dominam o hemisfério ocidental e não há nenhum outro país hegemônico, em qualquer outra área do mundo. (MEARSHEIMER, 2001, p. 42) Os grandes poderes não procuram apenas conquistar poder sobre seus rivais, eles também objetivam prevenir seus inimigos de ganhar recursos (...) (MEARSHEIMER, 2001, p. 155)

Tendo como ponto de partida esta perspectiva, o autor sustenta que o fim da Guerra Fria trouxe maior risco de instabilidade no sistema internacional do que a paz, pois alterou a distribuição de poder mundial. A despeito da situação razoavelmente confortável dos Estados Unidos no pós-1989 em termos de recursos de poder, o cenário europeu indicava um aumento da instabilidade e a eclosão de conflitos regionais, assim como a elevação de disputas entre os grandes poderes locais e o fracasso da integração regional, que se limitaria à agenda econômica. Mearsheimer aponta para os riscos de uma retirada militar norte-americana da Europa (reflexão que pode se estendida à Ásia), que provocaria nova corrida armamentista e vácuo de poder.

Abordado em "Back to the future", artigo de 1990, este cenário foi repudiado por inúmeros liberais na oportunidade. Porém, revelou-se razoavelmente correto, pois à exceção da consolidação da União Europeia, que ainda assim enfrenta forte crise de governança político-econômica estratégica no século XXI, a instabilidade tem prevalecido no continente. Mesmo sem a retirada das tropas estadunidenses e a preservação da OTAN, duas guerras violentas ocorreram no continente europeu na década de 1990, ambas na antiga Iugoslávia: 1992–1995, quando o país desmembrou-se, e em 1999, pela soberania da região de Kosovo.

As triangulações Estados Unidos–União Europeia–Rússia, e as reorientações geopolíticas e geoeconômicas nos espaços da antiga União Soviética na Ásia Central, demonstram a existência de disputas significativas por poder nestes territórios (Chechênia, Geórgia e Ucrânia são alguns destes "campos de batalha"). E, saindo do território europeu, a avaliação de Mearsheimer se sustenta pela visualização das disputas estratégicas globais, a ascensão da China e seu desafio aos Estados Unidos (tema que o próprio autor abordará), as instabilidades no hemisfério americano e as guerras na África e no Oriente Médio. Portanto, não se observa o fim da história, mas seu recomeço, em novas condições de "descongelamento da política internacional".

No que se refere às hipóteses da governança, associadas à cooperação e às instituições multilaterais, recupera-se grande parte do debate neo-neo. Com isso, indica-se que o multilateralismo é apenas mais uma tática à disposição dos Estados e que as relações de interdependência entre os agentes refletem a vulnerabilidade dos envolvidos. Tal vulnerabilidade se reflete tanto na ausência de recursos de poder disponíveis para um Estado buscar seus objetivos de forma individual, como nos riscos embutidos em qualquer aliança ou coalizão do qual participem. Estes riscos relacionam-se tanto à desproporção dos ganhos entre os Estados que pode ser gerada, como à traição entre os pares.

De acordo com Mearsheimer (1995), em avaliação compartilhada por Grieco (1993), e que reflete o entendimento corrente do realismo contemporâneo sobre o multilateralismo, as instituições internacionais não mudam, em nenhum momento, o comportamento dos Estados em seus fundamentos. Não há uma "visão de futuro" de que a cooperação se consolida e se sobrepõe aos entes soberanos e suas vontades, e sim uma avaliação de que as parcerias podem ser *ad hoc*. As instituições, ainda, refletem em seu interior assimetrias de poder entre os pares, apesar de sua pretensa igualdade, e não eliminam os riscos já citados de desproporção dos ganhos e quebras de compromisso.

Portanto, a "falsa promessa" a que se refere Mearsheimer (1995) relaciona-se à incapacidade das instituições internacionais em cumprirem seus objetivos de governança pacífica e de estabelecer uma relação igualitária e transparente entre os Estados que os faça abandonar políticas de poder. Neste sentido, o principal interlocutor a quem os realistas contemporâneos tendem a focar no pós-Guerra Fria é Robert Keohane, assim como autoras como Lisa Martin e Helen Milner, dentre outros (ver Capítulo 4). Permanecem, assim, as divergências sobre a forma como os Estados se comportam, a possibilidade da paz e da governança, suas motivações e o papel dos demais atores e fenômenos internacionais.

Avançando em outros autores realistas, em termos de interpretação sobre o perfil do mundo no pós-Guerra Fria, Brooks e Wohlforth (2008) defendem a existência de um cenário "desequilibrado" e/ou "sem equilíbrio" (o termo original é *out of balance*) no pós-Guerra Fria. Diferentemente de Mearsheimer, que aponta também um cenário de relativo desequilíbrio devido às tendências de multipolaridade que podem vir a se contrapor à hegemonia dos Estados Unidos, abrindo uma nova era de disputas no sistema internacional, os autores entendem o desequilíbrio como um fenômeno relacionado à unipolaridade da superpotência estadunidense. Assim, isso poderia elevar (como elevou) tendências agressivas dessa hegemonia, e criar uma situação de maior instabilidade.

Como indicado, esta avaliação se contrapõe à perspectiva de Mearsheimer que enxerga um cenário mais reduzido em número de atores potencialmente poderosos como mais estável. Igualmente, se contrapõe à perspectiva do exercício da hegemonia pelos norte-americanos pela prática do *offshore balance*, segundo a qual a hegemonia domina "à distância" e somente interviria quando necessário em situações desfavoráveis a seu interesse.

Além de Mearsheimer, que considera este distanciamento arriscado para a hegemonia, o tema é abordado por Christopher Layne (2006). Layne, no caso, considera que esta tática pode ser viável, principalmente em momentos de escassez de poder pela hegemonia, e como forma de gerar um equilíbrio militarmente menos custoso. Ou seja, a hegemonia reconheceria os fenômenos de multipolaridade e, em vez de o impedir, tentaria administrá-lo. Isso apenas acentuaria a ideia do isolamento esplêndido já praticado pela Grã-Bretanha em relação ao continente europeu no século XIX, e os papéis exercidos pelos Estados Unidos no pós-1945 como "mantenedores do equilíbrio" e/ou "jogadores honestos".

Por fim, não é possível encerrar um capítulo sobre o realismo sem mencionar algumas discussões sobre o Realismo Periférico, o Choque das Civilizações e o perfil do Equilíbrio de Poder. O Realismo Periférico foi uma corrente de pensamento que ganhou destaque pelos trabalhos de Carlos Escude (2002). Em linhas gerais, a reflexão de Escude sustenta que países de menor poder relativo, com foco nas nações da América Latina, devem buscar políticas de subordinação à potência hegemônica.

Esta ação permitiria angariar benefícios por meio do alinhamento, assim como se proteger de riscos externos que nações vizinhas de poder relativo maior poderiam oferecer. No caso, esta reflexão aplica-se, por exemplo, à aliança que a Argentina tentou estabelecer com os Estados Unidos no pós-Guerra Fria, mesmo com suas parcerias bilaterais como o Brasil em andamento. Deve-se lembrar que essas reflexões orientaram grande parte da política externa dos países latino-americanos no período, estando aí incluído o Brasil, e foram associadas aos termos alinhamento e "normalização" das relações internacionais (PECEQUILO e CARMO, 2015).

Outra tese associada ao fim da Guerra Fria é a de Samuel Huntington (1997) sobre o Choque das Civilizações, contraponto realista ao "fim da história". O objetivo de Huntington é demonstrar de que o sistema internacional permanece conflituoso após o fim da Guerra Fria, mudando apenas a natureza dos embates entre as nações. Não há, portanto, a paz prevista por Fukuyama. Na visão de Huntington, a confrontação geopolítica estava dando lugar à civilizacional sustentada em fatores culturais e sociais, estruturando um mundo multipolar e multicultural. Em sua avaliação,

> A identidade civilizacional será cada vez mais importante no futuro e o mundo será definido em grande medida pela interação entre sete ou oito grandes civilizações. Estas incluem a ocidental, a Confuciana, a Japonesa, a Islâmica, a Hindu, a Eslava-Ortodoxa, a Latino-Americana e possivelmente uma civilização Africana. Os conflitos mais relevantes do futuro irão ocorrer ao longo das linhas de fratura que separam estas civilizações umas das outras. (HUNTINGTON, 1997, s/p.)

Cada uma destas "sete ou oito civilizações" possui um Estado-núcleo, que define as suas prioridades: EUA no Ocidente, Irã no Islã, Índia na Hindu, China na Confuciana, a Rússia na Eslava-Ortodoxa, o Irã na Islâmica e o Brasil na latino-americana (deixando em aberto a africana). O foco de Huntington nestes Estados pende a um pensamento geopolítico (apesar de sua retórica cultural), ressaltando o papel essencial dos norte-americanos na estabilização deste processo de tensões civilizacionais. O autor destaca a tendência de que este "choque" não se dê exatamente em torno de todas essas civilizações, mas a partir de uma oposição mais simples entre o "Ocidente e o Resto" (*the West and the Rest*). "O resto" englobaria todos aqueles que não são Europa Ocidental ou Estados Unidos, em particular a Ásia e o Islã, e mesmo os países não "puramente" ocidentais como os latino-americanos em sua visão.

Bastante criticada ao surgir, esta tese acabou ganhando maior expressão em 2001, quando ocorrem os atentados terroristas de 11 de Setembro ao território continental norte-americano, atribuídos a Al-Qaeda (definido como um grupo terrorista fundamentalista islâmico). As críticas eram diversas: o conteúdo racista que estava embutido na tese, na imprecisão da divisão das "sete ou oito" linhas de fratura, e na prevalência de critérios geopolíticos, escondidos pela retórica culturalista, na definição dos Estados mais relevantes de cada civilização.

Além disso, as fragmentações sociais internas do Ocidente, com o aumento do poder das minorias raciais, étnicas e religiosas (para os Estados Unidos retratadas no livro *Who are We?*, 2004) também podem ser inseridas como parte dos motivadores da tese do choque. Com isso, Huntington dá voz àqueles que não viam a universalização do liberalismo como fonte de paz, mas sim como apenas um capítulo de um mundo que permanecia imerso em conflitos.

No que se refere à reavaliação do conceito de Equilíbrio de Poder, também um dos fenômenos associado ao Realismo do pós-Guerra Fria, é preciso mencionar duas correntes: a primeira, a da atualização dos conceitos de Equilíbrio Ofensivo–Defensivo, realizada por autores como Mearsheimer já abordada, com ênfase ao papel das hegemonias (Equilíbrio Ofensivo) e as premissas defensivas mais associadas aos estruturalistas; e, segunda, a contraposição dos conceitos de "Equilíbrio Soft" e "Equilíbrio Hard" desenvolvidas por Walt (2002).

De acordo com Walt, a evolução de formas de poder diversas no sistema internacional, em particular as associadas aos recursos de natureza branda (*soft*), como economia, negociações diplomáticas e coalizões entre poderes sem recursos militares, precisava ser incorporada ao pensamento realista. A referência do autor é a situação de unipolaridade militar estadunidense que impediria, mesmo na hipótese de junção de diversas potências militares em uma aliança (como, por exemplo, Rússia, Índia e China), a consolidação de um equilíbrio duro, nos termos clássicos da teoria.

Estes termos são baseados justamente nas capacidades bélicas das nações (e que resulta no já analisado "mundo fora de equilíbrio" de que falam Brooks e

Wolforth). Esta situação, associada a um comportamento unilateral dos Estados Unidos no início do século XXI, governado pelo republicano George W. Bush, em sua Guerra Global Contra o Terrorismo (GWT) detonada pelos ataques de 11/09/2001, trouxe uma pressão adicional às demais nações que criaram, em oposição, um novo tipo de equilíbrio baseado nas capacidades não bélicas. Ou seja, elas criaram mecanismos para se fortalecer e fazer alianças entre si, para avançar seus interesses e se proteger defensivamente do avanço do poder estadunidense. O Equilíbrio Brando

> (...) não busca, ou espera, alterar a distribuição geral das capacidades. Ao contrário (...) aceita o equilíbrio de poder corrente, mas tenta obter melhores resultados (...). Na presente era de domínio dos EUA (...) é a coordenação consciente e coordenada de ação diplomática para obter resultados contrários às preferências dos norte-americanos (...) por definição (...) procura diminuir a capacidade dos EUA de impor suas preferências a outros. (WALT, 2002, p. 126–127)

Walt é mais uma prova da capacidade de reinvenção do realismo e de seus conceitos. Tal capacidade faz parte da trajetória desta corrente de pensamento, demonstrando não só sua vitalidade, mas sua integridade como escola de reflexão, que permanece sólida em seus princípios, independentemente de seus críticos. Ao falar do básico, poder, natureza humana, não se poder negar que o realismo parece expressar aquilo que é mais próximo de nossa vida concreta, reafirmando sua intenção de compreender o mundo pelo que ele é, não pelo que gostaríamos que ele fosse.

Quadro 8: O Realismo no Pós-Guerra Fria

John Mearsheimer

- "A Volta do Futuro"
- Política Internacional = Política dos Grandes Poderes
- Guerra e Instabilidade
- Instituições em Declínio
- Estado e Hegemonia
- Equilíbrio de Poder

Os Conceitos Adicionais

- Christopher Layne e o Offshore Balancing
- O Mundo em Desequilíbrio
- Unipolaridade Hegemônica
- Walt e os Equilíbrios de Poder Brando e Duro

Questões de Estudo

1. Avalie a importância dos trabalhos de Maquiavel e Hobbes para o realismo.
2. Compare as agendas de pesquisa de Carr, Morgenthau e Mearsheimer.
3. Desenvolva, com suas próprias palavras, os conceitos de anarquia e equilíbrio de poder e indique qual equilíbrio de poder você acha que predomina no mundo de hoje. Por quê? Justifique.

DINÂMICAS DE DEBATE: DOCUMENTÁRIOS E FILMES

1. Estabeleça uma roda de conversa com os alunos simulando autores realistas de Relações Internacionais como Kenneth Waltz, John Mearsheimer e Stephen Walt.
2. Os filmes "Guerra ao Terror" (2008) e "Terra de Ninguém" (2001) podem ser considerados exemplos de uma ação realista? Por quê? Justifique com base nos conceitos apreendidos neste capítulo.
3. Indique ao menos três filmes produzidos de 1950 até os dias de hoje que podem ser considerados referências para estudar o realismo nas relações internacionais e justifique o porquê de suas escolhas.

Capítulo 3

AS TRADIÇÕES LIBERAIS

O pensamento liberal é um dos mais influentes nas Relações Internacionais e sua importância teórica desdobra-se em inúmeras correntes de reflexão desde sua emergência no século XVIII. Para dar conta da complexidade desta tradição, o objetivo deste capítulo é avaliar suas inúmeras variantes, dividido em: 3.1 As Origens Clássicas, 3.2 O Idealismo Wilsoniano e o Internacionalismo Liberal, 3.3 Cooperação e Integração Regional, 3.4 Neoliberalismo: Interdependência e Transnacionalização, 3.5 A Globalização e 3.6 O Pluralismo e o Cosmopolitismo.

Se formos pensar a evolução das tradições de Relações Internacionais em uma linha histórica tendo como base as três correntes dominantes da Ciência Política das quais se originaram grande parte de seus conceitos formativos, Realismo, Liberalismo e Marxismo, a tese de que as transformações das sociedades humanas levam à emergência de novos campos de estudo torna-se mais densa. Observa-se o amadurecimento das Teorias de Relações Internacionais, o que não significa o descarte de reflexões, mas sim sua somatória. A partir disso, as reflexões tornam-se paralelas, coexistindo no mesmo espaço de debate. Nesta trajetória, o Liberalismo surge como o "meio do caminho", entre o Realismo e o Marxismo. Se o Realismo emerge, nos séculos XV e XVI, para explicar e sustentar a formação do Estado e a guerra, o Liberalismo avança na compreensão deste Estado como ator consolidado.

A partir dos anos 1600, a preocupação é como fazer funcionar este Estado, sua relação com a Sociedade Civil e o indivíduo, em meio à ascensão de uma nova classe social, a burguesia, e o desenvolvimento econômico capitalista. Na sequência, no século XIX, será a vez do Marxismo superar estas linhas de debate (ver Capítulo 4). Considerando o Liberalismo, entre 1600 e 1800, ainda que os conflitos bélicos não sejam eliminados, eles são vistos cada vez mais como empecilhos à solidez desta sociedade e economia baseadas no binômio burguesia–capitalismo. Neste contexto, o Liberalismo busca soluções para promover um cenário interno e externo aos Estados, que favoreça a proliferação dos direitos sociais e dos lucros, e dificulte a emergência dos conflitos.

Tais conflitos não são inevitáveis, negando-se as visões deterministas do Realismo de que não há a possibilidade de construção a paz. Embora as tradições realista e liberal partam dos mesmos pressupostos, como será analisado em 3.1, suas soluções sobre os problemas da anarquia, da natureza humana, do Estado, das Relações Internacionais, e da interação entre a política doméstica e a internacional são diferentes: respectivamente, realistas e liberais opõem o conflito à cooperação, a estabilidade à paz, a autonomia das relações internacionais à influência dos fatores domésticos na definição do comportamento dos Estados (e sua convivência com outros atores).

Para o Liberalismo alcançar estas metas, foram necessárias igualmente guerras e Revoluções, com destaque à Revolução Gloriosa (1688–1689), a Revolução Americana (1776) e a Revolução Francesa (1789), nos séculos XVII a XVIII, e movimentos de expansão e conquista imperial no XIX, com subjugação das sociedades não capitalistas da África e da Ásia. No século XX, como já indicado, é da Primeira Guerra Mundial (1914–1918) que se origina o Idealismo, seguida da Segunda Guerra Mundial (1939–1945), e as imagens da hegemonia liberal dos Estados Unidos, e as estruturas de governança multilateral que foram construídas depois deste embate.

Frente a este contexto, cabe examinar a construção do pensamento liberal, em suas variantes, com foco nas agendas teóricas da cooperação, paz, utopia, democracia, interdependência, transnacionalização, globalização, pluralismo e cosmopolitismo.

Quadro 9: A Linha Histórica do Liberalismo

Séculos XVII e XVIII	Século XIX	1918	1940–1960	1970	1989 em diante
John Locke Adam Smith	Immanuel Kant	O Idealismo Wilsoniano	O Internacionalismo Liberal Integração Regional	O Neoliberalismo A Globalização	O Pluralismo e o Cosmopolitismo

3.1. AS ORIGENS CLÁSSICAS

Avaliando o processo de construção histórica do pensamento liberal, muitos analistas consideram que o primeiro pilar a ser examinado deve ser o pensamento de Hugo Grotius (1583–1645), devido a suas análises sobre a inter-relação entre os temas da guerra, da paz e dos direitos humanos. Como indica Doyle (1997), a obra *Direito da Guerra e da Paz* (2001) seria a base das concepções da teoria liberal e do Direito Internacional.

Porém, o ponto de partida mais comum é o trabalho de John Locke, autor contratualista como Hobbes e Rousseau (abordados no Capítulo 2). De acordo com Doyle[1] (1997), Locke (1632–1704) pode ser definido tanto como o teórico do individualismo no Estado, como da construção de uma sociedade comercial pacifista. O contexto da obra de Locke, entre as quais se destaca *O Segundo Tratado Sobre o Governo* (1689), é o da constituição do Estado Moderno, associado ao fenômeno de ascensão da burguesia, a luz dos acontecimentos da Revolução Gloriosa (1688–1689).

Como os demais contratualistas, Locke pressupõe a existência de um Estado de Natureza, que, a partir de um compromisso entre os homens, leva ao estabelecimento do Estado Político e da Sociedade Civil. Locke considera que o Estado de Natureza não é, por princípio, conflituoso ou belicoso, uma vez que os homens são criados naturalmente bons. Nele, os indivíduos convivem em condição de liberdade, como seres racionais. Esta condição de liberdade é um direito inalienável, assim como a propriedade dos bens que se gera com o próprio trabalho.

Na visão de Locke, a propriedade pode ser entendida duplamente como a destes bens que são produto do trabalho, mas também a propriedade de seu corpo, sua liberdade e racionalidade. Enquanto na propriedade do corpo, sua liberdade e racionalidade predomina a igualdade, na dos bens pode haver desigualdade: cada indivíduo terá propriedades, conquistará bens materiais, de acordo com sua

[1] Além dos autores aqui abordados, em seu livro, Doyle também analisa o pensamento de Jeremy Bentham (1748–1832), Adam Smith (1723–1790) e Joseph Schumpeter (1883–1950).

disposição e desejo de ação. Aquele que mais trabalhar, terá, naturalmente, mais conquistas, mas todos partem da mesma condição de poder.

Este é um meio social pacífico, no qual a prosperidade e a cooperação mútuas acabam gerando mais oportunidades de convivência e expansão de conquistas por todos. Ora, à primeira vista, esta realidade tornaria o Estado desnecessário, uma vez que os homens seriam capazes de se organizar racionalmente em sociedade. Mas, na prática, o Estado é criado mesmo sendo um mal necessário, na visão de Locke. Tal "mal necessário" deriva da percepção de Locke de que, embora a natureza humana seja boa e pacífica em sua raiz, ela ainda assim é frágil e pode ser prejudicada em seu desenvolvimento racional por inconveniências. De acordo com Doyle (1997), três tipos de inconveniências podem ser identificadas na obra de Locke: o preconceito e ignorância, a parcialidade e a negligência e a fraqueza e o medo. Tais elementos podem gerar falta de transparência e clareza nas relações humanas, aumentando a insegurança.

O Estado emerge como o mediador necessário e restaurador do equilíbrio nestes processos (ou seja, um Estado Mínimo), oferecendo condições para que cada indivíduo possa exercer sua liberdade e garantir para si o fruto de seu trabalho, sem ameaças. Para isso, esta unidade política conta com o apoio dos cidadãos, que estabelecem um pacto de confiança entre si para que se consolide esta forma de organização social. A soberania do Estado deriva do pacto. A formação desta comunidade, conhecida como Estado Civil, formaliza os direitos dos cidadãos, dando origem a um governo representativo de suas vontades e sustentado em uma constituição política, regida por leis. Portanto, este governo é baseado nos pilares da legalidade e da legitimidade, regulando a interação entre os homens, que visam a proteção de sua vida, seus bens e a geração de consensos.

O Estado de Locke é composto por três elementos, cada um exercendo uma função dentro do governo: o Poder Legislativo, que é reconhecido por ser representativo dos cidadãos e por fazer as leis como o poder supremo, o Poder Executivo, que simboliza a força da comunidade e executa suas leis, e o Poder Federativo, responsável pela ação externa desta comunidade política, atuando em setores relativos ao estabelecimento e negociação de tratados e na condução das guerras (esta divisão de poderes antecede a de Montesquieu baseada nos

Poderes Executivo, Legislativo e Judiciário). Mas qual o impacto destas reflexões para as relações internacionais?

A concepção de Locke reproduz-se em sua avaliação da política internacional e na forma como os Estados se relacionam dentro dela. Para Locke, esta dimensão externa pode ser encarada como um "espelho" da interna, tanto no que se refere à natureza do convívio entre os Estados, quanto na possibilidade de que sejam estabelecidos pactos entre eles. Se os homens que compõem o Estado são racionais e fazem pactos, os Estados que derivam desses pactos são também racionais, reproduzindo em suas interações externas o mesmo padrão legal e legítimo que os homens têm em suas sociedades domésticas.

Embora o sistema internacional seja caracterizado, em suas origens, pelo Estado de Natureza no qual existe uma condição anárquica por princípio, este Estado de Natureza se assemelha ao interno, passível de ordenamento racional legal e legítimo. Portanto, os Estados podem estabelecer contratos entre si, que privilegiem a liberdade e a cooperação, criando e cumprindo leis internacionais. Em escala doméstica e global, a tarefa é a mesma, garantir os direitos fundamentais do homem. De acordo com Doyle (1997), isso nos leva à percepção da existência de uma política externa de caráter liberal, sustentada em uma comunidade de nações.

Locke, contudo, reconhece que as mesmas inconveniências que se encontram na realidade interna disseminam-se à externa, visto que os Estados reproduzem os interesses e os comportamentos dos homens como seus legítimos representantes. Desta forma, as relações internacionais são caracterizadas por Estados que são iguais em termos jurídicos, com os mesmos direitos e deveres, mas que possuem, como os cidadãos, diferentes interesses e capacidades de poder (i.e. terão diferentes "propriedades"). Estas diferenças e divergências podem levar a conflitos e desequilíbrios, e à perda da prudência pelos Estados, colocando em xeque a possibilidade de construção de um cenário mundial pacífico.

Sintetizando esta perspectiva, Doyle indica que

> A política internacional, ao invés de ser um estado homogêneo de guerra, é, no mínimo, um estado heterogêneo de paz e guerra, e pode se tornar

> um estado de paz global, na qual a expectativa da guerra desaparece (...) As sociedades liberais competem para se tornarem ricas, gloriosas, saudáveis, cultas, tudo isso sem ter que resolver seus problemas pela competição por meio da guerra. (DOYLE, 1997, p. 210)

Outra especificidade da análise de Locke que vai se estender às demais visões liberais refere-se ao conceito de guerra. Como indicado na citação, existe no sistema internacional um "estado heterogêneo de guerra e paz". Enquanto a paz é percebida como o estabelecimento de uma comunidade global em torno das leis e dos valores (derivadas da regulação e respeito mútuo), a guerra pode se desdobrar em duas: a justa e injusta. A guerra injusta remete a uma guerra de agressão, gerada pelo desrespeito do direito de um Estado por outro, violando sua soberania, enquanto a guerra justa pode ser explicada como um direito do Estado. Este direito derivaria de fatores como: resposta à agressão de outro Estado, preservação da lei internacional e garantia da convivência entre as unidades políticas.

Um exemplo recente de uma "Guerra Justa" é a operação militar dos Estados Unidos iniciada no Afeganistão em novembro de 2001 (e encerrada em 2014). Tal operação foi conduzida pelos norte-americanos como uma resposta à agressão sofrida por este país nos atentados terroristas de 11/09/2001 a seu território continental, que atingiu cidades como Nova York e Washington. Atribuídos a um grupo terrorista transnacional fundamentalista e muçulmano, a Al-Qaeda, esses atentados concederam aos Estados Unidos o motivo para atacar o Afeganistão, identificado como nação que dava apoio à Al-Qaeda. Esta guerra contou com o apoio da comunidade internacional e a validação de organismos multilaterais como as Nações Unidas.

Por oposição, a Guerra do Iraque de 2003, também iniciada pelos norte-americanos, pode ser avaliada como uma guerra "injusta", uma vez que não havia uma agressão clara do Iraque aos Estados Unidos. Os Estados Unidos teriam cometido uma agressão ao Iraque, violando sua soberania e promovendo um movimento de ingerência externa a um país soberano. A guerra teria sido justificada por interesses internos norte-americanos, baseados na Doutrina Bush, que estabelecia como prioridade a "prevenção" de novos ataques ao país como os de 11/09. Uma vez que, na visão americana o Iraque poderia fazer isso, iniciou-se o conflito, que surge como "justo" para os Estados Unidos e "injusto" para as demais nações e organismos multilaterais.

Se o caso do Afeganistão é, de fato, um exemplo do que é uma "Guerra Justa" para a visão liberal, o do Iraque expressa as contradições do conceito e a subjetividade inerente a estas decisões estatais de fazer ou não a guerra. Embora isso não se coloque nem no pensamento de Locke explicitamente, ou dos demais autores que serão aqui trabalhados como Kant e Wilson, e os demais analistas contemporâneos associados a esta corrente, é algo que não pode ser excluído da análise crítica sobre o Liberalismo.

Tal crítica pode ser resumida em algumas perguntas: quem define o que é ou não uma guerra justa? Não é possível instrumentalizar uma justificativa de guerra por princípios que o Liberalismo identifica como universais? Existem princípios universais compartilhados pelas sociedades humanas ou esta é uma concepção, ideológica e valorativa, desenvolvida por esta agenda liberal? Por que um regime político pode ser considerado superior aos demais?

Já se pode adiantar que não existem respostas objetivas a essas perguntas. Para o realista, todas as guerras podem surgir como justas, visto que se orientam somente pelo poder, para o liberal, algumas serão justas e outras, não; para os marxistas, toda guerra envolve opressão e conquista, e muito mais exemplos poderiam ser citados. Esta corrente nega a instrumentalização destes conceitos e afirmará que a guerra justa é aquela que um Estado trava por sua sobrevivência e para a defesa de valores de liberdade, representatividade e soberania, rumo à paz. Segundo Doyle (1997),

> Locke nos apresenta uma condição internacional de paz problemática, apenas um pouco distante do estado de guerra realista e repleto de "inconveniências", que podem deteriorar em guerra devido ao efeito combinado do preconceito, da parcialidade, e na ausência de um sistema objetivo de julgamento e cumprimento das leis (...) O contraste entre um realista como Hobbes (...) e Locke é clara (...) A diferença reside na importância que Locke atribui às obrigações de proteger a vida, a liberdade, a propriedade, que em sua visão compõem os direitos dos cidadãos. São estas obrigações que levam

> a comunidades justas que mantêm a paz entre si, desde que o caráter parcial e pobre da institucionalização da política mundial não ultrapasse suas tarefas de acomodação. (DOYLE, 1997, p. 249)

Portanto, as visões de Locke apontam a superioridade das sociedades liberais sobre as demais, e a possibilidade que, a partir delas, se estabeleça um cenário internacional pacífico e próspero. Somada a estas reflexões de Locke é interessante também mencionar o pensamento de Montesquieu em *O Espírito das Leis* (1748), que destaca a importância das leis e das instituições humanas para regular as ações dentro do Estado. O autor constrói uma análise sobre os regimes e as formas de governo, destacando a relevância da Democracia como o regime mais adequado para promover esta regulação (e as formas de governo Monarquia e República como possibilidades de sua institucionalização). Tal reflexão deriva da legitimidade da Democracia, e da divisão de poderes que se autorregula internamente, o Executivo, o Legislativo e o Judiciário, evitando a eclosão de conflitos e elevando a legitimidade e o cumprimento das leis.

Esta dinâmica pode se aplicar às Relações Internacionais, evitando a guerra como forma de política, e buscando outras formas de interação propositiva e pacífica entre os Estados. Sobre isso, vale a pena citar trechos de *O Espírito das Leis*, que explicitam a importância da paz sobre a guerra, do comércio e uma alusão sobre a interdependência a partir dessas considerações,

> (...) as diversas nações devem, na paz e, com maior razão, na guerra, fazer a si próprias o menor mal possível, sem prejudicar seus verdadeiros interesses. O objetivo da guerra é a vitória; o da vitória, a conquista; o da conquista, a conservação (MONTESQUIEU, s/a, Livro I, Capítulo III) (...) O comércio cura dos preconceitos destruidores; e é quase uma regra geral que em todo lugar em que existam costumes suaves existe comércio, e que em todo lugar em que existe comércio existem costumes suaves (...) O efeito natural do comércio é trazer a paz. Duas nações que negociam juntas tornam-se reciprocamente dependentes: se uma tem interesse em comprar a outra tem interesse em vender; e todas as uniões estão fundadas em necessidades mútuas. (MONTESQUIEU, s/a, Livro XX, Capítulos I e II)

Dentre os clássicos, um dos trabalhos considerados mais marcantes dentro da corrente liberal, muitas vezes definido como idealista, é o de Immanuel Kant[2] (1724–1804) que busca a superação do cenário de guerras e violência que predominava nas relações internacionais. De acordo com Dunne (2005), autores como Kant reagem ao que se define como barbárie das interações humanas, no contexto da emergência das visões iluministas, propondo uma transformação racional do indivíduo. A obra de referência para o estudo destas reflexões é *A Paz Perpétua* (1795).

De acordo com Kant, esta transformação racional é possível e necessária, e permitirá que as sociedades estabeleçam elementos que podem conter a guerra. Tais elementos detêm caráter político e econômico, consistindo-se no pressuposto para que possa ser alcançada a paz dentro dos Estados e em suas relações. Em termos políticos, Russett (2013) destaca a preocupação de Kant com o estabelecimento de sociedades democráticas, governadas pela regra da lei, estabelecendo-se uma constituição republicana. Esta constituição estabelece princípios pelos quais as interações humanas devem ocorrer, mediadas por instituições, que regulam conflitos, facilitam as negociações e estabelecem compromissos mútuos. É preciso lembrar que o estabelecimento desta Constituição e das instituições republicanas deriva da existência de valores compartilhados pelos cidadãos destas respectivas sociedades.

No que se refere ao campo econômico, o elemento base é a expansão das trocas comerciais como fator de unidade entre os indivíduos em nível doméstico e internacional. Quantos mais laços comerciais existirem entre as sociedades republicanas, maior será a possibilidade de compartilhamento de lucro e prosperidade, gerando interdependência entre os indivíduos e suas respectivas comunidades. A percepção de que as guerras são nocivas a esta dinâmica e o incremento da cooperação econômica elevam a percepção de que é possível conviver em paz, e que a paz é essencial para que todos possam compartilhar benefícios comuns.

Russett fala de um "aprendizado pela experiência" para que a paz se torne um valor universal e também um interesse prioritário do Estado como forma de

---

[2] Outro trabalho relevante é o do Abade Saint-Pierre, Projeto para tornar uma paz perpétua na Europa, editado no Brasil em 2003. As reflexões de Kant e de Saint-Pierre são consideradas como fundadoras do processo de integração europeu, e inspiração para lógica cooperativa e de construção da governança.

garantir duplamente sua sobrevivência e sua prosperidade. Portanto, os Estados não visarão a paz somente porque a consideram uma meta subjetiva a ser alcançada e que faz parte da natureza dos homens, mas sim porque ela permite que os indivíduos alcancem maiores níveis de lucro e prosperidade. Existe, portanto, uma visão tanto instrumental quanto valorativa da paz. Este processo, segundo Doyle, permite "a institucionalização — uma constitucionalização — da paz" (DOYLE, 1997, p. 256).

Segundo as reflexões de Kant, caso esta conjugação de elementos político-econômicos predomine nos Estados, haverá a possibilidade de que a mudança se estenda ao sistema mundial. Para Doyle (1997), Kant pode ser definido como o teórico da interação internacional, pois acredita que a paz pode ser alcançada a partir das relações interestatais das Repúblicas democráticas. Estas relações, em médio e longo prazos, detêm o potencial para o estabelecimento de uma federação de repúblicas interdependentes, baseada em um sistema de leis internacionais de teor cosmopolita.

Sistematizando estas discussões em *A Paz Perpétua*, Kant estabelece "Artigos Preliminares" e "Artigos Definitivos" nos quais são especificadas as condições para que possa ser alcançada a paz entre os Estados. Estes artigos referem-se às regularidades que precisam ser encontradas nas relações entre as nações, e que dependem também de sua política interna, constituída como a de um regime democrático.

Os "Artigos Preliminares", em um total de seis, são: primeiro, os tratados de paz não podem ser confundidos com tréguas, devendo ser textos definitivos nos quais toda e qualquer intenção de voltar à guerra deve ser eliminada; segundo, nenhum Estado deve ser submetido à conquista, preservando sua integridade territorial (i.e. deve ser garantida a soberania dos Estados); terceiro, os exércitos permanentes devem ser gradualmente abolidos; quarto, pressões econômicas (como a dívida), não devem ser utilizadas como instrumentos de poder de um Estado sobre outro; quinto, nenhum governo deve interferir ou impor seu sistema de governo a outros, preservando a independência política dos pares; sexto, os Estados não devem cometer crimes de guerra.

Por sua vez, os "Artigos Definitivos" referem-se aos seguintes pontos: primeiro, a constituição civil de um Estado deve ser obrigatoriamente republicana, entendida nos termos de um regime democrático; segundo, não agressão entre os Estados; terceiro, defesa de uma lei cosmopolita. Em síntese, os artigos definitivos referem-se aos já citados componentes essenciais de um regime democrático. De ambos os artigos, pode-se derivar a premissa de que nas relações internacionais podem, e devem, predominar mecanismos de regulação e estabelecimento de compromisso entre os Estados, reforçando a governança.

Apesar de serem definidas como um pensamento que visa "a paz", as reflexões de Kant sobre a interação entre os Estados liberais em nenhum momento eliminam a possibilidade da guerra ou está isenta de contradições (contradições estas que correspondem à agenda liberal como um todo, desde o pensamento clássico até o contemporâneo). Estas contradições referem-se ao pressuposto de que a construção da paz está condicionada à existência de Estados republicanos regidos pela democracia, e que não haverá paz entre Estados não democráticos ou entre Estados democráticos e não democráticos. Como indica Doyle, "Restrições pacíficas parecem funcionar somente nas relações entre Liberais. Estados liberais lutaram inúmeras guerras contra Estados não liberais". (DOYLE, 1997, p. 265)

A paz só existe entre Estados republicanos democráticos. Portanto, enquanto todos os Estados não forem democráticos, não existirá paz. Desta forma, a guerra permanece como um instrumento de política internacional necessário para que as democracias possam se proteger de eventuais nações agressoras não democráticas. Ameaçadas em sua sobrevivência, as nações liberais podem conter estas ameaças externas ou responder a elas. Aqui se reproduz o conceito já analisado de "Guerra Justa", acrescentando-se um elemento novo: a possibilidade de que as nações liberais, nesta política de contenção de ameaças, tenham autonomia para provocar a mudança de regime em outras sociedades.

Esta mudança de regime permitiria que os Estados democráticos transformassem, por meio da guerra (ou eventualmente por outras maneiras), os não democráticos. Somente desta forma poderia haver um mundo pacífico. Não se pode negar que a lógica liberal seja bem construída para justificar estes procedimentos, porém, também é preciso apontar que essas ações, por princípio, entram em contradição com os artigos preliminares.

Nestes artigos, Kant condena a perspectiva de que os Estados liberais imponham sua regra sobre os demais, ou pressionem economicamente seus pares, colocando em xeque sua integridade. Entretanto, ao mesmo tempo se afirma que não é possível a coexistência entre regimes que não sejam liberais. Doyle afirma que

> O ensaio de Kant de 1795, "A Paz Perpétua", oferece uma explicação coerente da importância das regularidades da política mundial: as tendências dos Estados liberais de serem simultaneamente amantes da paz em suas relações uns com os outros e (...) tendendo à guerra contra os Estados não liberais. Representação republicana, respeito liberal, e interdependência transnacional (...) podem ser vistas como necessárias (...) Uma paz em separado existe entre os Estados liberais. (DOYLE, 1997, p. 284)

Igualmente, outras contradições podem ser aqui apontadas, e que refletem alguns dos principais dilemas das relações internacionais contemporâneas, como se verá nos próximos itens: quem define se um Estado é ou não democrático? O que se entende por democracia? O respeito à soberania de um Estado é abandonado em qualquer hipótese que se reconheça que este Estado é um risco ao sistema internacional ou a seus cidadãos, justificando uma intervenção humanitária, por exemplo?

Em linhas gerais, não existem respostas claras para nenhuma dessas perguntas, que se encontram pendentes, no atual sistema, de interações em organizações internacionais governamentais, de relações interestatais e das assimetrias de poder entre os Estados. Como já examinado no caso da intervenção norte-americana no Iraque, o conceito de "Guerra Justa" pode ser manipulado, assim como o será o de mudança de regime e intervenção humanitária, vide o debate sobre a definição de regimes como Cuba e Venezuela serem ou não democráticos, ou por que intervir na Líbia e não em outras nações com problemas similares.

É a partir destas reflexões nascidas no século XVII que foram construídas as bases do pensamento liberal tanto para o Estado e o indivíduo, como para as Relações Internacionais. De acordo com Doyle (1997), estas proposições podem ser resumidas nos seguintes pilares: liberdade do indivíduo; Estado como regulador da ação privada deste indivíduo ao exercer essas liberdades em igualdade de condições ao se relacionar com seus pares, interagir no mercado, visar a propriedade privada e o lucro; e a garantia da participação política e da representação em um regime democrático, com proteção aos direitos humanos.

Quadro 10: Origens Clássicas

John Locke

- Estado de Natureza = Potencial de Risco
- Contrato Social = Gestão Legítima de Atividades e Interesses
- Natureza Humana = Ser Social
- Individualismo, Liberdade e Bondade
- Estado Mínimo
- Poder Legislativo, Poder Executivo e Poder Federativo
- Sociedade Civil
- Propriedade Privada
- Trabalho e Reconhecimento
- Paz Como Valor
- Estabilidade Como Necessidade
- Guerra e Violência
- Guerra Justa = Necessária e Justificada

Montesquieu

- Estado
- Sociedade Civil
- Instituições
- Equilíbrio dos Poderes: Executivo, Legislativo, Judiciário
- Interdependência
- Comércio como Fonte de Paz
- Determinismo Geográfico

Immanuel Kant

- A Paz Perpétua
- Racionalidade
- Interdependência
- Experiência
- Valores Humanitários
- República Democrática
- Idealismo
- Federação e Integração
- Guerra Justa = Necessária e Justificada

3.2. O IDEALISMO WILSONIANO E O INTERNACIONALISMO LIBERAL

No século XX, as concepções associadas à paz liberal democrática, à guerra justa e a importância do regime político-democrático como pilares de um sistema internacional sustentado em valores encontram-se associados à emergência tanto da disciplina das Relações Internacionais quanto da hegemonia estadunidense. É com o Idealismo, defendido pelo Presidente norte-americano Woodrow Wilson, que esta síntese teórica ganha sua dimensão contemporânea no final da Primeira Guerra Mundial em 1918 e se consolida como um referencial importante de análise e de ação política para os Estados Unidos, com impactos para a construção da *Pax Americana*.

Embora o idealismo seja associado pelos críticos realistas (ver Capítulo 2) a uma visão utópica das relações internacionais, esta agenda trouxe importantes avanços para a política mundial. Mas quais foram esses avanços? Como eles foram apresentados aos Estados Unidos e ao mundo?

O "Programa para a Paz Mundial", ou "Quatorze Pontos", do Presidente Wilson, foi delineado em discurso ao Senado Americano em 1918, o *State of the Union Address*. Tradicional na agenda norte-americana, o *State of the Union* é um discurso normalmente voltado para o público interno, no qual o governo presta contas à população anualmente. No ano de 1918, este discurso extrapolou o âmbito doméstico e tratou de temas específicos da guerra, com propostas para o futuro acordo de paz, e que foram incorporadas no Tratado de Versalhes de 1919.

Wilson citou a importância da devolução dos territórios invadidos durante a guerra e do reajuste de fronteiras, assim como defendeu a diplomacia aberta, da transparência, do desarmamento, da liberdade comercial e em críticas ao imperialismo. Os "Quatorze Pontos" lançaram os três fundamentos básicos da futura ordem mundial: a democracia, a autodeterminação dos povos e a segurança coletiva.

Examinando estes fundamentos, a democracia como regime essencial à paz é recorrente na agenda liberal, uma vez que defende a liberdade, a igualdade, a participação popular, o debate e a valoração de princípios de cooperação e transparência. Regimes democráticos conduzem à paz, pois "as democracias não vão à guerra umas como as outras". Como visto no 3.1, a democracia como forma de governo conduz à paz pela transparência, legalidade e legitimidade de suas relações sociais.

Por sua vez, os temas da segurança coletiva e da autodeterminação dos povos representam inovações e atualizações sobre a interação mediada entre os Estados e o conceito de soberania. No que se refere à segurança coletiva, a proposta é que o sistema internacional reforce os mecanismos diplomáticos de colaboração entre os Estados e que se criem compromissos mútuos de defesa entre eles, visando banir a agressão e as corridas armamentistas. Este compromisso não seria estabelecido de forma *ad hoc* por meio de alianças voltadas aos objetivos de curto prazo ou pelo choque de interesses via equilíbrio de poder, mas por meio da construção de uma estrutura fixa de contato entre os Estados: a Liga das Nações.

Entretanto, os Estados Unidos não sustentaram seus compromissos neste sistema multilateral na década de 1920, que também expôs as contradições do Tratado de Versalhes (1919). Tais contradições como seu aspecto punitivo à Alemanha levaram a seu esvaziamento e ao revanchismo alemão. Estes fatores, porém, não podem reduzir a importância histórica da criação da Liga das Nações para as Relações Internacionais. Até 1918, mesmo com algumas tentativas no século XIX de estabelecer alianças duradouras como a Comissão de Navegação do Reno (MERLE, 1981), nenhum organismo de caráter similar conseguira se estabelecer: a Liga das Nações é o marco de nascimento do sistema multilateral contemporâneo e do conceito de organizações internacionais governamentais do século XX.

As organizações internacionais governamentais são atores não estatais que congregam os Estados como membros de um fórum diplomático permanente em torno de objetivos comuns. A ideia é que os Estados soberanos não conduzam mais suas ações externas de forma unilateral, mas sim em cooperação com outros parceiros, comprometendo-se com os demais membros desta organização. A Carta, e/ou Tratado, que funda a organização estabelece um contrato entre os Estados o qual reforça este pensamento coletivo. Existe uma cessão relativa de soberania dependendo da organização e dos compromissos que os Estados estabelecem.

Todavia, esta não é a única movimentação do Idealismo Wilsoniano no campo da soberania. Se o multilateralismo a relativiza, o conceito de autodeterminação dos povos a fortalece. Tal conceito sustenta que qualquer comunidade humana que forme uma unidade em torno de valores e componentes comuns, independentemente de sua natureza, deve ser soberana, exercendo sua capacidade de se autogovernar com liberdade, igualdade, autonomia e segurança diante de outros povos.

Embora não represente uma "inovação", pois a temática da construção dos Estados a partir de agrupamentos humanos em fronteiras que devem ter sua soberania respeitada por outras sociedades já tivesse sido fundamentada pelos Tratados de Vestfália (1648) e Utrecht (1713), os Quatorze Pontos reforçam este fundamento em um novo contexto: o da crise dos Impérios multinacionais como o Austro-húngaro, o Otomano e o Russo, e o do questionamento das colônias europeias no mundo afro-asiático. Esta realidade explica o conceito não como um elemento de "idealismo" de Wilson, mas de "realismo", ao buscar enfraquecer possíveis adversários europeus diante da emergente hegemonia dos Estados Unidos (ver PECEQUILO, 2011).

As possessões coloniais representavam importante fonte de receita econômica e poder estratégico para os europeus e continham a expansão norte-americana na África e na Ásia. A autodeterminação e a resolução pacífica das disputas coloniais, além da reorganização do mapa do continente europeu, eram vistas como essenciais para que os Estados Unidos ocupassem novos espaços. A autodeterminação retoma a validação do conceito de soberania a fim de amparar estes novos Estados que surgem a partir da fragmentação dos impérios multinacionais ou a partir do início de movimentos pró-independência.

Apesar de sua validade, e de seu conteúdo implícito de poder, as construções wilsonianas foram consideradas utópicas por seus adversários também por conta da escalada de crise político-econômica que dominou o sistema internacional quase no imediato pós-1918. Como analisado no Capítulo 2, os "vinte anos de crise", de 1919 a 1939, marcaram um renascimento do pensamento realista nos vácuos de poder existentes no cenário global. Eventos como a Grande Depressão de 1929, a ascensão dos regimes fascistas no eixo Alemanha–Itália–Japão, o expansionismo dessas nações e o apaziguamento ocidental, associados à eclosão da guerra em 1939 e a sua violência até 1945 pareceram colocar ponto final no pensamento idealista. Entretanto, foi justamente a partir de 1944–1945, com a retomada de alguns pilares do idealismo, que se reconstruiu o sistema internacional sob a liderança dos Estados Unidos.

Tal liderança, como visto, no Capítulo 2, caracterizou a construção de uma hegemonia interpenetrada de Ikenberry (2011), na qual os componentes valorativos da democracia e cooperação andam lado a lado com o reforço de poder estadunidense. Ainda que os Estados Unidos empreendam a construção de uma "ordem liberal" e estabeleçam estruturas de colaboração para exercer seu domínio, o pano de fundo do sistema multilateral e das organizações internacionais que o compõem é o poder. Este modelo de "paz" sustentada na expansão do regime liberal político-econômico ficou conhecido como "Internacionalismo Liberal" segundo autores como Nye (2002).

Historiadores como Gaddis (1990) definem este cenário de forma um pouco diferente: a do "Império por Convite", termo que expressa tanto a capacidade de cooptação quanto de dominação dos Estados Unidos[3]. Além disso, demonstra a complexidade desta teia de instituições.

Na trajetória da evolução da tradição liberal, pode-se indicar que o "Internacionalismo Liberal" é parte integrante da consolidação do Idealismo, de forma sustentada, e sua aplicação prática. Em termos teóricos, nem todos os analistas apontam que se trata de uma escola de pensamento própria, mas não deixam de reconhecer sua relevância na sistematização de elementos idealistas e realistas na construção de um novo sistema internacional no pós-Segunda Guerra Mundial. A ascensão da hegemonia dos Estados Unidos fecha um ciclo iniciado no século XVII e representa a maturidade das tradições liberais.

No cenário global, estas reflexões se traduzem no apoio à cooperação e à defesa das leis internacionais, promovendo, como indica Dunne (2005), a construção de uma ordem. Na visão deste autor, esta ordem internacional, assim como a doméstica, é estruturada em torno de valores e princípios, sendo possível reproduzir de forma análoga as estruturas de governança democráticas dentro e

[3] Por oposição, a União Soviética estabeleceu o "Império por imposição", que, segundo o autor, explica sua fragilidade e baixa capacidade de cooptação de aliados.

fora de casa. A valorização da democracia, da segurança coletiva e da governança tornaria a guerra um último recurso (somente a guerra justa seria permitida, como analisado), prevalecendo um mundo de Estados liberais, no qual preceitos como a soberania seriam eventualmente superados. Desta realidade, novos fenômenos derivam a partir dos anos 1950, como a integração regional, o neoliberalismo, a globalização e reflexões pluralistas contemporâneas.

Quadro 11: O Idealismo e o Internacionalismo Liberal

- **Idealismo**
  - Woodrow Wilson e os Quatorze Pontos
  - Paz e Cooperação
  - Valores e Princípios Universais
  - Potencialidade Humana
  - Estados = Soberania e Cooperação
  - Contrato Social Global
  - Autodeterminação dos Povos
  - Democracia
  - Segurança Coletiva
  - Organizações Internacionais Governamentais
  - Governança
  - Cooperação Internacional
- **Internacionalismo Liberal**
  - Governança e Cooperação
  - Hegemonia Interpenetrada (e/ou Hegemonia Benigna)
  - "Meio Caminho" Realismo
  - Multilateralismo
  - Valores e Princípios Universais
  - Pragmatismo e Interesse Político

3.3. COOPERAÇÃO E INTEGRAÇÃO REGIONAL

A década de 1950 no sistema internacional foi caracterizada por duas realidades contraditórias: por um lado, observou-se a intensificação do conflito entre as superpotências, os Estados Unidos e a União Soviética, com base na corrida armamentista e a disputa por zonas de influência na Guerra Fria, por outro, o sistema multilateral iniciou um processo gradual de adensamento. Ambos os fenômenos sobrepuseram-se, tendência mantida no pós-Guerra Fria, revelando a ambiguidade das interações cooperação–conflito nas relações internacionais.

Para as correntes liberais, porém, foram as tendências de cooperação que se tornaram mais intensas, levando à superação das visões realistas tradicionais centralizadas no Estado e no conflito. Com isso, observou-se a emergência de um debate sobre temas renovados na arena mundial: a integração regional, a globalização, aqui abordadas, a interdependência e a transnacionalização.

No que se refere à integração regional, observa-se uma profunda interação entre a realidade e a teoria, para explicar como incentivar e aprofundar a cooperação em um contexto de discussão sobre o futuro da Europa Ocidental. Assim, não é possível descolar o surgimento das teorias da integração da criação da Comunidade Econômica Europeia (CEE) em 1957 pelo Tratado da Roma[4]. A emergência da "Europa dos 6", França, Alemanha Ocidental, Itália, Bélgica, Holanda e Luxemburgo, tornou-se ao longo dos anos tanto um tipo de ideal para explicar a cooperação e a integração regional, como um estudo de caso frequentemente lembrado pelos teóricos. Esta realidade persiste desde os antecedentes da CEE, com o estabelecimento da Comunidade Europeia do Carvão e do Aço (CECA) em 1954, até os dias de hoje.

Avaliando as abordagens que se desenvolvem para explicar a integração regional, as correntes funcionalistas e neofuncionalistas trazem os fundamentos da teoria da integração. Neste sentido, muitos são os autores que abordam esses fundamentos, mas, de forma breve e resumida, podem ser destacados alguns nomes chave destas reflexões: David Mitrany, Ernst Haas e Karl Deutsch, assim

[4] PECEQUILO, 2014 oferece uma análise da trajetória da União Europeia.

como a síntese de Joseph Nye sobre os pilares da cooperação[5]. O fenômeno de construção da integração europeia e a evolução da teoria da integração são quase simultâneos, e também são influenciados pela ampliação do multilateralismo[6].

No que se refere a David Mitrany, da escola funcionalista, a preocupação do autor em obras como *The Functional Theory of Politics* (1976) e *The Functional Approach to World Organization* (1948), foi estudar como é possível estabelecer a paz entre os atores, e como atingir a cooperação. A cooperação, neste sentido, é percebida como uma função para se alcançar a paz em médio e longo prazos. Além disso, os atores podem desenvolver percepções instrumentais do porquê de trabalhar em conjunto, visando alcançar objetivos convergentes em questões que considerem relevantes. Na visão de Mitrany, isso somente ocorre a partir do reconhecimento dos envolvidos de que existe uma situação de dependência mútua entre eles, que cria zonas de contato e interesses comuns a todos.

Isso leva à emergência de uma situação de trabalho coletivo para que todos possam se beneficiar. Os subprodutos deste processo são a geração da confiança mútua e o incentivo à formação de uma unidade político-social baseada em uma identidade comum. Para a sustentação deste processo, Mitrany considera essencial o desenvolvimento de estruturas que possam organizar a cooperação, que surgem a partir dos citados objetivos convergentes, nos quais se inclui. Ou seja, surgem a partir de uma função pré-determinada e a partir do cumprimento destes propósitos geram incentivos para o desenvolvimento da cooperação em mais e mais áreas.

A cooperação será valorizada por conta de seus resultados, e da experiência vivida da colaboração, e não a partir da imposição de valores externos aos Estados. Realizada a função para a qual se destinou a cooperação, esta se valoriza em um mecanismo de trocas contínuas. Os Estados aprendem a cooperar e, a partir deste aprendizado, o processo se fortalece. Portanto, encontra-se aqui um dos principais substratos das visões liberais associada à teoria da integração: o

---

5 Outro nome que pode ser mencionado é o de Altiero Spinelli com seus trabalhos sobre a constituição do federalismo europeu, que visa o estabelecimento de um organismo supranacional. Adicionalmente, Spinelli é um dos críticos do trabalho de Mitrany considerando que a visão funcionalista deixa de lado a construção social-política da integração, focando excessivamente em uma perspectiva utilitarista.

6 Cabe destacar que esta não é uma lista exaustiva de autores, mas sim, como indicado, nomes considerados chave para a teoria da integração, e que servem de inspiração e sustentação para outros estudos teóricos nas décadas de 1950/1960 e no período contemporâneo.

conflito não é o padrão exclusivo dos relacionamentos estatais e pode ser superado, a partir de uma mudança de comportamento dos agentes envolvidos que valorize a coordenação.

Consequentemente, as estruturas de cooperação mudam o processo de racionalização dos Estados e suas escolhas táticas de como atingir seus objetivos. Neste formato, existe uma transferência de lealdades às estruturas cooperativas, i.e., às organizações internacionais multilaterais. Com isso, à medida que estas dinâmicas se aprofundaram, os Estados se tornaram mais próximos uns dos outros, diluindo fronteiras, e superando conceitos como soberania, em nome da supranacionalidade. Neste âmbito, pressupõe-se a transferência de autoridade e lealdade do Estado e suas populações a este organismo multilateral.

Os trabalhos de Karl Deutsch buscam compreender a conformação de unidades políticas cooperativas, com foco nas comunidades de segurança, mas avançam além das concepções funcionalistas. A questão central é como encontrar formas de "algum dia abolir a guerra (...) Como os homens podem agir juntos para eliminar a guerra como uma instituição social?" (DEUTSCH, 1957, p. 122). Para responder a esta indagação, no caso de Deutsch, podem ser mencionados como referência de estudo textos como *The Political Community and the North Atlantic Area* (1957) e *Análise das Relações Internacionais* (1978).

Portanto, o problema central para Deutsch é examinar como se inicia, consolida e evolui o processo que pode levar um determinado grupo, em certo território, a desenvolver entre si uma comunidade, por meio de contatos político-sociais (as transações e comunicações que se estabelecem entre os homens nestes campos). A preocupação não é com a função a ser desenvolvida no arranjo cooperativo, mas sim no desenvolvimento da percepção de interesses e valores comuns por meio de trocas. A partir desta percepção é que podem ser estabelecidas instituições que consolidem uma estrutura de cooperação. Neste ambiente, os Estados passam a compartilhar expectativas e benefícios, dividindo custos. Nas palavras de Deutsch,

> Uma comunidade de segurança é um grupo de pessoas, que se tornou "integrado". Por integração nós queremos dizer a existência, dentro de um território de um "senso de comunidade", de instituições e práticas sólidas o

> bastante e que podem se disseminar o suficiente para assegurar no "longo prazo" expectativas dependentes de "mudança pacífica" entre a população. Por senso de comunidade, queremos dizer a crença da parte dos indivíduos em um grupo que eles chegaram a um acordo ou pelo menos concordam em um ponto: que problemas sociais comuns podem ser resolvidos por processo de "mudança pacífica". Por mudança pacífica, nos queremos dizer a resolução de problemas sociais normalmente por procedimentos institucionais, sem a recorrência ao uso da força física em larga escala. (DEUTSCH, 1961, p. 123–124)

Na visão do autor, a cooperação não pode ser baseada somente no cumprimento de funções, i.e., realização de objetivos. Caso isso ocorra, ela será mais frágil, pois estará ausente a percepção de uma identidade coletiva. Com isso, o arranjo será mais permeável às crises, principalmente as econômicas, nas quais existe uma redução dos benefícios a serem compartilhados. Além disso, é preciso que a construção político-social se mantenha de forma contínua.

A partir desta avaliação, Deutsch indica que, nas comunidades de segurança, a integração é um processo em andamento, com potencial de expansão e aprofundamento. Dois tipos de comunidade de segurança são previstas: as caracterizadas por um processo de amálgama e as pluralistas. No primeiro caso, unidades separadas se unem para a formação de um corpo único liderado por um governo central (o exemplo fornecido pelo autor são os Estados Unidos). No segundo, países diferentes convergem em torno de expectativas e interesses comuns, em uma estrutura que organiza a cooperação. No longo prazo, esta estrutura pode levar à supranacionalidade, mas esta pretensão não é pré-condição para que a cooperação seja iniciada.

O ponto de partida da integração sustenta-se em um conjunto amplo de diferentes expectativas e dinâmicas. Deutsch define este conjunto como uma espécie de patamar a partir do qual a integração se constrói. Se as sociedades se encontram neste patamar e atingem determinadas condições, podem dar um salto qualitativo em direção à integração. E, novamente, um salto sólido, e que é percebido como um processo de longo prazo, e não uma solução imediata.

São componentes deste conjunto de condições: a comunicação existente entre diferentes sociedades e a percepção da existência de um sentido de comunidade, baseado em valores e expectativas comuns; convergência crescente de ação coletiva em áreas chaves. Este processo pode ser direcionado pelas elites em um primeiro momento, mas demanda que se estenda às sociedades, para que todos possam participar e compreender a relevância do processo de integração. A mobilidade de pessoas e o aumento dos contatos entre os membros da comunidade é essencial para que a integração se fortaleça. Um exemplo prático é o Tratado de Schengen (1995) da União Europeia que prevê o livre trânsito de cidadãos pela Europa, munidos de passaporte do globo, gerando a identidade europeia (isso não eliminou problemas de xenofobia, mas reforçou a interação entre as pessoas).

Outro elemento é o incremento das capacidades cooperativas, para dentro e para fora, i.e., a habilidade de aprender a trabalhar junto e, segundo, de responder às externalidades e de se apresentar no cenário global como uma unidade. Segundo Deutsch, este processo depende das capacidades dos atores envolvidos e dos processos comunicativos que se estabelecem entre eles, ligando-os de forma mais sólida (base do conceito de "interdependência" examinado em 3.4). Como em outras correntes liberais, este incremento de capacidades cooperativas é base para a geração da previsibilidade mútua de comportamento, elevando a transparência e o risco da trapaça entre os pares.

De uma forma geral, espera-se a disseminação destes arranjos cooperativos para uma elevada multiplicidade de transações, transações estas que também demandam equilíbrio entre as partes. Portanto, deve existir o estabelecimento de situações nas quais as responsabilidades possam ser compartilhadas e as assimetrias reduzidas entre os agentes. Como resultado, as expectativas convergentes trazem estruturas compartilhadas de formulação de políticas, tomada de decisão e ação coletiva, que permitem aos membros da comunidade política interagir.

> Em síntese, encontramos nove condições essenciais para o amálgama de uma comunidade de segurança: 1) compatibilidade mútua de valores; 2) um modo de vida distinto; 3) expectativas elevadas de laços e ganhos econômicos; 4) uma crescente elevação das capacidades político-administrativas de pelo menos algumas unidades participantes; 5) crescimento econômico elevado de pelo menos algumas unidades participantes; 6) laços sólidos entre diferentes estratos sociais de comunicação social, tanto geográfica quanto territorial e sociológica; 7) uma expansão das elites políticas; 8) mobilidade de pessoas,

> pelo menos entre alguns estratos; 9) uma multiplicidade de opções de comunicação e transações. E encontramos outras três condições essenciais: 10) a compensação de fluxos de comunicações e transações; 11) uma cada vez mais frequente troca de papéis dos grupos; 12) uma considerável previsibilidade mútua de comportamento. (DEUTSCH, 1957, p. 138)

A preocupação de Haas (*The Uniting of Europe*, 1958, *International integration: the European and the universal process*, 1961) é similar a seus contemporâneos, definir por que os Estados decidem cooperar e como esta decisão pela cooperação resulta em uma "comunidade política". De acordo com Haas,

> Estamos interessados em avaliar o progresso em direção à condição terminal definida como comunidade política. Os Estados-nações bem-sucedidos que constituem tais comunidades e amálgamas subsequentes de vários destes Estados, também podem formar comunidades. Uma variedade de fatores constitucionais e estruturais são compatíveis com esta noção; a comunidade política existe onde há a possibilidade de mudança pacífica interna em situações nas quais grupos em disputa possuem demandas antagônicas. O processo de alcançar esta condição entre Estados-nações é o que chamamos de integração, o processo por meio do qual atores políticos de diversas origens nacionais são persuadidos a direcionar suas lealdades, expectativas e atividades políticas a um novo e mais amplo centro, cujas instituições detêm ou demandam jurisdição sobre os Estados pré-existentes. (HAAS, 1961, p. 366–367)

Para Haas, a paz é um substrato deste processo, mas, como Deutsch, o autor se interessa em examinar os fatores econômicos, sociais, políticos e comunicativos que geram a cooperação no mundo real. Em médio e longo prazos, observa-se uma preocupação em indicar como a soberania dos Estados, pendente o desenvolvimento de arranjos de integração, será superada por uma governança compartilhada supranacional.

A supranacionalidade supõe a existência de uma estrutura superior aos Estados, que ultrapassa de forma legítima sua soberania. A metáfora do contrato social entre os Estados, que transferem sua lealdade a organismo multilateral o qual passa a reger suas relações, seja uma Liga das Nações como previa Wilson, ou uma federação como pensava Kant, aplica-se diretamente a este pensamento. Portanto, os Estados não mais tomariam suas decisões de forma egoísta e individual, mas sim conjuntamente, em ambientes coletivos.

Para se chegar a este ponto, Haas considera que o caminho é de longo prazo e sustenta-se na criação de interconexões e na alteração de expectativas sociais dos atores, que engloba os Estados, as elites e a população. Tais expectativas precisam iniciar um processo de convergência em torno das instituições supranacionais. Está-se diante de um processo que envolve tanto o aprendizado quanto dinâmicas de mudança organizacional, que criam novos sistemas de valores e percepções associados à cooperação e são capazes de mudar o comportamento dos Estados e atores sociais. Mudança esta, como presente em todas as correntes liberais, que envolve o abandono do comportamento racional e egoísta (e a preocupação com os ganhos relativos) em troca da valorização do coletivo e dos ganhos absolutos.

Um dos conceitos-chave nesta dinâmica é o de *spill over* (que se pode traduzir livremente como "disseminação" ou "derramamento"), que se refere à ampliação da cooperação de um setor para vários. Esta expansão, seja por motivos funcionais ou políticos, é considerada essencial para a consolidação da integração. Quanto mais "derramamento" dos mecanismos de contato e cooperação entre os Estados existir, maior a probabilidade do aprofundamento dos arranjos de governança.

Cabe indicar a síntese de Joseph Nye (2002) para a abordagem neofuncionalista, na qual podem ser percebidos diversos elementos já levantados pelos autores clássicos citados. Nye divide sua análise dos processos de integração em quatro níveis, nos quais estabelece as dinâmicas que considera necessárias para que o fenômeno da cooperação internacional seja construído, evolua e se consolide. Especificamente, estes níveis são: o estrutural, o potencial, o evolutivo e as condições.

Examinando cada um deles, Nye estabelece que o elemento estrutural refere-se às condições para a integração, identificando sete elementos processuais para seu desenvolvimento: a existência de uma ligação funcionalista de tarefas como pressuposto de tarefas compartilhadas que já se desenvolvem por mecanismos cooperativos, e que podem ser entendidas como produto da disseminação desta dinâmica de setor em setor (o *spill over*); o aumento das transações entre os membros de um determinado arranjo cooperativo; o desejo destes membros de estabelecer cada vez mais laços entre si que leva a formação de coalizões; uma participação mais ativa das elites por meio de um processo de socialização; a formação de agrupamentos regionais como resultado destas ações; o avanço da constituição de uma identidade comum por meio do compartilhamento de valores e ideologia; e, por fim, a presença de atores externos no processo que reconhecem estes novos mecanismos e dinâmicas.

Entretanto, para que se possa chegar a esta dimensão estrutural, Nye considera ser necessária a existência de quatro potenciais de integração: a simetria ou igualdade econômica das unidades políticas; a complementaridade de valores das elites; a existência do pluralismo; e a capacidade dos Estados-membros de se adaptar aos desafios apresentados pelo processo. Estes potenciais relacionam-se, e por vezes sobrepõem-se, ao terceiro nível do processo de integração, conforme a interpretação neofuncionalista, que se refere à evolução do processo.

Para Nye, a progressão contínua da integração, e de quaisquer arranjos cooperativos, depende: de uma percepção igualitária da distribuição dos benefícios (divisão equilibrada de ganhos), a valorização de uma postura comum para encontrar soluções para os problemas da cooperação e de um baixo nível de custos. Somadas estas dimensões, o autor apresenta as condições que permitem a longevidade da cooperação e a solidez dos processos de integração em quatro pilares: a politização, a redistribuição de ganhos, a redistribuição de alternativas e a externalização do processo.

Como se pode perceber, existe elevado grau de convergência entre estas discussões, com destaque às dimensões político-sociais. Se estas análises prevaleceram nos anos 1950–1970, é preciso destacar que os estudos contemporâneos sobre o regionalismo, dentre os quais podem ser citados os trabalhos de Andrew Hurrell e Louise Fawcett[7], sustentam-se nestas reflexões, mas também procuram entender a teoria da integração em novos contextos. Tais contextos emergem como produto dos novos fenômenos da interdependência e transnacionalização e dos avanços da globalização, e têm no fim da Guerra Fria (1989) um elemento impulsionador e acelerador.

---

[7] Outro autor contemporâneo com textos relevantes sobre o tema é Andrew Moravcsik, que será examinado no item 3.6 como parte das correntes liberais em ascensão da década de 1990 em diante.

Na visão dos autores, a fase contemporânea do regionalismo é complementar e não excludente à globalização (examinada em 3.5), e tende a acelerar a queda das fronteiras do ponto de vista econômico. Não necessariamente este fenômeno econômico encontra-se relacionado ao aprofundamento dos arranjos políticos da integração, tendo como referencial o modelo europeu. Este modelo seria o que os autores definem como "regionalismo fechado", que se opõe aos regionalismos "novos" como o suave e o aberto. Nestas duas últimas modalidades, a integração surge como algo mais frouxo, sem tantos compromissos institucionais, baseada em identidades localizadas, e muitas vezes somente com foco econômico.

Historicamente, este momento corresponderia a uma terceira onda dos processos de integração regional, que se refere aos processos constituídos de 1985 em diante. As fases anteriores, por sua vez, referentes à primeira onda de 1945 a 1965, seguida por um segundo momento, de 1965–1985, relacionam-se à construção do sistema multilateral. De 1945 a 1965, este processo concentra-se nas ações das superpotências e no estabelecimento de suas redes de contato, com foco em questões de ordem global e de segurança, estabelecendo as linhas do que seria a estrutura de poder internacional baseada no multilateralismo.

A segunda onda representa um momento no qual esses arranjos inicialmente propostos no pós-Segunda Guerra Mundial já se encontram adensados, transitando para um cenário de aprofundamento. Além disso, existe uma ampliação do escopo das alternativas de negociação multilateral, deste eixo Norte e da União Soviética (mas, principalmente, do Norte representado pelos Estados Unidos e Europa Ocidental) para as nações em emergência do Sul. Para o Terceiro Mundo, as alternativas de cooperação trazidas pela integração regional e a ampliação do sistema multilateral são relevantes para exercer um novo papel global e trazer demandas de desenvolvimento, paz e modernização no cenário global.

Como analisado no Capítulo 1, o surgimento do Sul, a partir do movimento de descolonização afro-asiático e a associação com a América Latina trazem importantes desafios à teoria das relações internacionais. Esta periferia será responsável por uma das mais relevantes características desta terceira onda: a descentralização dos processos de integração regional[8].

---

[8] Os autores também compartilham com os textos clássicos a interpretação sobre o peso das instituições e da governança no direcionamento do comportamento dos Estados.

Outra questão abordada é verificar se estes processos de regionalização são complementares ou excludentes à globalização, criando um mundo sem fronteiras, temas analisados em 3.4 e 3.5. Sobre isso, não existem respostas fechadas e a literatura continua dividida sobre o tema. Dentre os que consideram a regionalização prejudicial às tendências de globalização, pode-se indicar o próprio Haas, em 1957,

> Uma vez que a integração regional evolui mais rapidamente e responde a um grande número de fatores de forma mais adequada, ela pode eventualmente desacelerar a integração universal por completo. O processo regional pode criar um número relativamente pequeno de comunidades integradas (...) O sistema internacional tende a permanecer como está agora: a arena para a minimização do conflito e a maximização de interesses comuns ligados a um denominador comum mínimo. (HAAS, 1961, p. 391–392).

Por outro lado, para os que consideram a regionalização complementar à globalização, prevalece a visão de que a ação estatal coletiva cria momentos e situações propícias à superação da política tradicional. Como indica Fawcett (1996), replicando a visão liberal de que a cooperação e os organismos multilaterais podem, e mudam, o comportamento dos Estados, a regionalização consiste em um aprendizado. E, quanto mais amplo for o processo de regionalização, maior será este aprendizado e, portanto, maior a propensão à cooperação disseminar-se da escala regional à global.

Somadas todas essas reflexões, em linhas gerais, identifica-se que este conjunto de análises detém uma visão bastante específica, para não dizer otimista, acerca da cooperação multilateral e da integração regional desde suas origens até o cenário contemporâneo. A integração regional e das comunidades políticas é apresentada como uma prova da evolução do multilateralismo, com potencial para transformar conceitos tradicionais de governança e soberania estatal. Estes processos se estendem, e se refletem, nas avaliações teóricas dos anos 1970, que compõem a escola neoliberal, as visões da globalização e do pluralismo e cosmopolitismo.

QUADRO 12: COOPERAÇÃO E INTEGRAÇÃO REGIONAL

Autores e Agenda

- David Mitrany e o Funcionalismo — Cooperação como Função
- Karl Deutsch — Cooperação como Formação de Comunidades — Comunidades Políticas/Comunidade de Segurança
- Ernst Haas — A Teoria e a Prática da Cooperação — A Criação da Comunidade Econômica Europeia
- Cooperação e Função, Agenda Comum, Valores Universais da Paz e a Supranacionalidade
- Joseph Nye — Integração e Função — Governança e Agenda Comum — Processo Estatal e Civil
- Porosidade das Fronteiras
- Governança e Supranacionalidade

3.4. NEOLIBERALISMO: INTERDEPENDÊNCIA E TRANSNACIONALIZAÇÃO

As transformações da política internacional no pós-1945 geradas pelas dinâmicas do multilateralismo, da aceleração tecnológica, da consolidação de tendências sociais, políticas e econômicas que ultrapassam as fronteiras dos Estados como meio ambiente, direitos humanos, financeirização do capital, a integração regional, têm como resultado a criação de novos desafios no campo das relações internacionais. Dentre estes, os fenômenos da regionalização e da globalização possuem implicações para o futuro da teoria das relações internacionais, e levam ao aprofundamento de temas como governança global e o peso dos atores não estatais.

É neste contexto que emergem os trabalhos clássicos de Robert O. Keohane e Joseph S. Nye Jr., acadêmicos norte-americanos, que criam as bases do Neoliberalismo (ou Neoliberalismo Institucionalista ou Paradigma da Interdependência[9]) em obras hoje consideradas clássicas: *Transnational Relations and World Politics* (1973) e *Power and Interdependence* (1977). Ambos desenvolveram importantes textos individuais e em coautoria com outros nomes chaves da área, como *After Hegemony* (1984) e *International Institutions and State Power* (1989), de Keohane, *Bound to Lead*, de Nye (1990), e as coletâneas *Neorealism and its Critics* (1986), organizada por Keohane, e *Internationalization and Domestic Politics* (1996), editada por Keohane e Helen Milner, além de outras obras.

De acordo com Spindler (2014, p. 65), o programa de pesquisa neoliberal é composto por quatro componentes: primeiro, um novo foco nos atores não estatais, em particular as instituições internacionais; segundo, a consideração de novas formas de poder além das militares, assim como a diversidade da natureza das ameaças; terceiro, uma reflexão teórica que sustenta que o sistema internacional é tanto anárquico quanto interdependente; e, por fim, quarto, a preocupação com a investigação dos padrões de cooperação e conflito nas relações internacionais entre os Estados e as possibilidades e formas da governança global (elementos que compõem o debate "neo-neo").

No que se refere aos atores, os neoliberais consideram que os Estados permanecem como os mais relevantes, mas que seu poder e sua autonomia são relativizados pela categoria de atores não estatais. Em médio e longo prazos, esta relativização teria como consequência a superação do Estado territorial e soberano (como pensado pelo Tratado de Vestfália em 1648[10]) e sua eventual substituição por outras formas de ordenamento político-social. Como sustenta

---

9 Existem divergências quanto à definição deste nome para a teoria. Segundo Spindler (2014), a interdependência não deve ser entendida como uma teoria, e sim como um fenômeno e que é explicado por um conceito que faz parte da teoria neoliberal. Neste texto, compartilha-se esta avaliação da autora, utilizando o termo teoria neoliberal para se referir a esta corrente.

10 Mark Zacher (1992) fala das "ruínas do templo de Vestfália" indicando a decadência de seus seis pilares: a guerra como instrumento de política internacional, as baixas externalidades físicas entre os Estados, os baixos níveis de interdependência, o pouco fluxo de informação, a natureza dos regimes políticos fechados ao mundo e a homogeneidade cultural. Este mundo vestfaliano de fronteiras fechadas, de poucos contatos e com risco do autoritarismo deixará de existir. Bastante controversa, esta é uma visão que se aplica ao eixo Ocidental, Estados Unidos e Europa Ocidental. Não só Zacher, mas vários defensores da globalização consideravam o processo de desaparecimento das fronteiras (chamadas de viscosas por Zacher) como inexorável, substituindo a soberania pela supranacionalidade. Ver 3.5 para as discussões sobre globalização e o Capítulo 4 para uma avaliação crítica dessas tendências.

Rosenau (1992), o sistema internacional estaria caminhando para um sistema de "governança sem governo", sustentado nestes novos atores e fenômenos internacionais da interdependência e transnacionalização.

A categoria de atores não estatais divide-se em duas: as organizações internacionais governamentais (ou instituições internacionais) e as forças transnacionais (FTs). Enquanto as organizações internacionais governamentais são compostas por Estados, e criam um novo tipo jurídico de ator global, as Forças Transnacionais referem-se às forças privadas que emanam da sociedade internacional em setores da política, economia e cultura, como as Organizações Não Governamentais (ONGs), os Sindicatos e Grupos de Interesses, as Igrejas e Grupos Religiosos, Terroristas e Crime Organizado e as Empresas Multinacionais.

Começando pela temática das organizações internacionais governamentais como analisado nos capítulos anteriores, elas foram criadas no pós-1945 com o propósito de originar estruturas de cooperação entre os Estados. Os membros das organizações são, como indicado acima, os Estados, que ao se unirem concordam em estabelecer entre si compromissos mútuos, dos quais emerge juridicamente este novo ator internacional não estatal. Estas instituições convertem-se em canais diplomáticos alternativos para que os Estados negociem entre si, de forma permanente, nos quais se incentiva o multilateralismo, criando um ambiente propício à cooperação, e que abre espaço para a discussão de uma agenda de temas ampla, que permitam aos Estados dividir custos e compartilhar objetivos comuns.

Por conta dessas características mistas, as organizações internacionais governamentais apresentam tendências contraditórias em seu interior, resumindo os dilemas associados a seu funcionamento: o choque entre a lógica própria e a lógica estatal, a oposição entre a soberania do Estado e a autonomia da OIG e a tensão entre o Estado territorial e a governança global. Como visto no Capítulo 2, para o realista, estes são falsos dilemas, uma vez que os Estados tendem a fazer seus interesses prevalecerem em detrimento das organizações. Para os liberais, porém, essas organizações podem suplantar os Estados, superando sua lógica de poder, e ganhando dinâmicas próprias, como será visto a seguir.

Apesar de criadas à sombra da hegemonia, as organizações estão se autonomizando. Como indica Keohane em *After Hegemony* (1984), esta realidade pode ser comprovada pelo estudo da dinâmica das instituições e de sua relevância para a ordem internacional nos anos 1970. Mesmo com o declínio relativo dos Estados Unidos, a cooperação ganhou lógica própria e se sustenta sem o poder norte-americano, e sim por sua relevância. O processo é dialético: a hegemonia criou as organizações para facilitar uma cooperação controlada, mas seu bom funcionamento e valorização permitiram sua consolidação além desses objetivos iniciais. Assim, beneficiam a todos cada vez mais. Ao mesmo tempo, a hegemonia permanece com vantagens, pois ainda que com menos poder consegue manter sua influência residual, por conta dos mecanismos multilaterais que criou. A cooperação, portanto, beneficia a todos.

De acordo com os neoliberais, as organizações facilitam a cooperação, pois permitem a transparência entre seus membros, diminuindo a incerteza das transações e aumentando a informação entre eles. Dentro delas, é possível regular ações mútuas, dividindo de forma mais equilibrada custos e benefícios, e criando mecanismos por meio dos quais a discórdia pode ser administrada dentro de regras claras. As regras abrangem duas dimensões: a de como regular a cooperação e como eventualmente punir quem desrespeitar o acordo estabelecido (*compliance and enforcement*).

A teoria considera também que cada Estado, dentro de uma instituição, sabe como os demais Estados se comportam, e com isso o risco da trapaça e da deserção (*cheating and defection*) tende a se tornar menor. Além disso, os Estados que não cooperam tendem a ter um custo de ação maior do que os demais que se encontram envolvidos na ação coletiva. Neste processo, pesa a chamada sombra do futuro (*shadow of the future*) para os Estados envolvidos: esta "sombra" é a avaliação, por seus pares, de como o comportamento no passado e no presente pode afetar seu comportamento no futuro. Um Estado que cumpre seus compromissos é mais confiável do que outro que não o faz com frequência, e, portanto, terá mais credibilidade nas negociações.

Adicionalmente, as organizações permitem que sejam criadas "políticas interligadas" (*issue linkages*), nas quais a cooperação em um determinado setor pode se estender a outro ou favorecer a barganha. Isto deriva das concepções funcionalistas e neofuncionalistas analisadas no item 3.3, que supõem que a cooperação em uma área pode se estender a outra e levar a uma interação ampliada entre os agentes. Além disso, as questões de interesse do Estado, independentemente de seu tema, poderiam ser agregadas e relacionadas para serem discutidas de forma comum. Duplamente se observa o *spill over* da cooperação e o aprofundamento do fenômeno da interdependência.

Mas a interdependência é um conceito que vai muito além das discussões sobre teoria da integração e se refere a uma mudança mais ampla nas transações entre os Estados e os atores não estatais, que amplia áreas de contato. Em linhas gerais, o conceito de interdependência, também definido como de interdependência complexa, refere-se a situações nas quais as relações entre países e/ou atores de diferentes países são caracterizadas pela dependência mútua entre os envolvidos. Neste cenário, os atores são afetados e determinados significativamente por forças externas. Nas palavras de Keohane e Nye,

> A interdependência, de forma simplificada, significa dependência mútua. Na política mundial, a interdependência se refere a situações caracterizadas pelos efeitos recíprocos entre países ou entre atores de diferentes países. Estes efeitos frequentemente resultam de transações internacionais — fluxos de dinheiro, bens, pessoas e mensagens além das fronteiras internacionais. Estas transações aumentaram dramaticamente desde a Segunda Guerra Mundial. (KEOHANE e NYE, 1989, p. 8–9)

Os autores ressaltam que a interdependência não necessariamente é positiva ou vivenciada de forma igual pelos envolvidos. No que se refere à primeira questão, se o efeito da relação é positivo ou negativo, os autores condicionam esta avaliação à condição dos Estados e atores, e ao tema (ou temas) presentes na relação. Em relação à segunda reflexão, sobre como os efeitos serão vivenciados por cada país e/ou autor, encontra-se dependente de seu poder relativo e capacidade de influenciar os acontecimentos. Existem, portanto, dois tipos de interdependência: a assimétrica e a simétrica, e que são definidas pelo grau de sensibilidade e de vulnerabilidade presente na relação.

Exemplificando ambas as preocupações, uma crise econômica que ocorre em um país líder de sua região ou bloco afeta diretamente seus vizinhos em um contexto de interdependência, podendo provocar desemprego, desaceleração do crescimento e encolhimento em todos. Os efeitos, porém, serão desiguais, dependendo da capacidade e dos recursos dos diferentes atores envolvidos, e de seu nível de interdependência.

Avaliando uma questão contemporânea a partir deste referencial teórico, na União Europeia, a Crise da Zona do Euro, eclodiu nos países já considerados mais "fracos" do bloco: Portugal, Grécia e Espanha, que passaram a compor a sigla PIIGS ("porcos" ao lado de Irlanda e Itália). Com isso, seus efeitos econômicos foram supostamente menores nos líderes da integração, revelando seu caráter assimétrico, quais sejam: Alemanha e França. A Alemanha, como país mais poderoso parece até mesmo ditar as regras dos arranjos multilaterais que deveriam gerenciar a crise. Esta é uma situação de interdependência assimétrica, com eclosão da crise nos elos mais vulneráveis, e que afetaram menos as nações com mais recursos de poder. E estes elos mais vulneráveis foram obrigados a aceitar as decisões do bloco. A União Europeia, e países como a Alemanha e a França, assim, eram menos dependentes dos PIIGS do que vice-versa.

Portanto, como se pode perceber o núcleo da questão é a dependência mútua. Porém, como se origina esta situação, quebrando a ideia de um sistema internacional focado no Estado como ator unitário e que projeta poder via ações estratégico-militares? Como passar de um Estado fechado em si mesmo, para um mundo de fronteiras porosas?

Tal situação deriva da evolução do sistema e a ampliação do contato, escopo de ação dos atores não estatais. Neste campo, não se pensa apenas nas organizações aqui já abordadas, mas sim em um conjunto mais abrangente de atores privados, que se relacionam à economia e a sociedade: Empresas Multinacionais, Organizações Não Governamentais, Movimentos Sociais em Geral podem ser mencionados, assim como Igrejas, Crime Organizado e Máfias, dentre outros. Fenômenos relacionados ao meio ambiente, direitos humanos, financeirização do capital associam-se a esses movimentos, incrementando fluxos de comunicações, transportes, finanças e pessoas. Este conjunto de fatores refere-se à transnacionalização, às relações que ultrapassam as fronteiras do Estado e não podem ser plenamente controladas por eles.

Em síntese, a interdependência caracteriza-se por canais múltiplos (relações interestatais, transgovernamentais e transnacionais) e a ausência de hierarquia entre os temas. Por sua vez, a transnacionalização foca nas dinâmicas provocadas além fronteiras. Esta diversidade indica que para Keohane e Nye não é possível desconectar os fenômenos de interdependência e transnacionalização, pois são conceitos que se reforçam mutuamente. Além disso, reconhecem que parte deste processo de ampliação da agenda e mudança na natureza do poder não se refere a movimentos "novos", mas sim a sua aceleração por fatores tecnológicos e pelo adensamento das relações internacionais.

Em termos de natureza do poder, conceitos como *hard power* (poder duro) e *soft power* (poder brando), elaborados por Nye Jr., traduzem para a esfera dos recursos de poder a mudança no perfil e no caráter da agenda global. O poder duro relaciona-se às formas tangíveis de poder, associadas ao pensamento clássico realista como território, poder militar, capacidade industrial instalada, clima e geografia, natureza das fronteiras, demografia, enquanto a dimensão branda refere-se às áreas relacionadas à economia, sociedade, cultura, ideologia e tecnologia. O poder brando, e que se relaciona à cooptação e ao convencimento, detém um perfil de mais difícil percepção, sendo intangível. A essas categorias, em 2009, o autor acrescentou o conceito de *smart power* (poder inteligente), que se refere à capacidade do Estado de fazer uso de forma equilibrada dos recursos brando e duro.

Por fim, é preciso destacar que apesar de todas estas mudanças, para Keohane e Nye, os Estados continuam os atores centrais da política mundial. Entretanto, os processos acima descritos indicam que os mesmos precisam aprender a agir em um novo ambiente, que, no médio e/ou longo prazo pode vir a torná-los gradualmente menos relevantes. Como indica Spindler (2014), é necessário um repensar tático das ações dos Estados, os quais estão confrontados por fenômenos que naturalmente minam sua soberania e autonomia. E, como tem se discutido, para as visões liberais, isto é compreendido pela teoria como uma mudança de comportamento estatal.

Tal adaptação, seja via instituições, projetos de integração ou negociações, deve caminhar no sentido de dar conta destes novos temas e reconhecer a existência deste mundo mais interligado e de desafios crescentes em temos de diversificação de agenda. Alguns dos pilares dessa diversificação, por exemplo, são a crescente percepção da existência de bens comuns como os ambientais e do aumento das trocas comerciais (e transações econômicas e sociais em geral).

Neste processo, a criação dos regimes internacionais é fundamental para fortalecer a identificação dos objetivos comuns, a transparência das negociações e o compromisso entre os Estados no cumprimento dos acordos. Os regimes representam uma etapa a mais na construção de estruturas cooperativas, somando-se e fortalecendo o sistema multilateral. Os regimes dão conta destes novos temas, que "escapam" à esfera estratégica e impõem novos desafios aos Estados. A definição clássica de Stephen Krasner sintetiza estes elementos:

> Regimes são conjuntos de princípios, normas, regras e procedimentos de tomada de decisão implícitos e explícitos em torno dos quais as expectativas dos atores convergem em uma determinada área das Relações Internacionais e fornecem as estruturas nas quais as relações entre os Estados podem se organizar de maneira mais completa e equilibrada. (KRASNER, 1983, p. 2)

Como indica Litlle (2005), a citação de Krasner permite identificar os quatro elementos definidores de um regime: princípios, normas, regras e procedimentos de tomada de decisão. O regime permite a institucionalização destes procedimentos e, como sustenta Zangl (2014), reduz os custos de transação pela criação destas estruturas. Estas estruturas facilitam a negociação do regime, sua criação e até mesmo a verificação do cumprimento de suas normas. No geral, o que o regime faz é definir o que é, e qual é o escopo e tema, cooperação e como ela deve funcionar, tentando estabelecê-la de forma mais igualitária possível. Como já indicado, mesmo se considerando que a hegemonia dos Estados Unidos foi fundamental para estabelecer tanto as organizações quanto os regimes, Zangl, assim como Keohane, indica que essas instituições e acordos passam a deter vida própria e excedem esta dimensão de poder.

Para Little (2005), dependendo destas delimitações é que se pode estabelecer o tipo de regime que se visa construir: em algumas situações, ainda que o regime não exista ainda, observa-se uma cooperação tácita, que pode evoluir para um regime pleno (*tacit regime*). Por sua vez, o regime pleno (*full blown regi-*

me), segundo o autor, caracteriza-se por atuar de forma abrangente no tema que pretende negociar, formalizando as regras institucionalmente. Nesta modalidade, existe uma alta expectativa de implementação e cumprimento do regime. Além disso, existem ainda os regimes que seriam feitos para "não funcionar" (os *dead letter regimes*), cuja volatilidade e flexibilidade indicam uma baixa potencialidade de cooperação.

Outro elemento fundamental é aquele apontado por Ruggie (1992), que os regimes devem ser entendidos como uma construção social, que corresponde aos interesses e expectativas de seus membros. Portanto, não é possível descolar a emergência dos regimes de seu contexto social e político, e da disseminação do liberalismo do pós-1945, no qual se sustentaram essas instituições. A criação de organizações e regimes torna a cooperação "integrada" (*embedded*) ao contexto internacional, em setores diversos de caráter transnacional e aberto, o que leva a sua valorização gradual pelos Estados. Isto é, a cooperação passa a ser vista como algo natural e normal, intrínseca ao sistema internacional, seus atores e dinâmicas.

Avaliando o conceito de liberalismo integrado (*embedded liberalism*), Zurn complementa estas discussões,

> O termo descreve uma orientação fundamental em direção do comércio livre e fronteiras abertas enquanto ao mesmo tempo integrado ao contexto dos sistemas políticos nacionais, que são capazes de absorver choques e irregularidades do mercado mundial (...) As instituições internacionais, portanto, estabeleceram formas de governança internacional que permitiram às governanças nacionais funcionarem efetivamente (...) O conceito de liberalismo integrado, portanto, não é somente uma expressão de compatibilidade entre o livre comércio e os Estados, mas uma relação positiva e próxima entre eles. (ZURN, 2005, p. 139–140)

Para os neoliberais, a junção de todos estes fatores permite afirmar que as instituições, e as dinâmicas a elas associadas, mudam o comportamento dos Estados, em prol da valorização do multilateralismo, mesmo que isso signifique perda parcial de soberania ou poder por meio dos compromissos conjuntos assumidos. Para esta visão, o Estado deixa de ser um ator unitário e egoísta, para poder se beneficiar da ação coletiva que permite atingir seus propósitos com custos menores e com menos conflito. Isso não significa a criação de um mundo harmonioso como indica Keohane (1984), mas sim a capacidade de estabelecer mecanismos de gestão da discórdia que sejam mais eficientes.

Na avaliação de Keohane (1984), os Estados ajustarão seu comportamento à medida que percebem a importância da cooperação para alcançar seus objetivos. Isso pressupõe uma mudança racional no comportamento dos Estados, que avaliam estrategicamente as melhores táticas para obter benefícios, a menores custos. O objetivo para cada Estado é maximizar sua utilidade, o que implica uma preocupação com seus ganhos, e não necessariamente com o ganho dos demais.

Estes dois pontos, a mudança do comportamento dos Estados devido às OIGs e a avaliação dos ganhos são alguns dos principais focos no debate "neo-neo" como já adiantado no Capítulo 2. Retomando essas ideias, para as vertentes realistas o que importa são os ganhos relativos, ou seja, a comparação entre os benefícios que cada Estado conseguiu, enquanto para os liberais o que vale são os ganhos absolutos. Completando esta avaliação, Kenneth Oye (1986) sustenta que as OIGs e os regimes são capazes de mudar a estrutura de ganhos à disposição dos Estados, elevando sua probabilidade, o que vai tornar possível a cooperação na anarquia. O importante é ganhar, e, mais ainda, que todos ganhem, mesmo que os ganhos sejam quantitativa ou qualitativamente diferentes.

Essa percepção ajuda a explicar parte da outra divergência sobre a mudança ou não do comportamento dos Estados: à medida que o liberal considera que ganhar é relevante sempre, independentemente das diferenças que possam existir entre os benefícios adquiridos, isso torna os Estados mais propensos à cooperação. Na medida em que a prioridade do Estado é somente "ganhar", ele vai escolher a melhor tática para isso, e a cooperação poderá se estabelecer como esta opção. Para os Estados, é essencial que seja perceptível esta estrutura de ganhos para todos (o *pay off structure*), a fim de que essa tendência a trabalhar de forma conjunta possa ser reforçada. A cooperação não é percebida como resultado da fraqueza ou da vulnerabilidade, mas como produto de um comportamento mais racional para obter ganhos.

Somadas todas essas considerações, e mesmo observando as teorias da integração, o que este conjunto de tradições liberais que emergem nos anos 1950–1970 parece demonstrar é que o sistema vestfaliano de Estados encontra-se em xeque. Em médio e longo prazos, previa-se que o conceito de soberania seria superado pelo de supranacionalidade, ampliando a globalização.

QUADRO 13: NEOLIBERALISMO

As Transformações Globais
Declínio do Estado
Ascensão Atores Não Estatais (Organizações Internacionais Governamentais e Forças Transnacionais)
O Multilateralismo
O Hard Power, o Soft Power e o Smart Power
Os Novos Temas da Agenda
A Interdependência Assimétrica e Simétrica
A Transnacionalização
A Governança Global
Os Regimes
A Supranacionalidade

3.5. A GLOBALIZAÇÃO

Em 1989, o fim da Guerra Fria tornou ainda mais aparentes e acelerados os fenômenos relativos à interdependência e à transnacionalização, massificando as hipóteses de que o sistema internacional estava caminhando para uma nova era. Tal nova era, de acordo com Hay (2014, p. 289–290), estaria sustentada em alguns princípios relacionados ao papel do Estado, às dinâmicas de relacionamento entre os atores não estatais e estatais, aos temas relevantes da política mundial e às arenas para debate e formulação de políticas relativas a esses temas. Também não foram poucos os que consideraram que o incremento dos projetos de integração e do multilateralismo seriam favoráveis à globalização (que, como visto em 3.3, é objeto de debate).

Em linhas gerais, o que se observava no sistema internacional era a redução do peso da soberania territorial na arena global, devido à crescente incapacidade dos Estados de controlarem os fluxos que atravessam suas fronteiras. Esta incapacidade não seria derivada de uma "falha" em si dos Estados, mas surgiria como produto de um mundo mais complexo, no qual existe a proliferação de questões políticas, sociais e econômicas de caráter compartilhado as quais merecem a atenção dos Estados, como, por exemplo, o meio ambiente e direitos humanos. Para lidar com esta ampliação da agenda, arenas transnacionais de governança se tornam cada vez mais necessárias e comuns, revelando um sistema de múltiplas negociações e atores relevantes nas relações internacionais, estatais e não estatais. A mobilidade de pessoas e capitais coloca em xeque formas tradicionais de fazer e pensar a política.

Portanto, estariam sendo colocadas em prática, e comprovadas, as hipóteses desenvolvidas desde os anos 1970 sobre a quebra das fronteiras, e a globalização se ampliaria além das esferas econômicas para atingir, universalmente, todos os setores sociais. Sintetizando essas visões, hipóteses como as do "Fim da História", de Francis Fukuyama (1989), seriam representativas de um mundo sem conflitos, orientado em torno dos preceitos liberais políticos, sociais e econômicos associados à democracia, no qual prevaleceria a cooperação e o compartilhamento de valores comuns. Esta universalização permitiria uma maior integração cultural entre os povos, eliminando tendências de exclusão, xenofobia e racismo[11].

Estas avaliações, para a corrente liberal, apenas reforçariam a imagem de uma evolução das sociedades humanas, em direção à paz e à democracia, apresentando uma visão bastante otimista do que seria este mundo interligado e interdependente. Em linhas gerais, estaria se chegando ao auge de um processo de disseminação de uma sociedade internacional única, na qual todos prosperariam. Acríticas, estas perspectivas deixavam de analisar as assimetrias que pareciam prevalecer neste cenário globalizado pós-Estados e ignoravam que a globalização era, mesmo para os liberais, um processo de longo prazo e complexo.

Neste processo, o papel da economia capitalista, e da transação de produtos e capitais, demonstra-se essencial na geração de interdependência, e na emergência de um mundo que, segundo a teoria, deveria ser mais próspero. Esta prosperidade e a avaliação de que estas formas de produção e relação social demonstram-se mais relevantes e profícuas para a humanidade culminariam em uma realidade focada, como indicado, em temas e relações de interdependência e transnacionalização. Segundo essa interpretação, as sociedades menos desenvolvidas serão naturalmente integradas a esses processos, o que promoverá a elevação de seus padrões de vida e modernização.

Desde os anos 1980, este capitalismo assumiu uma forma específica, a neoliberal (que não deve ser confundida com a Teoria Neoliberal das Relações Internacionais), baseado em pilares para favorecer e aprofundar mais esses processos, em um movimento de reforço mútuo. Segundo a agenda econômica neoliberal, sintetizada no Consenso de Washington, o Estado deve intervir o menos possível na economia e na sociedade (Estado mínimo), sendo apenas um agente regulador e não protetor. A maximização de oportunidades e conquistas deriva da ação da sociedade e de suas forças econômicas, e não emerge da arena estatal. A prosperidade e a unidade de valores e princípios democráticos e de

[11] Mesmo nas sociedades que criaram e defendem esta agenda liberal de forma mais aberta, como a estadunidense e a europeia ocidental, estas tendências não têm se confirmado. O que se observa é justamente o oposto, principalmente de linhas políticas mais conservadoras: uma resistência à abertura de fronteiras que estaria levando a uma suposta perda de identidade, ao aumento dos movimentos radicais anti-imigrantes e à elevação dos nacionalismos.

crescimento individual deriva das dimensões não estatais, disseminando-se além das fronteiras.

De acordo com Weber,

> As representações neoliberais da globalização são baseadas em argumentos clássicos do neoliberalismo, que percebem os processos econômicos internacionais como esferas harmoniosas, nos quais processos como trocas comerciais facilitam a distribuição da riqueza e a melhoria da qualidade de vida de todos que participam do sistema. E serão alcançados não somente benefícios econômicos, mas também benefícios políticos, primeiramente pela disseminação das instituições liberais democráticas, nas quais a liberdade e a justiça são garantidas, pois o poder político está nas mãos do povo. É por isso que os liberais clássicos acreditam que os processos econômicos devem dirigir os processos políticos. Em uma era de "globalização", os princípios clássicos liberais se tornaram representações neoliberais da globalização, na qual três processos ocorrem simultaneamente e para o bem da humanidade — liberalização econômica (como o livre comércio), democratização política (poder ao povo) e universalização cultural (...). Para os neoliberais, "globalização" significa a disseminação benevolente de processos econômicos, políticos e culturais liberais, instituições e práticas por todo o mundo (WEBER, 2010, p. 108–109).

Entretanto, Weber (2010) indica que esta é apenas uma interpretação possível sobre a globalização, e que existe uma dimensão crítica associada ao materialismo histórico que não pode ser esquecida. O trabalho de Hirst e Thompson (2002) aborda a globalização como um fenômeno histórico e de longa duração, que vai além do discurso da interdependência. Portanto, não se trata de uma agenda nova e sim uma consolidação de processos econômicos e políticos que se inicia ainda nos séculos XVII e XVIII. E, a partir dessa evolução, emergem agendas como as do neoliberalismo e da exclusão social dos que não se enquadram nestes sistemas de governança política e econômica.

Como aponta Wallerstein (2002), a globalização corresponde a uma tríade de revoluções: a econômica, a tecnológica, a social-cultural-política. Esta tríade revela uma transformação estrutural no sistema internacional que tem acentuado ainda mais as assimetrias entre as sociedades, expondo as contradições do sistema capitalista mundial. A Economia Política Internacional, abordada no Capítulo 5, igualmente expõe estas dinâmicas da relação Estado–Economia.

Assim, falar em globalização envolve muito mais do que esta avaliação otimista pretendida pelos liberais, demandando sua compreensão como um processo histórico de longo prazo (ver Capítulos 4 e 5). Avaliação otimista esta, porém, que não se resume à globalização, mas também a outras dinâmicas dela derivadas, como as percepções pluralistas e cosmopolitas da política, associando o interno ao externo.

Quadro 14: Globalização

Fenômeno Múltiplo e Acelerado
Política, Sociedade, Cultura, Estratégia
Interdependência e Transnacionalização
Cooperação e Integração
Complementar e Excludente
Pretensão de Universalização x Resistência
"Aldeia Global" x "Fragmentação"
Soberania x Supranacionalidade
O Fim das Fronteiras (e/ou Fim do Estado)
Governança sem Governo

3.6. O PLURALISMO E O COSMOPOLITISMO

Por princípio, todas as abordagens que se associam ao liberalismo são pluralistas em seus fundamentos e cosmopolitas, pois pressupõem a interação sistemática de diversos atores sociais no campo internacional, e uma visão abrangente de princípios e valores. Outra asserção que daqui deriva é a percepção de que os Estados e sociedades organizam-se em regimes democráticos. Desta forma, pode parecer estranho dedicar um item do capítulo a este recorte específico que surgiria como pressuposto de todas as abordagens trabalhadas neste capítulo. Entretanto, este recorte é necessário, à medida que as vertentes liberais evoluíram em suas reflexões, tornando mais complexos o estudo de algumas interações destes atores sociais, seus princípios e valores.

Tal evolução é produto do amadurecimento de alguns projetos associados a esta vertente teórica, como os de regionalização (e do multilateralismo em geral), da governança e da globalização. Em termos externos, essas dinâmicas têm permitido uma ampliação dos laços entre as sociedades, eliminando fronteiras, o que detém impacto sobre a política doméstica dos Estados e seus cidadãos e as maneiras como esses cidadãos se relacionam em nível global. Também se tornou mais aparente a necessidade de pensar as sociedades interpenetradas pelos fluxos externos como agentes do processo, seja por meio da elevação de sua participação nesses fluxos, como pela necessidade de que essas sociedades têm de os compreender e a eles responder em nível estatal e não estatal.

Para autores como Schieder (2014), este processo de ampliação de agenda engloba temas relativos à associação entre as políticas interna e externa (como a pauta doméstica afeta a política global e vice-versa), como as sociedades domésticas podem participar mais diretamente da política internacional, e os processos de democratização, transparência e *accountability* presentes nas relações internacionais. Além disso, estas perspectivas consideram, assim como as hipóteses da globalização, a possibilidade de desaparecimento das fronteiras pela transnacionalização e a emergência de um cenário cada vez mais universal e cosmopolita.

A ação do Estado é produto das estruturas e interesses sociais, e é impactada por fenômenos internos e externos, colocando em xeque o pressuposto realista de que é um ator unitário que age por cálculos racionais e egoístas. Ou seja, aquilo que Waltz considera como segunda imagem, a constituição doméstica dos Estados (ver Capítulo 2), mas que em sua perspectiva não é o elemento central desta ação, é, por oposição, o foco dessas reflexões.

Schieder (2014) ainda complementa que esta pauta de preocupação pode ser denominada tanto de renascimento do liberalismo ou de "novo liberalismo". Analistas como Hellen Milner (1996), cujos estudos sobre a internacionalização da política doméstica, e a interação entre fatores internos e externos nos processos de formulação de política e tomada de decisão, se incluem neste conjunto de pensadores apontados pelo autor. Milner aborda de forma clara esta inter-relação e demonstra que todas as sociedades encontram-se influenciadas por este processo de internacionalização e a ele respondem, e são afetadas de diferentes formas[12]. Adicionalmente, a autora avalia o papel das instituições e dos fluxos transnacionais nestas dinâmicas.

Outros autores que igualmente podem ser mencionados são Robert Putnam (1988), devido a sua teoria do "Jogo dos Dois Níveis". Segundo essa teoria, para que possam ser compreendidas as escolhas dos Estados em política externa, é preciso que se observem analiticamente dois níveis: o do Estado, como é tradicional, e o dos atores sociais. Os atores sociais podem ser de natureza diversa como grupos de interesse, indivíduos, comunidades epistêmicas, e suas preferências afetam as decisões dos Estados.

Ressalte-se que a questão se refere a Estados democráticos, como já indicado, e que esses Estados devem responder às demandas de seus cidadãos e prestar contas a eles, respeitando suas preferências. Pode-se indicar que não necessariamente as preferências dos atores domésticos serão favoráveis, por exemplo, à internacionalização dos Estados, mas deverão ser por eles respeitadas quando da formulação de política e decisão. Um dos casos que podem ser mencionados como exemplo deste dilema são as negociações comerciais, uma vez que propostas de abertura de fronteiras e proteção a mercados são temas que afetam diretamente grupos de interesse internos.

[12] Outros autores que podem ser listados são Thomas Risse-Kappen e Bruce Russett. Como em outros capítulos, porém, somente serão abordados alguns nomes desta corrente e reflexões como Milner, Putnam, Moravcsik e Held.

No que se refere ao estudo das relações Estado–sociedade, associadas a processos de integração como o da União Europeia, um dos autores que tem sido considerado referência é Andrew Moravcsik em obras como *The Choice for Europe: Social Purpose and State Power from Messina to Maastricht* (1998). Nesta obra, o autor desenvolve o que Schieder define como "intergovernamentalismo liberal", para que o bloco europeu funcione de forma mais aberta e democrática, aprofundando a relação entre as agendas da integração e a sociedade.

Moravcsik analisa a relação entre as preferências do Estado e dos indivíduos, ressaltando que o processo decisório deve favorecer procedimentos democráticos e transparentes. Nestes procedimentos, a participação dos indivíduos é essencial, ressaltando que as dinâmicas devem ser negociadas e apresentadas de baixo para cima, e não impostas. A imposição de decisões, a ausência de canais satisfatórios de participação popular e a distância entre as estruturas de poder e os cidadãos geram o deficit democrático e a ausência de valorização das decisões e processos a elas associados pelas sociedades.

O deficit democrático refere-se ao debate sobre a ausência de mecanismos que permitam às sociedades participar do processo de formulação de política e tomada de decisões em questões de política internacional em seus Estados. A emergência desta preocupação ocorre na década de 1970, na então Comunidade Econômica Europeia, quando passou a se observar um descolamento entre as decisões do bloco e dos Estados das preferências dos cidadãos.

Segundo a teoria da integração (ver 3.3), para que um arranjo cooperativo possa ter sucesso, no médio e no longo prazos, essas preferências sociais precisam estar alinhadas às das elites e dos governos, caso contrário o processo pode sofrer retrocessos e não caminhar para o aprofundamento. No caso da CEE, depois União Europeia, a criação do Parlamento Europeu, de novos procedimentos institucionais que facilitem às sociedades a apresentação de demandas ao bloco e a realização de plebiscitos sobre temas relevantes da integração foram algumas respostas a essas críticas. Entretanto, o problema permanece tanto em nível regional, na União Europeia e em demais blocos (como o MERCOSUL), como em escala global. Assim, é neste referencial que se insere o trabalho de Moravcsik.

Moravcsik considera essencial o estudo da relação entre Estado e indivíduos na formação de preferências. Esta correlação sustenta-se, a partir do trabalho do autor, em três pressupostos: primeiro, os atores sociais (a sociedade) possuem precedência sobre o Estado; segundo, a formação das preferências do Estado relaciona-se às representações existentes dentro das sociedades; terceiro, as preferências dos Estados orientam seu comportamento internacional, englobando uma significativa variedade de temas interdependentes (*policy interdependence* é o conceito aplicado pelo autor).

Tendo como base esses pressupostos, o Estado é apresentado como produto das forças sociais, orientando sua política interna e externa a partir deles. Na visão de Moravcsik, a interação entre os grupos sociais ocorre tanto em nível local quanto global, e é partir dessas interações político-sociais que se estabelecem as preferências dos atores. Tais interações são, por natureza, competitivas, à medida que não necessariamente os grupos e indivíduos nelas envolvidos possuem necessidades ou interesses convergentes. O conjunto de preferências que prevalece resulta desta interação competitiva e definirá o comportamento dos Estados. É preciso lembrar que este é um conjunto que abrange diversas arenas e temas interdependentes. Por fim, essa interdependência de questões, e possíveis convergências e divergências entre os Estados, definirá o potencial de cooperação ou conflito entre os agentes deste cenário global que, igualmente, é caracterizado pela interdependência e transnacionalização.

A preocupação com esses procedimentos não reside apenas para o bloco europeu na visão do autor e se estende à agenda da governança global e do multilateralismo. Assim como há uma preocupação com o deficit democrático interno e de arranjos de integração regional, também existe uma reflexão crítica a respeito dos mecanismos institucionais globais. Esta reflexão aplica-se a duas dimensões: como que esses mecanismos institucionais globais respondem às demandas trazidas pelos Estados em suas preferências e como esses mecanismos interagem entre si, estabelecendo uma dinâmica de interação institucional.

Independentemente dos níveis nos quais interagem, Estados, sociedades e instituições internacionais compartilham dificuldades para a construção de preferências e tomadas de decisões, que nascem de jogos político-sociais em setores diversos como indicados. A resposta para essas questões de governança, transparência e *accountability* reside na consolidação dos procedimentos democráticos a elas associados e à percepção de que existe uma multiplicidade de fatores associados a esses três pilares. Tal multiplicidade consiste em um desafio em aberto das teorias de origem liberal e que é foco das reflexões de David Held (2005), autor que avança nestas discussões, assim como representa a visão cosmopolita das Relações Internacionais.

As análises de David Held relacionam-se a pensar a correlação entre o avanço das instituições internacionais, a governança e os temas globais e a participação democrática das sociedades no gerenciamento e verificação das decisões e dos procedimentos associados a estas instituições. A forma como a sociedade participa dos processos de governança é essencial para que os problemas comuns da humanidade possam ser conhecidos e administrados de acordo com o interesse público, fornecendo a esses instrumentos de gestão legitimidade para agir em nome das populações em escala global.

É preciso deixar claro que, para o autor, o significado de sociedades e/ou populações escapa às fronteiras estatais, devido à natureza desses problemas comuns, que são exemplificados por questões como meio ambiente, direitos humanos e comércio. O Estado é ainda percebido como relevante, mas não como um ator unitário racional, que, isolado, toma decisões. Pelo contrário, é uma unidade política sustentada por interações sociais e institucionais em seu interior, e, em seu exterior, uma unidade envolta e participante de diversas redes de governança.

Held considera que esses problemas referem-se a temas globalizados e esta ampliação da agenda é produto da crescente transnacionalização e interdependência dos fenômenos e que, portanto, devem ser avaliados e geridos por meio de uma nova estrutura que não seja o Estado, substituindo-o ou complementando-o[13]. Isso gera uma nova dinâmica de demandas por *accountability* e transparência, impondo desafios também para as formas de exercício democrático da participação.

Os atores desses processos, ou seja, as populações e/ou sociedades, encontram-se organizados em grupos diversos como as empresas, agências reguladoras

---

[13] Zurn (2005) apresenta o termo "desnacionalização societal" para se referir a este processo de crescimento das redes transnacionais e globalizadas que trazem problemas comuns às sociedades e interpenetram as fronteiras dos Estados e são compartilhadas por diversos povos.

globais, as organizações não governamentais, organizações societárias transnacionais em geral (redes de defesa, partidos e sindicatos, dentre outros). A questão é como inovar em mecanismos de ação social, reduzindo o deficit democrático nestas redes globais (o termo original é *global issues networks — GIN*).

De acordo com Held (2005, p. 41), "a ideia de política global coloca em questão as demarcações tradicionais entre o doméstico e o estrangeiro e entre o territorial e o não territorial, encontradas nas concepções modernas de 'política'." Associado a este processo, o autor sustenta que o sistema internacional encontra-se em curso de reconfiguração política. Para dar conta dessa agenda, e dos desafios a ela associados de como inter-relacionar os modelos tradicionais e os novos, Held sugere sejam implementadas mudanças nos processos de formulação de políticas e tomada de decisão para que sejam, como citado acima, mais democráticos.

Dentre esses procedimentos, sugere-se a sobreposição de ações dos tomadores de decisão e dos *stakeholders*, permitindo seu trabalho conjunto, encontrar formas mais efetivas de gestão dos bens públicos globais e estabelecer interações pró-ativas além fronteiras entre os atores sociais. Nestes processos, o autor defende o aprofundamento dos princípios de inclusão e subsidiaridade, a partir dos quais serão estabelecidos processos simultâneos de centralização e descentralização de poder, elevando a participação dos envolvidos. A subsidiaridade pressupõe que as decisões, mesmo em arranjos supranacionais, devam ser tomadas em nível local, atendendo às necessidades de uma determinada sociedade. A partir desta dimensão local, as demandas dos cidadãos chegam às estruturas de governança interna e externa e devem ser ouvidas, pois foram desenvolvidas por um processo legítimo de discussão e participação popular.

Quanto maior for a influência desses envolvidos nessas dimensões, mais legítimo e efetivo será o resultado em termos de agenda política. Para o autor, esta conjugação de esforços permite que se atinja, nas relações internacionais, um "multilateralismo cosmopolita robusto" (HELD, 2005, p. 258), que dê conta de "comunidades sobrepostas de destino" (HELD, 2005, p. 258). Mas, afinal, o que é cosmopolitismo? Como se constrói este cenário? Do que ele depende? Aqui se pode fazer uso das palavras do autor para ilustrar esta dinâmica,

> (...) o cosmopolitismo pode ser entendido como a visão moral e política que é construída a partir das forças da ordem multilateral pós-1945, particularmente seu compromisso com padrões universais e valores democráticos, e que busca especificar os princípios sobre os quais se pode agir. Estes são princípios que podem ser universalmente compartilhados e podem formar a base da proteção e do cuidado do interesse igualitário de cada pessoa (...). (HELD, 2005, p. 265)

Além disso,

> A possibilidade de uma política cosmopolita precisa estar ligada à expansão de estruturas de estados e agências, submetidos à regra da lei, a princípios democráticos e direitos humanos (...) Inicialmente a possibilidade de uma política cosmopolita pode ser melhorada se o sistema das Nações Unidas realmente cumprisse seus princípios. Entre outras coisas, isso significaria implementar os elementos-chave das convenções de direito e reforçar a proibição do uso de força (...) Portanto, uma política cosmopolita precisa estabelecer uma rede abrangente de fóruns democráticos públicos, cobrindo cidades, Estados-nações, regiões e uma mais ampla ordem transnacional. (HELD, 2005, p. 259)

Parte essencial desta política cosmopolita, porém, não depende exclusivamente de processos institucionais já existentes, mas demanda também a criação de novos mecanismos multilaterais e da ampliação do sentido identitário de cidadania global e em múltiplos níveis. Assim como existem múltiplos níveis de política, e ela se torna multidimensional em conteúdo e prática, é necessário que existam cidadãos que compartilhem esta percepção e defendam as ações a ela associadas. Neste sentido, às sociedades e a seus cidadãos, não basta só defender na retórica a premissa do global, mas sim agir diretamente para que isso se solidifique como parte de uma perspectiva global ideológica, na qual todos se sintam parte da mesma comunidade de interesses e valores.

Com isso, as visões nacionais e egoístas são suplantadas por sentimentos de pertencimento ao global, e em defesa das coletividades humanas. O que prevalece, portanto, é o sentimento de pertencimento a uma comunidade política global, que nasce de relações profícuas, regradas pela lei e sustentadas em valores universais de comunidades políticas individuais. Como se percebe, questões morais e valorativas, e o pressuposto de que existe uma universalização de regras e princípios, similar ao pensamento kantiano e wilsoniano, sustentam as reflexões cosmopolitas, supondo, como indicado, a existência desta "comunidade de destino".

Este cenário de governança global revela-se, portanto, bastante inovador e transformador para o exercício da política internacional, e para a participação dos cidadãos em sua construção. Portanto, a soberania conforme pensada em Vestfália, tendência já apontada por outros autores que compartilham essas percepções liberais, encontra-se em declínio. Um dos conceitos que podem ser aqui somados à reflexão de Held neste campo é o de Anne-Marie Slaughter (2005) de "soberania desagregada".

Assim como Held, Slaughter aponta a proliferação de atores transnacionais e temas na política internacional, que demanda a formação de redes globais de governança para a regulagem e resolução dessas questões. O foco da preocupação da autora são as crescentes ameaças à ordem internacional, como o terrorismo internacional, lavagem de dinheiro e crimes globais, e fenômenos associados que têm escapado às regras das instituições internacionais e não podem ser combatidos pelo Estado individualmente ou por meios conhecidos.

Para dar conta desses desafios, indica-se a existência de um processo de dispersão da soberania do Estado e de fragmentação de suas instituições que precisam dar conta de desafios internos e externos e que devem estar inseridas em "redes governamentais" colaborativas e cooperativas. A "soberania desagregada" é, portanto, definida como "uma soberania positiva, a capacidade de pertencer a regimes internacionais regulatórios de vários tipos, em vez do direito negativo de estar sozinho. O direito a exercer este tipo de soberania, porém, traz como obrigação o cumprimento (...) da lei internacional." (SLAUGHTER, 2005, p. 40)

Alguns dos problemas envolvidos neste processo referem-se a como legitimar internamente que os Estados e suas sociedades sustentem este compromisso diante das leis e, em contrapartida, o respeito, pelas "redes governamentais" dos princípios de *accountability* e transparência diante dessas sociedades internas. Ou seja, é preciso que haja uma correspondência mútua de confiabilidade e participação democrática que envolva os níveis nacionais e internacionais. Para que as sociedades nacionais e transnacionais convivam (e, na prática, são sociedades que se sobrepõem, e se pressupõe que em médio e longo prazos as sociedades nacionais deixem de existir) é preciso que sejam estabelecidas fundações diferenciadas de normas e procedimentos para permitir o funcionamento dessas novas redes governamentais.

As fundações citadas por Slaughter como essenciais são: a existência da igualdade de deliberação global, que permita a todos os povos e culturas se manifestarem, de forma democrática e abrangente; o respeito às diferenças legítimas entre os povos na aplicação das normas e procedimentos, equilibrando os princípios da universalização e da especificidade das sociedades; compromisso positivo, que indica ser necessário que os Estados e atores não estatais estabeleçam relações de cortesia entre si (i.e. de respeitabilidade mútua); pesos e contrapesos, mecanismo de interações que mantém o equilíbrio entre as partes, similar às dinâmicas de contenção e autorrestrição mútua que prevalece entre agentes internos; e, por fim, a subsidiariedade, conceito já abordado por Held, que se baseia na participação política descentralizada em nível local e a permeabilidade do sistema político nacional e transnacional a essas demandas.

Para Slaughter, o conceito de "soberania desagregada" fortalece o Estado, e não o enfraquece, pois permite que o mesmo preserve parte de sua soberania ao atuar no sistema internacional ao abrir as portas para a cooperação e mecanismos transnacionais de gerir questões globais. Segundo a autora,

> Em um mundo no qual a soberania significa a capacidade de participar em regimes cooperativos que se relacionam ao interesse coletivo de todos os Estados, a expansão da capacidade formal de diferentes instituições estatais de interagir com suas contrapartes por todo o mundo significa expandir o poder do Estado. (SLAUGHTER, 2005, p. 65).

Trata-se, portanto, de uma premissa de que os Estados podem sobreviver na governança global, mas que precisam interagir cada vez mais com seus pares. No geral, Slaughter compartilha com as tradições liberais a percepção de que o sistema internacional pode ser regido de forma pacífica, baseado na cooperação, e no qual os atores não estatais e os fenômenos transnacionais ampliam-se de forma significativa. Mesmo questões de risco como o terrorismo e crime internacional podem ser administradas de forma equilibrada e concertada, preservando valores que são universais a toda a humanidade.

O que o pluralismo e o cosmopolitismo nos indicam são caminhos similares às demais correntes associadas às tradições liberais, e que partem do princípio de que o Estado e a guerra não são os únicos componentes das relações internacionais. Muito pelo contrário, o objetivo das visões liberais é ir além desses conceitos, inserindo novas formas de regulação e interação entre as sociedades, que escapam a estas fronteiras e à lógica do conflito. Termos como cooperação, multilateralismo, supranacionalidade, universalização, interdependência, transnacionalização e paz são apenas alguns que podem ser associados a esta corrente, que tem estabelecido um diálogo constante com o realismo, por ora complementar, por ora de oposição.

De certa maneira, são duas tradições que representam faces diferentes de uma mesma moeda, apresentando elementos de convergência e divergência em suas análises sobre o Estado, as sociedades e as relações internacionais. Tais tradições, porém, foram contestadas abertamente por outras visões teóricas neste campo de estudo, assim como de áreas correlatas das ciências humanas como a sociologia e a ciência política, dentre as quais se destacam as teorias marxistas e as abordagens contemporâneas das relações internacionais, objeto de estudo dos Capítulos 4 e 5.

Quadro 15: O Pluralismo e o Cosmopolitismo

Agenda Internacional e Doméstica = Sobreposição e Internacionalização
Deficit Democrático = Integração e Globalização
Participação e Accountability Social
Redes de Participação Global
Questões de Redes Globais (GIN)
Comunidades Comuns/Universais de Destino
Criação Identidade Global
Direito Internacional
Soberania Desagregada

Questões de Estudo

1. Avalie a importância do pensamento de Immanuel Kant e Woodrow Wilson para o Liberalismo. Associe estas percepções ao pluralismo e cosmopolitismo.
2. Compare as tendências da globalização e da integração, avaliando como elas interferem na governança.
3. Desenvolva os conceitos de interdependência e transnacionalização, comparando-os.

Dinâmicas de Debate: Documentários e Filmes

1. No filme "Treze Dias que Abalaram o Mundo" (2000), mostra-se o choque entre as percepções dos Estados e as negociações multilaterais nas organizações internacionais governamentais. Estabeleça um debate a partir do filme, simulando as principais tensões associadas a este choque.
2. No documentário "O Homem que Queria Salvar o Mundo" (2012), a trajetória de Sergio Vieira de Mello e seus esforços por questões humanitárias no âmbito do multilateralismo são abordados. Debata a importância destas ações para a paz internacional.
3. Estabeleça uma roda de debate entre os alunos para discutir, a partir dos filmes, "Persépolis"(2007) ou a importância dos conceitos neoliberais nas relações internacionais contemporâneas.

Capítulo 4

AS TEORIAS MARXISTAS

Para as Relações Internacionais, o Marxismo é uma corrente que possui uma agenda de pesquisa rica e densa, que traz à reflexão as contradições do sistema contemporâneo, com propostas de ação e mudança. Para compreender esta agenda de pesquisa, serão trabalhados: 4.1 O Marxismo: A Visão do Materialismo Histórico, 4.2 O Imperialismo, 4.3 O Sistema Mundo e a Teoria da Dependência e 4.4 A Teoria Crítica.

TEORIAS SÃO PRODUTOS DE SEU TEMPO e as interpretações marxistas não poderiam ser diferentes. A expansão da industrialização, a consolidação da burguesia e o surgimento de um novo ator social, o proletariado, são fenômenos que se encontram ligados ao nascimento deste pensamento com os trabalhos de Karl Marx (1818–1883) e Friedrich Engels (1820–1895) no século XIX.

Em obras de Marx como *O Capital*, *O 18 Brumário de Luís Bonaparte*, *A Ideologia Alemã* e o *Manifesto Comunista*, escrito por Marx e Engels, foram estabelecidos os pilares deste pensamento conhecido como Materialismo Histórico. Por conta de suas características críticas ao sistema capitalista, visando a consolidação de uma teoria para a ação, traduzida no fenômeno da Revolução, essas reflexões são associadas às correntes da esquerda.

Na passagem do século XIX ao XX, o imperialismo das potências europeias, a emergência dos Estados Unidos como maior potência econômica global mesmo antes da Primeira Guerra Mundial, o desafio alemão, a Revolução Russa (1917), a ascensão dos fascismos, a Guerra Fria (1947–1989) e a Queda do Muro de Berlim tanto abriram quanto fecharam portas a este pensamento. No que se refere a abrir caminhos, o marxismo oferece uma visão diferente das perspectivas realistas e liberais dominantes, somando às dinâmicas econômicas as sociais e políticas. Na realidade, o marxismo estabelecerá a dimensão econômica como determinante de todas as demais e fator explicativo do porquê o mundo se organiza em torno de determinadas potências.

Por outro lado, será este mesmo recorte e as conclusões dele derivadas sobre o predomínio da economia sobre todos os setores da vida, a inevitabilidade de revolução, a divisão do mundo entre burgueses e proletários, que trará problemas ao marxismo. Além disso, sua associação com regimes autoritários como os da ex-União Soviética e a disputa desta nação com os Estados Unidos também contribuíram, como indica Halliday (1999) para uma razoável marginalização desse pensamento. Segundo este autor (1999, p. 61), "durante o último século, o destino do marxismo nas ciências sociais tem sido profundamente incerto e em alguns aspectos a ambivalência se acentuou por causa do colapso dos movimentos e regimes comunistas desde o final dos anos 1980."

Assim, cabe conhecer as interpretações marxistas da realidade, começando pelas principais características do materialismo histórico, passando pelo imperialismo e a teoria da dependência, até chegar ao sistema mundo e à teoria crítica.

Quadro 16: A Linha Histórica do Marxismo

Século XIX	1917	1950–1960	1970	1989 em diante
Karl Marx e Friedrich Engels	Lenin, a Revolução Russa e a Teoria do Imperialismo Trotsky Rosa de Luxemburgo	O Terceiro Mundo A Teoria da Dependência O Sistema Mundo A Globalização		A Queda do Muro de Berlim Crise Socialismo Real Um Outro Mundo Possível A Crítica da Globalização e do Neoliberalismo Econômico O Materialismo Histórico Contemporâneo

4.1. O MARXISMO: A VISÃO DO MATERIALISMO HISTÓRICO

A ascensão da burguesia nos séculos XVII a XVIII e sua consolidação como classe dominante a partir dos processos associados à Revolução Industrial dos anos 1800 encontram-se na raiz do desenvolvimento do pensamento marxista. Assim como o realismo e o liberalismo relacionam-se aos fenômenos político-sociais que levam a esta realidade, o marxismo deriva seu pensamento da necessidade de compreender o que esta classe social representa no contexto da industrialização.

Esta compreensão deriva das contradições que cresciam naquele momento entre esta burguesia e a nova classe social nascente, o proletariado, as crescentes desigualdades sociais e a elevação do conflito internacional pela conquista de mais espaços territoriais. Com isso, o trabalho de Marx individualmente, e suas obras conjuntas com Engels, visam entender por que a sociedade desenha-se desta forma, e como superar o que parece ser uma enorme disparidade de meios e recursos entre burgueses e proletários e entre países industrializados e os não industrializados.

Em termos teóricos, Marx explica que o século XIX é produto de um processo de evolução de fatores econômicos, que resulta em determinadas ordens sociais e políticas, nas quais uma classe social sobrepõe-se a outra. Esta sobreposição deriva de uma questão básica no pensamento marxista: a posse e o controle dos meios de produção econômica daquela sociedade. A partir do século XIX, a burguesia se sobreporá ao proletariado e se tornará a classe dominante. Este domínio predominará até que eventualmente ocorra a superação da própria burguesia.

Não cabe aqui relembrar toda a trajetória da evolução destes meios de produção e a consolidação do capitalismo, trazida por Marx e exposta em obras como os quatro volumes de *O Capital*, mas relembrar que há uma evolução histórica contínua desses meios de produção. A burguesia é produto dessa evolução com a superação do modo de vida feudal e agrário para a subsistência, e sua substituição pelo trabalho individual, urbano e que visa o lucro. Para sustentar esta agenda econômica, o processo de construção do Estado moderno e dos direitos liberais é essencial, sendo o foco do realismo político e do liberalismo abordados anteriormente. Neste sentido, o trabalho de Marx e Engels foi influenciado por essas correntes dominantes (as quais viriam a confrontar) e pelos primeiros pensadores do Socialismo Utópico como Saint-Simon, além das bases filosóficas de Hegel.

O Estado Moderno como ator político é percebido como o canal pelo qual esta burguesia exerce sua dominação por meio de mecanismos legais e de uso da violência. Mas, na prática, ele é apenas uma representação: a representação do interesse burguês na dominação. Internacionalmente, as fronteiras, tão valiosas para realistas e liberais em suas origens, são inexistentes e superadas pela força transnacional das classes. Halliday avalia que esta percepção marxista, no fundo, é uma das primeiras associadas à globalização. Esta associação deriva da suposição de que todos fazem parte de um mesmo mundo único, o capitalista, e que a identidade deriva, apenas, do lugar que ocupam no mundo único como burgueses ou proletários, países industrializados ou não industrializados.

De acordo com Rupert (2013), Marx reconhece que, em suas origens, primeiro a burguesia foi fonte de libertação social antes de se tornar dominante, e que a transformação ocorre como parte de um movimento contínuo de mudança que atinge todas as comunidades humanas. Estas são sempre mudanças revolucionárias que nascem a partir da história existente e a superam. Segundo este autor, o pensamento marxista destaca que as sociedades são, por natureza, produtos históricos e sociais resultantes de um processo dialético: ou seja, um processo de contradições entre as formas sociais existentes que nasce de sua interação dentro de uma estrutura social.

Portanto, o surgimento da burguesia foi um processo dialético, no qual sua emergência confrontou o modo de produção existente e a base social e política na qual ele residia. Com isso, emerge esta nova sociedade. Assim, a criação de fábricas, a partir da industrialização, e a concentração da tecnologia e mão de obra nestes espaços para a produção, a partir da Revolução Industrial, solidifica essa burguesia. Além disso, concentra os meios de produção em poucas mãos, legando a massa de trabalhadores que não se tornou proprietária a um único meio de sobrevivência: a venda de sua força de trabalho, por um salário, que lhe será pago pelo detentor dos meios de produção. Porém, um salário que não corresponde a todo o esforço empreendido por este trabalhador e que mal cobre sua subsistência.

Como resultado desta disparidade entre o que se paga pelo trabalho e o que vale o trabalho agregado àquele produto realmente encontra-se o lucro (*mais valia*). Ou seja, o trabalhador sempre ganhará menos do que efetivamente merece para que se mantenha o lucro da fábrica. Esta realidade, por sua vez, iniciará um novo processo dialético, que levará à superação desta situação de exploração e desigualdade. Isto ocorrerá, porém, no médio e no longo prazos.

De acordo com Marx, esta contradição básica entre o que o proletário produz e o que ele recebe dificilmente é percebida pelo proletário naquele momento. O mesmo se encontra preocupado com sua sobrevivência, o que facilita sua alienação (desconhecimento e descolamento) de sua condição real de subordinação. Rupert (2013) sustenta que para o Marx este é um processo de despolitização social, que tem como objetivo desprover as pessoas de seu poder de ação, favorecendo a dominação.

Entretanto, esta situação não é definitiva, e será superada a partir de um processo de conscientização que se produz a partir dos desequilíbrios e desigualdades existentes. Tal superação ocorre por meio da Revolução, na qual a classe social proletária se unirá contra a burguesia, levando à contestação definitiva do sistema capitalista. Com isso, um novo sistema econômico baseado na solidariedade emergirá, levando a uma sociedade socialista. O desaparecimento de todas as formas de dominação após esse processo produzirá o comunismo, no qual todos viverão em situação de igualdade.

Portanto, o Estado como forma de dominação burguesa, produto desta força social, igualmente desaparecerá. E o proletariado, por sua origem e experiência histórica, não se tornará dominante, ou estabelecerá novas classes: seria um quase ponto final nesta trajetória. Em 1848, a "Primavera dos Povos", conjunto de levantes populares na Europa Ocidental e, em 1870, a "Comuna de Paris" pareciam validar estas previsões de que o Estado e a classe dominante burguesa seriam superados.

Este processo, na visão marxista, e isso é particularmente claro no "Manifesto Comunista", ocorre em escala global, desencadeado pela insatisfação do proletário com sua condição subordinada e de injustiça. Não há identidade nacional nesta visão clássica, o Estado é apenas uma representação político-social a serviço da burguesia que impede o proletário de ter uma vida digna e justa. As fronteiras são artificiais, pois se pressupõe uma homogeneidade entre todas as pessoas que são parte da burguesia e, por conseguinte, entre todas as pessoas que são parte do proletariado. Os fenômenos são abrangentes e afetam a todos. Segundo o Manifesto, em um de seus trechos mais conhecidos,

> UM ESPECTRO RONDA A EUROPA — o espectro do comunismo. Todas as potências da velha Europa uniram-se (...) para o exorcizar: (...) A sociedade global divide-se cada vez mais em dois campos hostis, em duas grandes classes que se defrontam — a burguesia e o proletariado. (MARX e ENGELS, 1848, s/p)

Este choque entre burguesia e proletariado, por sua vez, deriva da natureza da burguesia em manter e expandir seu poder:

> A burguesia não pode existir sem revolucionar constantemente os meios de produção e, por conseguinte, as relações de produção e, com elas, todas as relações sociais. (...) A revolução contínua da produção, o abalo constante de todas as condições sociais, a eterna agitação e certeza distinguem a época burguesa de todas as precedentes. (...) Tudo o que era sólido se evapora no ar, tudo o que era sagrado é profanado, e por fim o homem é obrigado a encarar com serenidade suas verdadeiras condições de vida e suas relações com a espécie. A necessidade de um mercado constantemente em expansão impele a burguesia a invadir todo o globo. Necessita estabelecer-se em toda parte, explorar em toda parte, criar vínculos em toda parte. Por meio de sua exploração do mercado mundial, a burguesia deu um caráter cosmopolita à produção e ao consumo em todos os países. (MARX e ENGELS, 1848, s/p)

Sobre a questão do Estado e da Nação, sustenta-se que:

> Os trabalhadores não têm pátria. Não podemos tomar deles aquilo que não possuem. Como o proletariado pretende adquirir a supremacia política, tornar-se a classe dirigente da nação, tornar-se a própria nação, é nesse sentido, ele mesmo nacional, embora não no sentido burguês da palavra. As diferenciações e os antagonismos entre os povos desaparecem dia a dia, devido ao desenvolvimento da burguesia, à liberdade de comércio, ao mercado mundial, à uniformidade na forma de produção e às condições de existência correspondente. A supremacia do proletariado os fará desaparecer ainda mais rápido. A ação comum nos países civilizados é uma das principais condições de emancipação do proletariado. À medida que se suprime a exploração do homem pelo homem, suprime-se também a exploração de uma nação pela outra. A utilidade entre as nações desaparecerá à proporção

> que desaparecer o antagonismo entre as classes no interior dessas nações. (MARX e ENGELS, 1848, s/p)

Na visão de Nolke (2014), a interpretação marxista, como já adiantara Halliday, supõe um mundo caracterizado por um sistema único no qual prevalece um antagonismo natural e universal, sem fronteiras, entre proletariado e burguesia. À identidade de classe se sobrepõem as demais identidades nacionais e a superação do sistema global burguês levará à emergência de um sistema global proletário. De acordo com Doyle (1997), a ação política por princípio será sempre internacional, e tanto o capitalismo quanto o socialismo e o comunismo se tornaram globalizados. Tanto a expansão do capitalismo quanto sua superação são universais, e, como sustenta o Manifesto, "Que as classes dominantes tremam diante da revolução comunista! Os proletários nada têm a perder senão os seus grilhões. Têm um mundo a ganhar. Proletários de todos os países, uni-vos!

Ora, mas o que tudo isso nos ajuda a estudar Relações Internacionais? Existe uma teoria marxista de Relações Internacionais?

De acordo com Halliday (1999), o desafio da construção de uma teoria marxista de Relações Internacionais ainda está em andamento. Esta situação é reflexo da própria construção do paradigma materialista histórico e dos desafios que encontram a partir de suas origens. Sobre o lugar do estudo das Relações Internacionais em Marx e Engels, este autor indica que:

> Marx e Engels escreveram extensamente sobre as questões internacionais, considerando as questões teóricas relativas à internacionalização do capitalismo e aos eventos políticos internacionais de seu tempo. Nestes escritos existe muita substância, conceitos e matizes que são pertinentes para construir a interação entre o materialismo histórico e as RI. Entretanto, a clássica *ouvre* marxista sobre as RI é uma base insuficiente para a construção de seu empreendimento teórico. (HALLIDAY, 1999, p. 73)

O que se encontram são diversas teorias aplicadas às Relações Internacionais, de inspiração marxista, que se acham abordadas no próximo item, as quais se constroem a partir dessas reflexões. Mas, antes de avaliar essas teorias específicas, cabe sistematizar quais são os pilares do materialismo histórico, que orientam suas bases, e as críticas a ele associadas. Este paradigma, que nasce das linhas do pensamento marxista, aqui descritas com brevidade, pode ser definido como

> (...) uma teoria geral abrangente da ação política, social e econômica capaz de considerar todos os campos da ação social (...) é a tentativa mais consistente de fornecer uma teoria abrangente da sociedade elaborada no século passado. Seu impacto já tem sido evidente em algumas áreas da ciência social, na economia, na história e na sociologia. (HALLIDAY, 1999, p. 69)

Em termos de conteúdo, o materialismo histórico sustenta-se em quatro pressupostos básicos segundo Halliday (1999): a determinação material, a determinação histórica, a luta de classes e a revolução.

A determinação material refere-se à definição da sociedade por fatores econômicos, existindo uma associação direta entre o modo de produção e forma pela qual se organiza social e politicamente aquela sociedade. O modo de produção, segundo Halliday, define as relações de classe a partir das quais se estabelece a soberania de forças sociais específicas. Todos os atores internacionais devem ser vistos como atores sociais, derivados do modo de produção determinado de sua sociedade. São, portanto, uma somatória de forças sociais e o modo de produção específico que rege este contexto histórico do século XVI em diante é o capitalismo, de sua formação a sua consolidação.

A partir deste pressuposto, estabelece-se que,

> (...) o sistema interestatal moderno emergiu em um contexto de disseminação global do capitalismo e da subjugação das sociedades pré-capitalistas (...) este sistema econômico sustentou o caráter individual dos Estados e de suas relações: nenhuma análise das relações internacionais é possível sem referência ao capitalismo, às formações sociais por ele geradas e ao sistema mundial. (HALLIDAY, 1999, p. 75)

O segundo pressuposto é o da determinação histórica. Para o pensamento materialista histórico, a história caminha progressivamente a partir de um movimento dialético gerado por suas contradições. Os eventos contemporâneos não podem ser compreendidos sem fazer referência ao passado, uma vez que são produto de sua evolução. De acordo com Halliday (1999), Marx defende que a história influencia o comportamento presente e que a realidade existente é determinante para a construção do futuro. Sobre o tema, vale a pena citar uma passagem clássica de *O 18 Brumário de Luís Bonaparte*, de autoria de Marx,

> Os homens fazem sua própria história, mas não a fazem segundo sua livre vontade; não a fazem sob circunstâncias de sua escolha e sim sob aquelas com que se defrontam diretamente, legadas e transmitidas pelo passado. A tradição de todas as gerações mortas oprime como um pesadelo o cérebro dos vivos. E justamente quando parecem empenhados em revolucionar-se a si e às coisas, em criar algo que jamais existiu, precisamente nesses períodos de crise revolucionária, os homens conjuram ansiosamente em seu auxílio os espíritos do passado, tomando-lhes emprestado os nomes, os gritos de guerra e as roupagens, a fim de apresentar e nessa linguagem emprestada. (MARX, 1851–52, s/p)

Para compreender o presente não é possível descolar-se do passado, ou abstrair realidades históricas. Como destaca Halliday,

> (...) as políticas doméstica e externa, os instintos dos líderes e as respostas do público, as instituições políticas, as mágoas e os medos que movem a população, tudo isto é mais reflexo do passado do que se costuma admitir. Ao lado da determinação socioeconômica e histórica, Marx também percebia estes fatores condicionantes como destruindo a aparência de que todos estes eventos eram naturais ou permanentes. (HALLIDAY, 1999, p. 76–77)

A luta de classes é o terceiro pressuposto do materialismo histórico e afirma que as classes sociais, representadas pela burguesia e pelo proletariado, são centrais para a compreensão da política interna e externa dos Estados (e para a superação destes mesmos Estados em médio e longo prazos). Como já visto pelos trechos do Manifesto, as classes se encontram internacionalizadas, pois o capitalismo é o modo de produção dominante no mundo, ultrapassando fronteiras ou eventuais sentimentos nacionais (a identidade de classes é mais relevante que a nacional).

Esta disputa não se dá apenas dentro dos Estados, mas se estende a todo o sistema globalizado e homogeneizado pelo capitalismo, polarizando burgueses e proletários. Para Halliday (1999), isso estabelece o caráter socioeconômico das Relações Internacionais, e de todas as relações sociais na prática. Assim,

> Se dentro de um estado particular as classes agem para subjugar e controlar os menos poderosos, internacionalmente elas agem para se aliar a grupos similares, quando isso lhes é benéfico, e, para competir, por meios pacíficos ou militares quando se prefere a rivalidade (...) a luta de classes ocorre (...) em dois níveis: entre grupos em diferentes posições na escala socioeconômica e entre grupos de posição equivalente (...) dentro e fora dos Estados (...) Cada classe dominante tem sido capaz de utilizar o caráter internacional do capitalismo para preservar sua posição (...) (HALLIDAY, 1999, p. 77)

O último pressuposto refere-se à revolução, definida por Halliday (1999, p. 79) como "o conflito e seu apogeu". De acordo com o autor, o marxismo clássico pressupõe que existem dois tipos de conflito: a guerra e a revolução. Ambos são definidos como o clímax no qual desembocam os conflitos, enquanto a guerra representa um choque entre classes sociais rivais, do mesmo tipo, para elevar seus recursos. No caso, este conflito é percebido como sendo quase que exclusivo às burguesias, por sua incessante disputa por mercados, matérias-primas e território.

Por outro lado, a revolução é o resultado final do processo dialético de contradições sociais geradas pelo capitalismo. Tais contradições derivam das assimetrias socioeconômicas entre as classes, e a forma como a burguesia explora o proletariado. Na visão marxista clássica, a revolução contra a burguesia é um processo inevitável, que se disseminaria rapidamente e que levaria à superação do sistema capitalista, a partir da união global dos proletários contra o sistema. A partir disso mudaria toda a estrutura socioeconômica global e, portanto, as relações internacionais.

Segundo Halliday (1999), esses pressupostos demonstram tanto a força quanto a fraqueza desse paradigma, que se estende à agenda de pesquisa marxista em geral. O termo utilizado pelo autor são "as inibições da teoria" que refletem a realidade na qual Marx e Engels escreveram. Na visão de Halliday, é normal que esses autores tivessem em suas reflexões essas dimensões, pois isso correspondia ao contexto que analisavam. O que Halliday contesta, porém, é a forma como algumas correntes pós-Marx optaram por uma posição excessivamente dogmática, em prejuízo ao próprio pensamento, e ignoraram os desafios que se apresentaram à agenda clássica.

Dentre os principais pontos de crítica levantados por este autor encontram-se o foco excessivo nas questões socioeconômicas e o peso da teleologia da história nestas análises, que acaba tornando os fenômenos como a revolução inevitáveis. Esta e outras considerações são também sustentadas em perspectivas utópicas sobre o proletariado e mesmo sobre a unidade de classes, e o potencial da mudança da revolução. Isso dificulta a compreensão dos movimentos de mudança estrutural por dentro das sociedades e que podem ser gerados pela ascensão de governos populares ao poder. O marxismo também tem dificuldade de compreender os ajustes realizados por este sistema via regimes políticos de participação popular como a democracia universal e o Estado de bem-estar como forma de cooptar o proletariado.

Neste campo da cooptação, outros elementos importantes são o nacionalismo e a ideologia. O nacionalismo é subestimado, porque a identidade de classes é mais valorizada do que o sentimento de pertencimento a um Estado ou a uma comunidade. O mesmo ocorre com a construção ideológica associada à dominação, que é percebida como apenas um processo de alienação a ser superado. Contudo, os trabalhos de Gramsci (1891–1937) oferecem uma importante contribuição na superação desta limitação original da teoria clássica.

A análise de Gramsci em obras como *Maquiavel, a Política e o Estado Moderno* é essencial para compreender a existência da autonomia relativa da política diante da economia no que se refere à construção ideológica da dominação. A dominação no pensamento gramsciano não é função única dos meios de produção e da prevalência de uma classe econômica sobre outra por conta de seus recursos de poder, mas envolve também a construção dessa dominação em termos ideológicos. Esta construção, que sustenta o modelo de vida capitalista, é estruturalmente definida pelo modo de produção, mas vai além dos meios físicos, e inclui a subjetividade.

Fazendo uma analogia com temas já analisados desde o realismo, a dominação depende duplamente da força das armas, mas também do pensamento. O que Gramsci trabalha é o que o liberalismo define como poder das ideias, forma de poder brando. No caso, na linguagem marxista estamos diante da definição da sociedade e suas manifestações político-culturais por meio da determinação da estrutura econômica, que cria a superestrutura da ideologia para a dominação.

O conceito de hegemonia com o qual se trabalha na política e nas relações internacionais deriva do pensamento gramsciano, no qual o Estado exerce suas funções de poder a partir de uma agenda de dimensões econômicas, estratégicas e sociais. Os Estados que concentram a maior quantidade de recursos em todas essas dimensões consolidam-se como dominantes nas relações internacionais. Para exercer esta hegemonia e projetar seu poder, desenvolvem igualmente mecanismos de poder, conhecidos como "estruturas hegemônicas".

O que Gramsci ressalta, e isso será objeto de retomada das abordagens críticas como as de Robert Cox (ver 4.4), definidas por alguns autores como "neogramsciana", é a interação entre as capacidades materiais, as ideias e as instituições na construção da dominação. Como Bieler e Morton (2014) afirmam, os Estados são produtos sociais que se sustentam neste tripé e que, a partir desta interação de forças sociais, geram tanto estruturas de dominação interna quando externas.

A *Pax Americana* é exemplar deste processo de dominação via força e cooptação: o que os Estados Unidos fizeram em 1945 foi, do ponto de vista dessa teoria, construir sua hegemonia a partir dessas estruturas, que são as organizações internacionais governamentais, e disseminá-las por meio do convencimento ideológico. Amparando esta projeção de poder, os norte-americanos contavam com uma economia capitalista desenvolvida e um aparato militar que até hoje permanece como supremo na ordem global, mesclando, portanto, as dimensões de poder.

Portanto, a visão do materialismo histórico sobre o Estado e a dominação possui limitações, mas que foram sendo trabalhadas por meio de debates internos à corrente na tentativa de superar estas dificuldades. Pois,

> Indo além da visão marxista-leninista inicial do Estado como um mero instrumento de dominação de classe, este debate gerou várias teses alternativas a esta abordagem, saindo da lógica do capital para chegar àquela que destaca a administração dos conflitos (...) à abordagem influenciada por uma leitura de Gramsci de acordo com a qual a função do Estado é manter a hegemonia de classe em todas as suas dimensões — a coercitiva, a administrativa, a regulatória e a ideológica. Esta teoria alternativa, geralmente descrita como "estrutural", atribui ao estado um grau muito maior de autonomia. (HALLIDAY, 1999, p. 93)

Desta forma, percebe-se a riqueza do materialismo histórico e as alternativas de pensamento que dele derivam. É possível que se oriente um pensamento crítico a partir desses quatro pressupostos do Materialismo Histórico, mas, como nos apresenta Halliday (1999, p. 63), ainda "(...) o próprio materialismo histórico não desenvolveu o enfoque teórico necessário para oferecer uma contribuição abrangente e inteligível para as relações internacionais." Entretanto, isso não significa que não existam tentativas de aplicar este conhecimento e desenvolver novas maneiras de pensar e as correntes a seguir ajudam a compreender a contribuição das correntes de esquerda à área internacional.

Quadro 17: Quadro-Síntese

Determinação Material

- Modo de Produção Determina a Sociedade

Determinação Histórica

- Passado Define o Presente

Luta de Classes

- Polarização e Choque — Burguesia e Proletariado

Revolução

- Clímax do Enfrentamento entre Classes
  Promoção da Mudança Estrutural nas Sociedades

4.2. O IMPERIALISMO[1]

De acordo com Halliday, a teoria do imperialismo é mais lembrada por ser um "estudo de por que os grandes poderes imperialistas foram à guerra e de como os socialistas deveriam reagir a isto." (1999, p. 67). Entretanto, esse é somente um dos aspectos desta teoria, baseada na visão de Lenin, cuja visão é mais ampla. De acordo com Heinrich (2014, p. 179), deve-se entender como teoria do imperialismo todas as reflexões que buscam explicar o que são, como emergem e se constituem os impérios como estrutura de dominação. Com isso, analisam-se os elementos que sustentam estas construções políticas, e as ações sociais, políticas e econômicas associadas a sua projeção de poder.

[1] Serão examinadas neste item as teorias marxistas do imperialismo. Há de se mencionar o trabalho clássico que inspirou muitas dessas teorias, desenvolvida por John A. Hobson.

Dentre os autores que abordam a questão do Imperialismo, podem ser citados Lenin, Trotsky, Rosa de Luxemburgo, Rudolf Hilferding, dentre outros. Neste item, com foco na questão das Relações Internacionais teóricas, somente serão avaliadas as preocupações de Lenin, como símbolo do estudo deste fenômeno internacional. De acordo com Nolke (2014), Lenin percebe o mundo como organizado de forma hierárquica: o centro dominante de maior desenvolvimento capitalista controla a periferia na qual o desenvolvimento é menor. Esta situação gera um processo duplo de subordinação da periferia ao centro e de disputa imperial por estes espaços periféricos. Segundo Linklater,

> Lenin (1968) e Bukarin (1972) desenvolveram a teoria do imperialismo para explicar as causas da Primeira Guerra Mundial. Eles defendiam que a guerra foi produto da necessidade desesperada de novos escapes para os excedentes de capital acumulados pelos Estados capitalistas dominantes. (LINKLATER, 2005, p. 120)

Dentre estes, a disputa pelos espaços periféricos colocará a burguesia em contradição com ela mesma, levando a sua autodestruição e, por conseguinte, à emergência e disseminação da revolução proletária pelo sistema internacional. Em *Imperialismo, a Etapa Superior do Capitalismo* (1917), Lenin desenvolve essas teses a luz de dois fenômenos que parecem sustentar sua argumentação: a Primeira Guerra Mundial (1914–1918), choque entre as potências europeias pelo domínio do sistema mundial, opondo os imperialismos britânico e francês de um lado, ao alemão de outro (o que atribui à guerra um caráter de contestação hegemônica igualmente). A competição imperialista envolvia a disputa por territórios no mundo afro-asiático, que garantiam posições político-estratégicas a estas nações além-mar, e embasavam-se em interesses econômicos fundamentalmente: o acesso a matérias-primas (insumos) para sustentar e baratear sua produção e a conquista de mercados para a venda de seus produtos.

Outro fenômeno deste período é a Revolução Russa (1917), na Rússia, que iniciava o processo de implementação do socialismo real em um país. Do ponto de vista da teoria marxista clássica, a Revolução Russa representa uma "exceção" no que se refere a uma revolução proletária. Na visão de Marx e Engels, os primeiros centros que seriam afetados pela contradição extrema entre as classes eram os mais desenvolvidos: Grã-Bretanha, berço da Revolução Industrial, e a Alemanha, de industrialização tardia, mas ostensiva. A Rússia, por oposição, país agrário, dominado pela aristocracia tradicional dos czares, e com baixa industrialização e pouca classe operária, não surgia como um dos elos potenciais de quebra do capitalismo. Assim, sua eclosão de certa forma contraria a teoria, e mostra as dificuldades associadas ao determinismo histórico marxista clássico.

Porém, com sucesso, a Revolução Russa levava a classe proletária ao poder e deveria ter se tornado o primeiro elo de um ciclo de levantes populares similares. Não cabe aqui indicar todos os motivos do porquê esta revolução global não ocorreu (ainda que um deles tenha sido a reação imediata das nações capitalistas em conter a revolução nas fronteiras russas), apenas lembrar que se referem às inibições da teoria apontadas no 4.1 como a desconsideração do peso do nacionalismo e da inclusão democrática para a sustentação do capitalismo.

Deve-se lembrar que Lenin foi um dos principais arquitetos da Revolução Russa ao lado de pensadores como Trotsky, e encarava o movimento como parte deste ciclo de contradições inerentes ao capitalismo. Esta revolução nascia de um proletariado em formação na Rússia, e que havia sido liderado pela vanguarda do partido comunista. Esta dimensão, inclusive, difere da avaliação original de Marx e Engels de que o proletário se organizaria coletivamente de forma natural. Para Lenin, a superação da alienação somente pode ocorrer via partido, representativo do que define como "vanguarda do proletariado".

Mas independentemente do acerto ou não acerto das previsões de Lenin de que a Revolução Russa se espalharia pelo mundo e de que o imperialismo era o estágio final do capitalismo, cabe compreender a lógica teórica que este pensador aplica às Relações Internacionais a partir dos processos de determinação material e histórica marxistas. Segundo Lenin, "a guerra de 1914–1918 foi, de ambos os lados, uma guerra imperialista (isto é, uma guerra de conquista, de pilhagem e de rapina), uma guerra pela partilha do mundo, pela divisão e redistribuição das colônias, das esferas de influência, do capital financeiro etc". (1917, s/p).

Em síntese, esta avaliação nasce a partir de cinco pilares que caracterizam este sistema no século XX. São estes pilares:

> 1. A concentração da produção e do capital se desenvolveu em um estágio tão elevado que criou monopólios que desempenham um papel decisivo na vida econômica. 2. A fusão do capital bancário com o capital industrial e a criação, a partir do capital financeiro, da oligarquia financeira. 3. A exportação de capital se tornou extremamente importante, diferente da exportação de commodities. 4. A formação dos monopólios capitalistas internacionais que dividem o mundo entre eles. 5. A divisão territorial de todo o mundo entre os grandes poderes capitalistas está completa. (LENIN, 1917, s/p)

No século XXI, a atualidade da Teoria do Imperialismo poderia ser demonstrada por meio das ações da China e da Índia em territórios da África e da Ásia. Segundo alguns, estas movimentações, que buscam fornecedores de matérias-primas e mercados, reproduziriam, sem grandes diferenças, a atuação europeia do século XIX nestas sociedades. Embora essas nações não se tornem "colônias" da China e da Índia, os críticos ocidentais argumentam que o "novo imperialismo" foca-se na dependência econômica.

Por sua vez, estas grandes nações emergentes do Terceiro Mundo refutam essas acusações e indicam que esta dinâmica corresponde a uma agenda de Cooperação Sul–Sul política, estratégica e econômica. Especificamente, a China define sua política como de Desenvolvimento Pacífico e conjugado, no qual a prosperidade é interdependente entre ela e seus parceiros. Não há, portanto, uma ação de dominação. A China, além disso, é representante de um novo tipo de Socialismo real após o fracasso da agenda soviética no pós-1989: a Economia Socialista de Mercado que mescla o capitalismo na economia a uma visão solidária de política e sociedade voltada ao bem-estar dos cidadãos.

Por fim, é preciso lembrar do trabalho de Rudolf Hilferding no campo econômico que, embora não seja o foco deste item, introduz uma agenda de preocupações fundamentais do marxismo contemporâneo: o estudo da inter-relação entre dinheiro, crédito e bancos na construção de uma nova fase do capitalismo e, portanto, do imperialismo. Hilferding baseia sua análise na ascensão do capital financeiro, que colocará em segundo plano a produção industrial como geradora de lucro. Esta nova fase é dominada pela exploração dos bancos, em escala transnacional, promovendo a financeirização do capital. A crise econômica global de 2008, por exemplo, teria sido um processo de expressão dessas contradições.

A compreensão deste processo de financeirização e as alterações históricas do capitalismo em suas fases de acumulação e as assimetrias por ele geradas são temas que merecem amplo estudo nos séculos XX e XXI. Neste campo, cabe mencionar o estudo do Sistema Mundo e a Teoria da Dependência, temas do próximo item.

4.3. O SISTEMA MUNDO E A TEORIA DA DEPENDÊNCIA

O estudo da evolução do sistema capitalista e seus efeitos sobre as relações políticas, sociais, estratégicas, ideológicas e culturais é objeto de atenção das análises históricas críticas como as de Eric Hobsbawm, Immanuel Wallerstein, Giovanni Arrighi, Fred Halliday, Paul Hirst, Graham Thompson e David Harvey (em uma lista não exaustiva que também poderia incluir Samir Amin, Andre Gunder Frank, dentre outros). Nesta perspectiva, a evolução progressiva do capitalismo, e dos meios de produção antes dele, provoca uma mudança estrutural no sistema internacional, a partir das quais as forças sociais assumem padrões de cooperação e conflito. Assim, procura-se examinar, sob diferentes olhares, como a história, a contemporaneidade e as relações internacionais se desenrolam.

No caso de Eric Hobsbawm e Fred Halliday, encontram-se estudos históricos sobre diversas questões da política internacional. Em Hobsbawm, sua obra "Eras" é uma das mais conhecidas neste campo, analisando desde a emergência das revoluções liberais até o século XX e suas contradições. Os textos que compõem esta unidade são *A Era das Revoluções*, *A Era do Capital*, *A Era dos Impérios* e *A Era dos Extremos*, além de outros estudos sobre o nacionalismo e as crises do século XXI como *Nações e Nacionalismo desde 1870* e *Globalização, Democracia e Terrorismo*.

Fred Halliday, por sua vez, aborda o pensamento materialista histórico e suas contribuições para as Relações Internacionais na obra *Repensando as Relações Internacionais*, que é referência para algumas das reflexões deste capítulo. Além disso, traz importantes estudos sobre as revoluções, o Oriente Médio e o século XXI sob a perspectiva da visão marxista: *Middle East in International Relations, Revolution and Foreign Policy, Two hours that shook the world* (não editados em português).

Nesta agenda, ainda, são as reflexões de Wallerstein e Arrighi sobre a evolução do capitalismo que nos ajudam a compreender esta evolução e a antever as críticas à globalização, associadas ao trabalho de David Harvey. Sobre isso, é interessante que sejam abordados os principais pilares da teoria do sistema mundo e estas avaliações sobre as consequências e extensão dessa globalização.

A teoria do sistema mundo, associada diretamente ao pensamento marxista em relações internacionais (mas que a ela não se limita), detém uma análise que combina a perspectiva histórica com a da economia política internacional (ver 5.1). Segundo Nolke (2013), a unidade analítica desta corrente é o próprio sistema mundo, ou seja, a totalidade destas relações sociais. De acordo com este autor, essa perspectiva sustenta que não é possível compreender o sistema internacional sem alusão aos fenômenos relacionados à expansão do capitalismo. Esta expansão leva à definição de papéis específicos para os diferentes Estados que fazem parte deste sistema, estabelecidos a partir de seu nível de desenvolvimento econômico e como se inserem (ou foram inseridos) neste processo internacional.

Nolke indica que a teoria "se relaciona com os diferentes papéis desempenhados pelas regiões na economia capitalista global" (2013, p. 201). A hegemonia representa um centro de poder, do qual se disseminam os processos que afetam as demais dimensões do sistema internacional. Esta competição, segundo Nolke (2013) ocorre em três dimensões: geopolítica, geoeconômica e geocultural. Enquanto a geopolítica deriva da posse e conquista de territórios para a expansão e projeção do capitalismo, a geoeconômica refere-se à disseminação do modo de produção capitalista e do controle da produção e da tecnologia. Por fim, a geocultural embasa política e socialmente a construção ideológica do capitalismo como modo de vida, assim como das representações associadas a ele.

Quem conduz este processo é a nação hegemônica, cujo perfil e caráter derivam desta progressão histórica e das disputas que se estabelecem pelo poder político, econômico e ideológico ao longo do tempo. A questão temporalidade é essencial para a teoria do sistema mundo, pois sua base de pensamento pressupõe uma análise de longa duração, cujas raízes remetem ao pensamento de historiadores como Fernand Braudel.

Para compreender o sistema contemporâneo é fundamental estudar suas origens e, no caso, na obra de Wallerstein, este processo é analisado em quatro volumes: *The Modern World System I — Capitalist agriculture and the origins of the European economy in the 16th century; The Modern World System II — Mercantilism and the consolidation of the Western economy 1600–1750; The Modern World System III — The second era of great expansion of the capitalist world 1730–1840; The Modern World System IV — Centrist Liberalism Triumphant, 1789–1919.* Outras obras como *World Systems Analysis, Geopolitics and Geoculture, O Declínio do Poder Americano, Após o Liberalismo* também abordam estas temáticas teóricas e o cenário contemporâneo.

Analisando o trabalho de Wallerstein, e as perspectivas do Sistema Mundo dentro desta perspectiva de longa duração, a teoria parte historicamente do processo de formação do capitalismo. A emergência desse processo ocorre na Europa Ocidental do século XVI, após um período formativo, no qual o feudalismo e o modelo agrário são superados por uma nova forma de produção. Estas visões, como se poderá perceber, refletem e ampliam algumas preocupações do marxismo clássico, mas avançam além de sua realidade de análise, e também das relativas ao imperialismo (ver 4.1 e 4.2). Mas como se caracteriza esta forma de produção e sua evolução para o sistema mundo?

Tal forma de produção é definida pela incorporação e transformação da mão de obra agrária em industrial, o processo de urbanização das cidades, o desenvolvimento tecnológico, a elevação e aceleração da produção de bens físicos visando lucro e a necessidade de mercados para vender esta produção e de matérias-primas (insumo para a sustentar). Esta combinação de fatores, associada ao poder econômico gerado por estas dinâmicas de produção, leva à capacidade, e necessidade, de que o capitalismo dissemine-se por todo o sistema internacional. Nas palavras do autor,

> (...) o único tipo de sistema social é um sistema mundial, que nós definimos simplesmente como uma unidade caracterizada por uma divisão de trabalho e múltiplos sistemas culturais (...) As três posições estruturais na economia

mundial — centro, periferia e semiperiferia — se estabilizaram por cerca de 1640. (WALLERSTEIN, 1996, p. 362)

Quadro 18: A Evolução do Sistema Mundo

Formação e Expansão Geográfica (Séculos XV e XVII)

Fortalecimento do Capitalismo como Modo de Produção Econômica e Ascensão do Liberalismo como Visão Político-social

A Recessão (1650–1730)

Disseminação do Capitalismo pela Europa, Desequilíbrios Sociais e entre Produção e Demanda; Fortalecimento do Poder da Grã-Bretanha

A Nova Expansão (1730–1914)

Avanço do Liberalismo Político-social (Revolução Americana, 1776, e Revolução Francesa, 1789), Revolução Industrial Britânica e Projeção da Hegemonia (Pax Britannica); Expansão Imperialista Afro-asiática (incorporação de áreas periféricas ao sistema capitalista e semiperiféricas); Alterações de poder no Núcleo do Capitalismo com a Consolidação da Alemanha e da Rússia; Ascensão e Conformação do Desafio Socialista

Disputa, Recessão e Expansão (1914 a 1989)

A Primeira Guerra Mundial (1914–1918) e a Revolução Russa (1917); Desafio Socialista como Agenda Sistêmica; Ascensão dos Fascismos e Troca do Eixo Hegemônico (Segunda Guerra Mundial) e *Pax Americana*

Pós-1989

Fim do Desafio Sistêmico Socialista e Ascensão do Neoliberalismo; Transição Hegemônica e Transformação Acentuada do Equilíbrio de Poder nas Periferias e Semiperiferias

Esta disseminação leva a um processo de expansão e consolidação do capitalismo, que passa a incorporar outras sociedades a sua esfera de poder. Esta expansão engloba fenômenos como a urbanização e a ampliação das trocas comerciais, os desequilíbrios entre a produção, o consumo e a demanda e as crises que derivam destes processos, da competição entre os Estados e a suas mudanças de poder relativo. Esta trajetória não é homogênea, sendo caracterizada por momentos de projeção e encolhimento da economia capitalista e pode ser dividida em cinco fases, como visto no Quadro 18 da página anterior.

A partir desta evolução por meio do capitalismo, comandado pelos Estados mais poderosos, diferentes papéis são atribuídos a estes e às demais nações na cadeia produtiva. Esta questão relaciona-se à divisão internacional do trabalho, no qual as sociedades desempenham diferentes ações econômicas e assumem posições estruturais no equilíbrio de poder internacional, conforme estas posições. Para a teoria do Sistema Mundo, três papéis são definidos na divisão internacional do trabalho: Centro (ou Núcleo); Semiperiferia e Periferia.

O Centro/Núcleo é especializado na produção capitalista embasada em mão de obra qualificada, bem remunerada, com tecnologia agregada e que sustenta sua agenda econômica na exportação de manufaturas e importação de matérias-primas e altos investimentos. Em termos sociais e políticos, o regime é democrático e procura incorporar as massas não só pela remuneração, mas pela participação universal no sistema político e no acesso a serviços de bem-estar. Por sua vez, a Periferia é fornecedora de matérias-primas para este Núcleo e é caracterizada pelo baixo desenvolvimento tecnológico e salários, pouca assistência de bem-estar e um sistema não democrático politicamente.

A Semiperiferia representa uma categoria intermediária entre a Periferia e o Núcleo, tanto do ponto de vista econômico quanto político. Politicamente, estes Estados são caracterizados por regimes distintos, podem ser democráticos ou autoritários, e economicamente exercem duas tarefas: são tanto exportadores de matérias-primas quanto produtores industriais, em particular de bens de baixo valor agregado. Ainda que esses países não exerçam papel dominante nas relações econômicas internacionais, eles ainda se sobrepõem à periferia clássica.

No Pós-Guerra Fria, contudo, são as sociedades semiperiféricas que apresentam as maiores tendências de mudança, com a elevação de seu desenvolvimento econômico, tornando-se parte do chamado grupo de nações emergentes.

Para Wallerstein, os processos de mudança capitalista a partir dos anos 1970 acentuaram as contradições do sistema, que se tornam mais decisivas com o fim da Guerra Fria, em 1989. Na visão deste autor, o fim do socialismo como desafio sistêmico ao capitalismo e a ascensão do neoliberalismo representam também a crise do próprio capitalismo. Segundo Wallerstein,

> A razão pela qual se rompeu com esta cegueira ideológica do falso universalismo foi a de que a realidade social profunda havia mudado. A economia-mundo capitalista havia perseguido a lógica do incessante acúmulo de capital tão continuamente que estava aproximando-se de seu ideal teórico, isto é, a mercantilização de tudo. Isto pode ser percebido através das múltiplas realidades sociológicas novas: a extensão da mecanização da produção; a eliminação de barreiras espaciais na troca de mercadorias e informações; a urbanização do mundo; a quase exaustão do ecossistema; o alto grau de monetarização do processo de trabalho, e o consumismo, isto é, a mercantilização enormemente expandida do consumo. (WALLERSTEIN, 1994, s/p)

Na visão deste autor, o renascimento da esquerda simbolizado pela consolidação no pós-1999 de um movimento de críticas à globalização representadas pelo *slogan* "Um Outro Mundo Possível" é um movimento importante, mas insuficiente para quebrar o domínio neoliberal. Este *slogan* foi criado quando da realização do I Fórum Social Mundial (FSM) em Porto Alegre, Brasil, e objetivava colocar em xeque a ideia de uma globalização universal e justa (ver 4.5). Segundo estas visões, não havia uma disseminação da prosperidade econômica, mas justamente o movimento contrário de aumento de assimetrias. A taxação dos movimentos financeiros especulativos globais, a criação de fundos de desenvolvimento, o perdão da dívida externa e a ampliação de políticas de bem-estar social eram parte da agenda do FSM, que hoje ainda é realizado, mas perdeu muito de sua relevância. Neste sentido, esta visão nunca conseguiu se consolidar como alternativa e mesmo a chegada da esquerda ao poder em diversos países com esta pauta não é isenta de conflitos[2].

Ainda assim, é preciso buscar alternativas, pois

> (...) do caos surgirá uma nova ordem, e isso nos traz ao último tema: as escolhas diante de nós — agora e também logo. Sendo este um tempo de caos, isso não significa que durante os próximos vinte e cinco ou cinquenta anos não veremos em operação os processos básicos da economia-mundo capitalista. As pessoas e as empresas continuarão a buscar o acúmulo de capital de todas as maneiras conhecidas; capitalistas buscarão o apoio das estruturas estatais como fizeram no passado e os Estados competirão entre si para serem os principais centros de acumulação de capital. A economia-mundo capitalista entrará provavelmente em um novo período de expansão, e acabará por mercantilizar os processos econômicos por todo o mundo, polarizando ainda mais a distribuição efetiva do ganho. O que será diferente nos próximos vinte e cinco ou cinquenta anos serão não tanto as operações do mercado mundial, e sim as operações das estruturas políticas e culturais mundiais. Basicamente, os Estados perderão continuamente sua legitimidade, e com isso encontrarão dificuldades para assegurar uma segurança mínima, internamente ou entre si. Na cena geocultural não haverá discurso dominante comum e até mesmo as formas de debate cultural e político estarão sendo debatidas. Haverá pouco acordo em torno do que constitui o comportamento racional ou aceitável. Esta confusão não significa, no entanto, o desaparecimento do comportamento racional. Na verdade, haverá grupos buscando atingir objetivos claros e limitados, mas muitos destes objetivos estarão em conflito direto e intenso. (WALLERSTEIN, 1994, s/p)

Estas preocupações são compartilhadas por autores como Giovanni Arrighi e David Harvey, em obras como: *O Longo Século XX*, *Adam Smith em Pequim* e *Caos e Governabilidade no Moderno Sistema Mundial*, de Arrighi, e *O Enigma do Capital* e *A Brief History of Neoliberalism*, de Harvey.

---

2 O Presidente Fernando Henrique Cardoso apresentou a expressão "globalização assimétrica" para se referir a esta disparidade entre o discurso positivo da globalização e a realidade internacional, em particular dos países do Sul (ver VISENTINI, 2013). Outra alternativa crítica foi a "Terceira Via", que prometia ser uma alternativa entre o neoliberalismo e o Estado de Bem-estar Social.

Ainda no âmbito do estudo da evolução do capitalismo como sistema mundial e seu alcance internacional, o trabalho de Giovanni Arrighi também traz contribuições para esta perspectiva de longa duração. Segundo Arrighi (1996), a partir dos anos 1970, o capitalismo atravessa uma era de mudanças sem precedentes em suas agendas de geração de lucro e de mudança de eixo hegemônico de poder. Com isso, existe uma alteração do que o autor define como parâmetros de acumulação e de liderança, com a elevação do papel do capital financeiro e o declínio do Ocidente vis-à-vis as economias asiáticas.

A trajetória do capitalismo que Arrighi traça é bastante similar a de Wallerstein, assim como sua percepção de crise do modelo ocidental. Entretanto, enquanto a ênfase de Wallerstein será no neoliberalismo como fonte de contradição máxima do sistema capitalista (tese que o aproxima de Harvey), a de Arrighi é como estas crises levam também a esta mudança de eixo de poder, gerada pelas transformações nos ciclos de acumulação do capital. Em linhas gerais, a ascensão do capital é caracterizada por ciclos sistêmicos de acumulação, que representam a expansão do capitalismo, e por ciclos de encolhimento que correspondem às suas crises.

No caso, os ciclos de acumulação identificados por Arrighi (1996) são: o genovês, o holandês, nos quais predominam os aspectos comercialistas e mercantilistas do capitalismo, seguidos pelo ciclo britânico, no qual já se mostra um capitalismo mais maduro, sustentado pela industrialização e o imperialismo. No século XX, o domínio ocidental ainda prevalece, mas se transforma com o ciclo hegemônico dos Estados Unidos e a aceleração da globalização tecnológica, da interdependência e da financeirização do capital.

Esta hegemonia também é sustentada e ampliada pelo controle monetário do sistema financeiro internacional pelo dólar, produto dos acordos do pós-1945. A criação da agenda de Bretton Wood, e as instituições financeiras e comerciais a ela associadas representam a ascensão do liberalismo como regra para os regimes internos e externos dos países, e do dólar como moeda de reserva internacional. Além disso, a partir dos anos 1970, a ação das multinacionais que atuam globalmente aumentou ainda mais o alcance do poder norte-americano. Outro fenômeno lembrado por Arrighi (1996) é o da concentração de controle de setores empresariais nas mãos de poucas empresas, levando a um caráter oligopolista de alguns setores (mesmo que prevaleça o discurso da livre competição). Sobre isso, Arrighi indica que,

> No sistema monetário mundial criado em Bretton Woods (...) a "produção" do dinheiro mundial foi assumida por uma rede de organizações governamentais primordialmente movidas por considerações de bem-estar, segurança e poder — em princípio, o FMI, o Banco Mundial e, na prática, o Sistema da Reserva Federal dos Estados Unidos (...) (ARRIGHI, 1996, p. 287)

Apesar disso, o centro dinâmico do capitalismo mundial, na visão deste autor, está se deslocando dos Estados Unidos, e do Ocidente em geral, para o Leste Asiático, tendo o Japão e a China como principais atores desta expansão. Assim, "a relação contraditória entre a vitalidade de um agente capitalista emergente e a ordem capitalista ainda dominante tem sido característica de todas as transições de um ciclo sistêmico de acumulação para outro." (ARRIGHI, 1996, p. 351). A ascensão da China no século XXI comprovaria esta tese da mudança do eixo de poder global, e a construção de uma nova hegemonia, baseada na citada projeção do Desenvolvimento Pacífico.

A Teoria da Dependência aproxima-se das reflexões do Sistema Mundo, também pensando o mundo em termos de uma divisão internacional do trabalho e da evolução do capitalismo. Sua base de pensamento foi desenvolvida a partir da Comissão Econômica para a América Latina e o Caribe (CEPAL) criada no âmbito das Nações Unidas em 1948. O objetivo da CEPAL era pensar os temas do desenvolvimento para esta região respectiva, mas suas contribuições excederam estas fronteiras geográficas por meio de obras como as de Enzo Falletto, Raul Prebisch, Fernando Henrique Cardoso e André Gunder Frank.

De acordo com a Teoria da Dependência, o mundo é dividido em dois espaços: o Núcleo e a Periferia. Desta classificação deriva também a oposição Norte–Sul, trabalhada com maior ênfase por Gunder Frank. Outros conceitos associados são os de Países Desenvolvidos (PD) e Países em Desenvolvimento (PED). A caracterização dos termos Núcleo/Periferia é similar à da teoria do Sistema Mundo e se refere ao tipo de produção econômica desenvolvida pelos Estados. Enquanto os Estados do Núcleo correspondem às economias indústrias avançadas, nas quais se produzem bens de alto valor agregado, as atividades das nações periféricas concentram-se nos setores de matérias-primas (*commodities* em geral, em particular do setor agrário). Quando existem bens industriais, estes são focados nos setores de baixo valor agregado.

Portanto, existe uma espécie de "especialização produtiva" no sistema internacional, que aloca os países em suas posições relativas no equilíbrio de poder mundial, conforme sua dinâmica econômica. Quanto mais avançado for o setor industrial de um determinado país, com tecnologia, maior será seu poder vis-à-vis os demais, principalmente os produtores de *commodities*. De acordo com a Teoria da Dependência, esta situação de "especialização" faz com que sempre sejam mantidas as assimetrias entre os Estados, uma vez que os países do Núcleo produzirão bens que valem mais do que os do Sul.

Haverá, com isso, uma disparidade entre os valores dos bens produzidos no Norte e no Sul. Ou seja, para que o Sul adquira bens do Norte, ele precisará gastar mais valores financeiros do que aqueles pagos por seus produtos de baixo valor agregado. No médio e no longo prazos esta situação somente se aprofunda segundo a Teoria, gerando deficits comerciais constantes para os países em desenvolvimento em sua relação com os desenvolvidos. Como superar esta disparidade definida como "deterioração dos termos do intercâmbio"?

Para a teoria a resposta deriva do próprio processo de industrialização de onde se origina o problema. Se há uma disparidade de desenvolvimento entre o Núcleo e a Periferia, é porque a especialização de ambos cristalizou a desigualdade. Assim, a desigualdade somente poderá ser superada a partir de uma ação autóctone dos países do Sul para promover seu desenvolvimento por meio da industrialização. O objetivo desta industrialização é a substituição de importações, modernizando as economias locais e diminuindo sua necessidade de compra de bens de alto valor do exterior (e de médio e baixo também). Com isso, a ideia era constituir um parque industrial completo.

Entretanto, para que estes processos de industrialização se consolidem, são necessários processos de modernização e desenvolvimento de tecnologia e infraestrutura que demandam recursos nem sempre disponíveis aos Estados do Sul. Da mesma forma, os organismos multilaterais tradicionais criados pelo sistema de Bretton Woods tendem a preservar os interesses dos países do Norte, liderados pelos Estados Unidos. Assim, é preciso não só industrializar como tornar mais justas as estruturas comerciais e financeiras globais, o acesso a financiamento para desenvolvimento e as negociações multilaterais. Em síntese, opõe-se ao sistema tradicional a demanda por uma "Nova Ordem Econômica Internacional" (NOEI).

O Brasil e outros países do Terceiro Mundo na América Latina, Ásia e África apostaram, em diferentes momentos de sua história, nesta modernização pelo processo de industrialização por substituições de importações (ISI), com bom grau de sucesso. Alguns países asiáticos como a China também apostaram na industrialização como fonte de modernização econômica e elevação de poder estratégico. Porém, o desenvolvimento deste setor concentrou-se no setor exportador e não no mercado autóctone, ampliando a projeção externa do país.

Estas diferentes estratégias de desenvolvimento industrial dos países do Sul (voltadas para dentro ou para fora) são temas ainda pouco abordados pelas teorias, assim como a natureza do que hoje se define como "Socialismo de Mercado" na China, que mescla a economia capitalista liberal à lógica social e de bem-estar do comunismo. Também são pouco exploradas as reações das nações do Norte a esta agenda. No que se refere às reações, menciona-se, por exemplo, a tática do "chutando a escada" para impedir que estas nações façam parte do Núcleo, restringindo seu acesso às tecnologias e dificultando o avanço de suas indústrias a níveis similares aos do Norte (o *catching up*). Existe, assim, uma ampla agenda de pesquisa que nem mesmo as correntes marxistas têm abordado de forma sistemática.

Por fim, entre os autores contemporâneos que analisam a evolução histórica do capitalismo e seus fundamentos nos séculos XX e XXI, pode-se mencionar David Harvey. Em *A Brief History of Neoliberalism* (2005), o autor examina o nascimento e a consolidação do neoliberalismo desde seu período formativo nos anos 1980. Para isso, Harvey avalia quais são as contradições entre a retórica desta agenda pró-individualismo, pró-Estado mínimo, e a realidade, tanto em sua aplicação realizada principalmente pelo Estado quanto em seus resultados como a crise social. O Consenso de Washington, que pregava essas prioridades associadas à desregulamentação econômica e a liberalização comercial, torna-se a síntese desta agenda.

Da mesma forma que Wallerstein, Harvey considera que o neoliberalismo pode ser a contradição final do capitalismo, por conta da distribuição geográfica desigual de seus benefícios e ônus. Em *O Enigma do Capital e as Crises do Capitalismo*, a conclusão de Harvey é direcionada à superação do capitalismo, recuperando a luta de classes e a revolução como pilares do materialismo histórico para a superação das determinações estruturais do capitalismo. Nas palavras do autor,

> Uma alternativa terá de ser encontrada. E é aqui que o surgimento de um movimento global de contrarrevolucionários se torna crítico, não só para deter a maré de comportamentos autodestrutivos do capitalismo (que em si seria um feito significativo), mas também para nossa reorganização e para começarmos a construir novas formas organizacionais coletivas, bancos de conhecimento e concepções mentais, novas tecnologias e sistemas de produção e consumo, ao mesmo tempo em que experimentamos novos arranjos institucionais, novas formas de relações sociais e naturais, com o redesenho da cada vez mais urbanizada vida diária. Por mais que o capital tenha nos fornecido uma abundância de meios com os quais abordarmos a tarefa da transição anticapitalista, os capitalistas e seus lacaios farão de tudo a seu alcance para evitar esse tipo de transição, não importando o quão grave a circunstância possa ser. Mas a tarefa da transição está conosco, não com os plutocratas. (HARVEY, 2011, p. 224)

A partir destas análises brevemente apresentadas percebe-se que as reflexões do sistema mundo e da teoria da dependência contribuem para um pensamento marxista para as relações internacionais, com aderência às temáticas do materialismo histórico e uma percepção de longa duração da evolução do mundo. Com isso, pode se tornar uma base relevante para o pensamento teórico sobre a política internacional, com ênfase na inter-relação de fatores econômicos, sociais e políticos.

4.4. A TEORIA CRÍTICA

Dentre todas as análises teóricas com inspiração marxista apresentadas neste capítulo, talvez seja a da Teoria Crítica, em suas dimensões múltiplas, que seja a mais próxima às relações internacionais. De acordo com Halliday (1999),

> (...) outra área fundamental de penetração do marxismo nas RI através da "teoria crítica" associada à Escola de Frankfurt: nesta perspectiva, exemplificada pelo trabalho de Robert Cox, a ênfase é precisamente no potencial emancipatório dos grupos e dos indivíduos e sobre a possibilidade de uma resposta teórica apropriada. (HALLIDAY, 1999, p. 67)

Começando pelas linhas gerais da Teoria Crítica, Silva afirma que a mesma se sustenta em quatro bases: "a relação entre o sujeito cognitivo e seu objeto de estudo; a influência de interesses e valores sobre a teoria; a mutabilidade da realidade social; e os modos de teoria que surgem" (2005, p. 256). Tais bases enfatizam que existe uma relação subjetiva entre o cientista e seu objeto de estudo. A realidade não pode ser separada do indivíduo pensante como algo a ser analisado distante de seu cotidiano ou ao qual ele seja imune.

Existe um compartilhamento de conhecimento, valores e reflexões entre os sujeitos e estes buscam compreender e transformar o mundo a partir deste conjunto de ideias. Não há teoria ou teórico isento, todos fazem parte de um mesmo complexo social, ao qual desejam analisar, entender e mudar caso considerem necessário. Assim,

> A teoria é obrigatoriamente condicionada pela influência social, cultural e ideológica, e cabe à teoria crítica a tarefa de revelar os efeitos deste condicionamento (...) trazer à consciência perspectivas latentes, interesses ou valores que dão origem a, ou orientam, qualquer teoria. O conhecimento que a teoria crítica persegue não é neutro; é política e eticamente carregado por um interesse na transformação social e política. (SILVA, 2005, p. 258)

Nas relações internacionais, os principais interlocutores desta Teoria Crítica são autores originariamente pertencentes à Escola de Frankfurt, e os que desenvolvem suas análises a partir deste corpo de pensamento como Jürgen Habermas, Andrew Linklater e Robert Cox. Dentre estes, Linklater e Cox[3] são os que podem ser considerados mais próximos à agenda de Relações Internacionais, e suas reflexões detêm raízes próximas a estes demais analistas da política e da sociologia e do materialismo histórico clássico[4].

De acordo com Hobden e Wyn Jones (2005, p. 240), a fundação da qual deriva a Teoria Crítica reside no pensamento da Escola de Frankfurt na Sociologia. Segundo estes autores, não necessariamente essa escola compartilha todos os elementos associados ao pensamento marxista clássico, e detém foco de análise diferente da maioria dos marxistas. Entretanto, sua associação a este pensamento deriva de seu potencial contestador da parte dos indivíduos, cuja ação racional é direcionada para a mudança. Essa escola tem suas origens nas reflexões de autores como Max Horkheimer, Theodor Adorno, Herbert Marcuse e Walter Benjamin.

Segundo estas visões, o objetivo do pensamento teórico, por meio de uma dialética do esclarecimento é a emancipação do indivíduo, que compreende os cenários de poder nos quais se encontra inserido. O conhecimento humano é função da liberdade e a fonte a partir da qual ela pode emergir, tendo como base este processo de contradições e recriações. Como Silva destaca,

> Para os teóricos críticos, fatos são produtos de estruturas sociais e históricas específicas (...) O objetivo explícito da teoria crítica é promover a emancipação humana, o que significa que a teoria é abertamente normativa, assumindo uma função até no debate político (...) os cientistas comporiam uma força social cujo dever principal não poderia deixar de ser a transformação da realidade social de forma a expandir a emancipação humana. (SILVA, 2005, p. 253–254)

---

3 Outro autor que poderia ser abordado é Stephen Gill, devido a seu pensamento histórico e emancipatório diante do capitalismo em obras como *New Constitutionalism and World Order.*

4 Para Humrich (2014), existe ainda certa confusão no campo das Relações Internacionais sobre qual seriam as "Teorias Críticas". Muitas vezes, este termo é associado a correntes que contestam os paradigmas dominantes (incluindo o materialismo histórico) e compõem a agenda dos "novos recortes" como o feminismo e o pós-colonialismo. Tais recortes serão examinados no Capítulo 5 e, neste item, a abordagem focará nos estudos acima mencionados.

Outra contribuição associada à Escola de Frankfurt e com implicações para as Relações Internacionais na construção de sua Teoria Crítica é a de Jürgen Habermas. De acordo com Halliday (1999, p. 67), Habermas estabelece que a crítica é a base para a construção de um projeto de emancipação social, que contrasta com as formas tradicionais de pensamento baseadas no positivismo e na hermenêutica. Não existe sociedade sem mudança ou indivíduos sem capacidade crítica, apenas a maior ou menor aplicação destas qualidades para a mudança.

Ao longo do tempo, a estrutura do Estado e as posturas conservadoras procuraram limitar esta ação dialógica e comunicativa a fim de sustentar seu poder (i.e. o paradigma comunicativo habermasiano). Habermas é um dos mais ferrenhos críticos do Estado de Bem-estar Social[5] construído na Europa Ocidental desde a década de 1950, pois considera que sua organização tende a desmotivar a participação cidadã e a estabelecer constrangimentos para ela. Existe, em sua visão, uma acomodação social, que leva à perpetuação do poder e à perda de valores universais compartilhados por todos em troca de uma suposta rede de proteção em setores como emprego e saúde.

A reflexão e a crítica para a liberdade tornaram-se secundárias, até pela acomodação dos indivíduos. Porém, esta situação pode ser superada com um envolvimento direto do indivíduo em seu cotidiano, por meio do fortalecimento da democracia participativa. Esta participação democrática, sustentada no diálogo direto entre estes indivíduos em sua comunidade, é a raiz da contestação e da mudança, que se estabelece a partir da compreensão do mundo. Como resultado será produzida a emancipação social. Sobre a conexão de Habermas com o marxismo, os pontos de contato existem, mas também as diferenças como aponta Linklater,

> Duas considerações precisam ser feitas sobre o resultado da reconstrução de Habermas do materialismo histórico. Primeiro, Habermas rejeitou há muito tempo as alegações marxistas sobre a primazia da produção e a centralidade do conflito de classe em qualquer forma de vida. A ideia da emancipação universal entendida como a redução ou erradicação da desigualdade

---

5 Dentre as obras mais conhecidas do autor se encontram *Teoria e Práxis*, *Mudança Estrutural da Esfera Pública* e *Sobre a Constituição da Europa*.

> de classe é superada pela visão de uma boa sociedade na qual exista maior entendimento humano (...). (LINKLATER, 2005, p. 131)

A influência de Habermas para as Relações Internacionais reside nesta defesa dos processos democráticos e participativos, que levam à contestação da ordem vigente para sua mudança, que possui aderência com algumas tradições liberais examinadas no Capítulo 3. A diferença destas tradições reside, porém, na dimensão crítica para a mudança, no sentido de revolucionar dialeticamente a sociedade enquanto as tendências liberais caminham mais no sentido da acomodação. É nessa associação direta entre a participação, o questionamento e a busca da emancipação que reside a ligação mais próxima entre este autor e a obra de Andrew Linklater. Como indicado, Linklater e Cox são os expoentes com mais aderências à teoria das relações internacionais para o campo da Teoria Crítica.

Em obras como *Men and Citizens*, *The Transformation of political Community* e *Beyond Realism and Marxism: Critical Theory and International Relations*, Linklater busca estudar a forma como as comunidades políticas se relacionam e quais os constrangimentos que estas comunidades impõem sobre a sociedade. O estudo do autor pressupõe uma teoria social da política mundial para recuperar a liberdade dos indivíduos e suas comunidades por meio da emancipação que nasce da democracia participativa e do diálogo.

O Estado, conforme as concepções clássicas do realismo e do liberalismo, é percebido como um elemento de dominação que constrange esta participação e impõe, sem reflexão, suas regras sob a sociedade. A sociedade é apenas uma receptora de valores vindos deste Estado, que ajudam a perpetuar determinadas posições sociais. Nesta visão, o Estado exclui o indivíduo da política doméstica, agregando uma dimensão apenas formal a sua participação (normalmente via democracia formal simbolizada pela realização de eleições e procedimentos legais) e o ignora como agente da ação internacional. Com isso, tanto dentro quanto fora das fronteiras dos Estados predomina apenas a dominação.

Para Linklater, isso impede a construção de um mundo sustentado em programas políticos transformadores, que de fato sejam apoiados em valores universais legítimos de caráter moral, com senso de justiça. Na visão do autor, tendo como ponto de partida a busca deste mundo universal, moral, justo e legítimo, é objetivo dos indivíduos a construção desta sociedade internacional solidária, que, no fundo é um cenário "pós-vestfaliano".

> Linklater elabora sua argumentação em termos de uma "transformação tripla" que afeta a comunidade política. As três tendências de transformação que Linklater identifica são: um progressivo reconhecimento que os princípios morais, políticos e legais precisam ser universalizados, uma insistência que a desigualdade material precisa ser reduzida e demandas por maiores respeito das diferenças culturais, étnicas e de gênero precisam ser maiores. A transformação tripla identifica processos que abrem a possibilidade de desmantelar o nexo entre soberania, território, cidadania e nacionalismo e para ir em direção a formas mais cosmopolitas de governança. (DEVETAK, 2005, p. 155)

Portanto, este cenário pós-vestfaliano não é mais sustentado em fronteiras, mas sim em um capital moral cidadão, que desenvolve um senso de comunidade entre os homens e que compartilha o valor moral do "bem". Mas como os indivíduos chegam nesta agenda? Por meio da própria erosão deste Estado a partir de dentro com fenômenos como a crescente valoração da paz, a transnacionalização econômica e a globalização político-cultural social, que desconstrói unidades políticas conhecidas e favorece (facilita) o diálogo. Além disso, o universalismo nasce de um processo dialético de construção e desconstrução das diferenças.

O diálogo é uma função comunicativa de deliberação pública e participação social, por meio do qual os indivíduos buscam, de forma ética, o bem comum. A comunicação supera o déficit de legitimidade social presente. Afinal, "o agir comunicativo é mais um procedimento em que a validação ocorre por meio de um processo de diálogo" (SILVA, 2005, p. 270). Silva ainda complementa, sobre o trabalho de Linklater,

> (...) defesa da noção de que a emancipação no domínio internacional deva ser apreciada na forma da expansão das barreiras morais entre comunidades políticas. A emancipação constitui a perda de significado moral e ético das fronteiras dos Estados. O foco passa a ser as múltiplas formas de inclusão e

> exclusão promovidas pela política mundial, dentre as quais se destaca o estado enquanto comunidade moral. Linklater defende o universalismo moral sem exclusão. (SILVA, 2005, p. 271)

Além destas reflexões sobre emancipação, outra agenda de pesquisa relevante para a Teoria Crítica é àquela apresentada por Robert Cox que, como indicado, insere-se nos analistas considerados neogramscianos. Esta classificação deriva de seu estudo dos processos históricos e da construção da hegemonia, assim como das forças sociais, Estados e ordens mundiais que são associados a estes processos. Segundo Roach (2013, p. 177), Cox é "o primeiro acadêmico de Relações Internacionais a abordar as implicações internacionais dos conceitos de Gramsci de hegemonia, sociedade civil, bloco histórico, revolução passiva e intelectuais orgânicos."

O autor apresenta, assim, uma teoria crítica da hegemonia, da ordem mundial e da mudança histórica, pois

> A teoria de Cox é crítica no sentido de que fundamentalmente se interessa em como uma ordem mundial passa a existir, quais estruturas de poder e dominação são características de uma determinada ordem mundial, como elas se reproduzem e são preservadas e quais as forças (no sentido de atores de classe) dentro de uma ordem mundial existente têm o potencial para a mudar (...) é baseada em uma concepção dialética da história que é sustentada no processo histórico contínuo de mudança e investiga o potencial para desenvolvimentos alternativos (...) As relações de produção desempenham um papel importante nesta abordagem. (BIELER e MORTON, 2014, p. 215)

Diferentemente do que as correntes dominantes realismo e liberalismo indicam como pressupostos, as teorias não são "isentas", "a-históricas" ou "apolíticas", mas sim produtos da inter-relação das forças sociais que compõem um determinado contexto histórico. Portanto, a teoria é histórica e socialmente definida.

Em uma das citações mais conhecidas de seu artigo clássico "Social Forces, States and World Orders: Beyond International Relations Theory" publicado originalmente em 1981[6], esta realidade é assim expressa: "A teoria é sempre *para* alguém e *para* algum propósito". Todas as teorias têm uma perspectiva. Perspectivas derivam de uma posição no tempo e no espaço, especificamente um tempo e espaço social e político. (COX, 1986, p. 207, grifo do autor)

Além da perspectiva tempo–espaço, que indica que toda teoria pertence a um contexto histórico concreto, Cox identifica mais duas dimensões que definem que tipo de teoria se está abordando: a problemática e o propósito. Como bem define Silva (2005, p. 262), a problemática "refere-se às premissas da vida social que cada teoria deseja abranger". Por sua vez, o propósito refere-se à forma como a teoria se constrói e se desenvolve como sistema de pensamento. Como sustenta Cox,

> Começando por sua problemática, a teoria pode servir a dois propósitos distintos. Um, é uma resposta simples e direta: ser um guia para resolver os problemas colocados dentro de uma determinada perspectiva particular que é o ponto de partida. O outro é mais reflexivo sobre o processo de teorização: ter a clara consciência da perspectiva que dá origem à teorização e sua relação com outras perspectivas. (COX, 1986, p. 207)

Tendo como base esta perspectiva, as teorias se dividem em dois tipos: a teoria que soluciona problemas (*problem solving theory*) e a teoria crítica (*critical theory*). Assim, a "teoria que soluciona problemas toma o mundo como ele é, com as relações sociais e de poder dominantes, e as instituições por meio das quais são organizadas, como uma estrutura dada de ação" (COX, 1986, p. 208). Em contraposição, "(...) a teoria crítica é direcionada ao complexo social e político como um todo (...)" (COX, 1986, p. 207).

A reflexão de Cox objetiva o estabelecimento de uma Teoria Crítica, sustentada na perspectiva histórica e na ação para a mudança. Esta Teoria visa compreender as estruturas de poder e apontar caminhos para a transformação. Para Cox, é patente que não é possível promover a mudança sem uma consciência crítica da realidade que desvende o que é e como funciona a hegemonia, e de que

---

6 Neste capítulo utiliza-se a versão atualizada de 1985 deste texto, publicado por Cox na coletânea editada por Robert O. Keohane em 1986, *Neorealism and its critics*.

forma esta hegemonia, como classe líder, comanda as sociedades domésticas e as ordens mundiais.

Para a compreensão desses fenômenos e da mudança dialética, o autor nos apresenta "dois triângulos" que definem a hegemonia e a ordem mundial. O primeiro refere-se à compreensão da hegemonia em si como um produto social que é composto de três categorias de força (ou níveis de ação): as capacidades materiais, as ideias e as instituições[7] (Figura 5). O segundo corresponde à compreensão das estruturas históricas do fenômeno dialético que têm como componentes: as forças sociais, os tipos de Estado e as ordens mundiais (Figura 6).

Em síntese, como apontam Bieler e Morton, "a hegemonia funciona (...) em dois níveis. Primeiro, por meio da construção do bloco histórico e da coesão social dentro de um Estado e, segundo, por meio da projeção internacional da hegemonia em nível de ordem global." (BIELER e MORTON, 2014, p. 220).

Figura 5

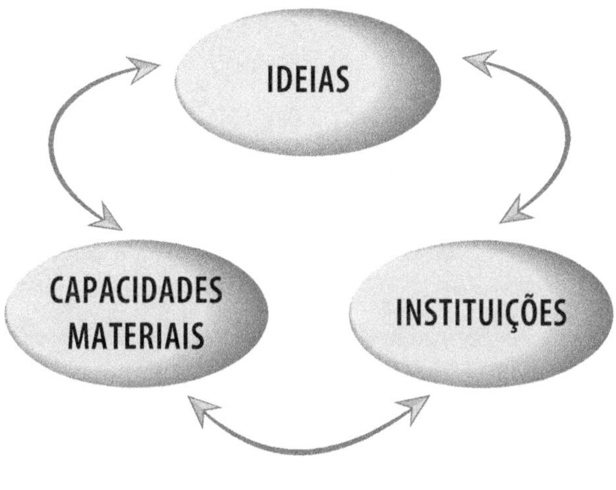

Analisando os conceitos presentes na Figura 5, as ideias são compostas de dois tipos: os significados intersubjetivos, associados às "noções compartilhadas da natureza das relações sociais que tendem a perpetuar hábitos e expectativas" (COX, 1986, p. 218) e às construções coletivas que são as "imagens coletivas da

[7] Como já analisado nos capítulos anteriores, estes não são conceitos estranhos às teorias realista e liberal, que possuem correntes que analisam a hegemonia e suas fontes de exercício. O que as diferencia da teoria crítica é que a teoria crítica visa a compreensão desses fenômenos para a mudança e não para a sua perpetuação.

ordem social, compartilhadas por diferentes grupos de pessoas". (COX, 1986, p. 208). São as ideias que constroem a natureza e a legitimidade das relações de poder de uma determinada sociedade.

As capacidades materiais referem-se aos recursos de poder derivados das capacidades econômicas, tecnológicas e políticas que um Estado possui. Esses recursos derivam do processo de geração de riqueza e de como este processo é controlado (e por quem). O terceiro elemento são as instituições, que organizam, direcionam e canalizam o processo de dominação. Elas representam as chamadas estruturas hegemônicas de poder, ou seja, as estruturas que constroem e organizam a dominação por meio de sua institucionalização. A institucionalização visa legitimar, legalizar e perpetuar a dominação.

A evolução histórica da hegemonia e a compreensão dos fenômenos estruturais e dialéticos envolvidos nos processos históricos são definidas também por um "triângulo" como citado, representado na Figura 6.

Figura 6

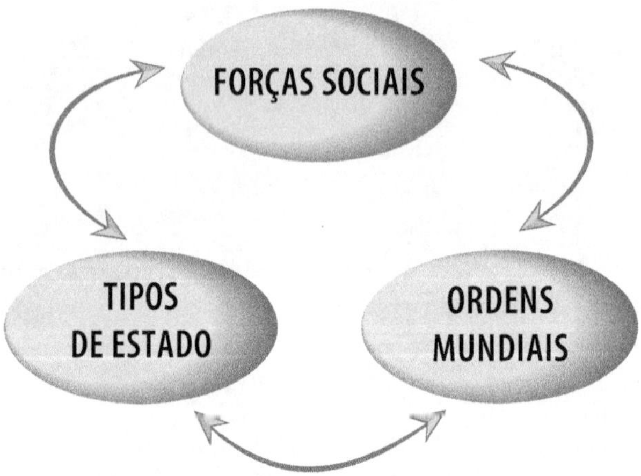

Avaliando estes níveis de atividade e dinâmicas, indica-se que as forças sociais são definidas, conforme estabelece o marxismo (ver 4.1), pela organização da produção em uma determinada sociedade. Os tipos de Estado são estabelecidos a partir deste modo de produção, que define as relações de classe internamente.

Da interação desses fatores, emerge um Estado dominante, a hegemonia que define o perfil das ordens mundiais vigentes. De acordo com Cox, deve-se atentar à

> (1) Organização da produção (...) em relação às forças sociais que são geradas pelo processo produtivo (2) tipos de Estado que derivam do estudo dos complexos Estado/sociedade e (3) ordens mundiais, i.e., uma configuração de força em particular que sucessivamente define a problemática de guerra e paz em um conjunto de Estados. Cada um destes níveis pode ser estudado como uma sucessão de estruturas rivais dominantes e emergentes. (COX, 1986, p. 220)

Tendo como base o cenário contemporâneo, Cox indica que o período que corresponde à ascensão e consolidação do capitalismo industrial não pode ser dissociado da hegemonia da Grã-Bretanha. No século XIX, a *Pax Britannica*, que perdurou até 1945, sendo substituída pela *Pax Americana*, ditou as regras ideológicas e materiais do funcionamento do sistema internacional e da expansão global do capitalismo.

Tal expansão, nas primeiras décadas do século XX, gerou uma contradição intrínseca ao sistema pela competição entre os agentes capitalistas (como visto em 4.2 e 4.3). Esta competição que se desenrolou na Primeira (1914–1918) e na Segunda Guerra Mundial (1939–1935) era representativa do declínio britânico e do surgimento dos novos desafiadores capitalistas: Alemanha e Estados Unidos (com a emergência do desafio socialista a partir de 1917 e a Guerra Fria em 1947).

A ascensão dos Estados Unidos como vitorioso entre estes desafiadores e a *Pax Americana*, iniciada em 1945, representam uma "troca" de hegemonias capitalistas, preservando o domínio ocidental do mundo (anglo-saxão). A *Pax Americana* eleva este processo de dominação a novos níveis: não só a estrutura ideológica e institucional associada ao poder dos Estados Unidos é mais elaborada do que a de sua antecessora britânica, como a mesma atingiu elevado nível de internacionalização. Para Cox (1986), isso fortaleceu um sistema imperial que se define como

> uma estrutura de ordem mundial que é sustentada por uma configuração particular de forças sociais nacionais e transnacionais, e um conjunto de Estados periféricos (...) inclui organizações mais e menos formais no nível sistêmico por meio das quais podem ser exercidas pressões sobre os Estados (...) sem usurpar o poder dos Estados. (COX, 1986, p. 229)

A mudança nestas ordens mundiais, e nos pilares sociais e estatais que as conduzem, é possível a partir do entendimento do funcionamento desse sistema: a hegemonia é uma força social construída e que igualmente poderá ser substituída por outras configurações de forças sociais, na visão de Cox. Esta transformação de ordem social e mundial possui três resultados possíveis que representam tanto a continuidade quanto à ruptura.

No que se refere à continuidade, Cox ressalta a existência deste já examinado processo da troca de hegemonias, do mesmo tipo, pela evolução assimétrica de seus recursos de poder, enfatizando uma competição intercapitalista. Em termos de ruptura, objetivo da ação transformadora e revolucionária da Teoria Crítica, o autor indica dois caminhos de emancipação possível: a construção de uma ordem não hegemônica sustentada em diversos centros de poder conflitantes e a emergência de uma contra hegemonia baseada em uma coalizão de nações do Terceiro Mundo.

Quadro 19: A Teoria Crítica

A Escola de Frankfurt e Habermas	Robert Cox
Sujeito e Objeto Subjetividade, Ação e Mudança Interesse e Valores Moralidade e Justiça Construção do Bem Social Debate e Comunicação Discurso e Diálogo Democracia e Participação Emancipação Social	"Teoria para que e para quem" Agenda Neogramsciana Teorias Explicativas x Teorias Críticas Reflexão Estrutural Ideias, Capacidades Materiais e Instituições Forças Sociais, Tipos de Estado, Ordens Mundiais

Pode-se até sustentar que estas dimensões de ruptura apresentam certa medida de utopia, pois partem do pressuposto de que os Estados pertencentes a estes dois processos não terão pretensões hegemônicas. No século XXI, a construção da multipolaridade e a hipótese da ascensão de uma nação do Sul, a China, como líder dos processos internacionais poderia exemplificar estas ações, e comprovar ou refutar a análise de Cox. Trata-se, porém, de processo em andamento cujos resultados ainda estão em aberto, assim como a reação da *Pax Americana* a esta ascensão do Sul.

De Marx a Engels, passando por Lenin, Wallerstein e Cox, assim como pelos demais teóricos aqui abordados, percebe-se que as teorias marxistas de compreensão do mundo podem nos ajudar a compreender e mudar o mundo de forma crítica e abrangente. Apesar das disputas ideológicas associadas à polarização da Guerra Fria (1947–1989), às dificuldades do socialismo realismo real e ao domínio teórico estadunidense das Relações Internacionais, o materialismo histórico mantém sua relevância acadêmica e, nestes tempos de caos e crise, parece solidificar-se como alternativa de reflexão.

Porém, o marxismo não é a única alternativa ao campo dominante realista-liberal das Relações Internacionais. No Capítulo 5, um breve panorama demonstrará que as abordagens contemporâneas deste campo teórico continuam trazendo novos recortes e desafios para a área.

Questões de Estudo

1. Identifique quais são os quatro pressupostos do Materialismo Histórico, explicando suas bases.
2. Compare os trabalhos de Arrighi e Wallerstein sobre o sistema mundo.
3. De que forma o trabalho de Robert Cox é relevante para o campo crítico? Explique e desenvolva com suas próprias palavras.

DINÂMICAS DE DEBATE: DOCUMENTÁRIOS E FILMES

1. Escolha um dos seguintes filmes: "Tempos Modernos" (1936) e "Adeus Lenin" (2002) para discutir a importância do materialismo histórico e suas implicações para as relações internacionais.
2. O filme "1984" (1984) oferece uma das críticas mais contundentes às sociedades capitalistas modernas do século XX e o seu declínio no futuro. Estabeleça um debate sobre estas críticas e rumos futuros do mundo.
3. No filme "O Jogo do Dinheiro" (2016), apresenta-se uma visão crítica sobre o capitalismo e o seu peso sobre os indivíduos. Estabeleça um debate sobre o capitalismo nas relações internacionais.

Capítulo 5

AS ABORDAGENS CONTEMPORÂNEAS

Para dar conta das abordagens contemporâneas das Relações Internacionais, o propósito deste capítulo é apresentar algumas correntes de pensamento que possuem uma identidade própria na disciplina e oferecem contribuições diferenciadas para pensar o mundo. Dentre estas, examinam-se: 5.1 A Economia Política Internacional, 5.2 A Escola Inglesa, 5.3 O Construtivismo, 5.4 Os Novos Recortes (o feminismo, o pós-modernismo e o pós-estruturalismo e o pós-colonialismo).

POR SER UMA CIÊNCIA "JOVEM" DO SÉCULO XX, mas cujas origens remontam às reflexões sociais, políticas, estratégicas e econômicas de períodos muito anteriores, as Relações Internacionais possuem dimensões temporais muitas vezes confusas e sobrepostas. Por isso, nem sempre falar de "abordagens contemporâneas" parecerá muito lógico, pois podemos supor que o termo se aplica a todas as correntes de pensamento desta área. Da mesma forma, o dilema se aplica ao termo "novo" na definição das abordagens que ganham espaço a partir dos anos 1970.

Afinal tudo parece ser jovem, novo e contemporâneo nas Relações Internacionais, e fica a questão: onde encaixar as reflexões que não se enquadram perfeitamente nas três vertentes clássicas e sua evolução examinadas nos capítulos anteriores? São teorias, similares a estas vertentes, as agendas de pesquisa mais específicas associadas a movimentos sociais e políticos como o feminismo e o pós-colonialismo? Ou tudo faz parte de um debate natural das ciências sociais que nos remete a suas origens na política, na sociologia e na economia, e que se dissemina para as relações internacionais?

As respostas para essas perguntas diferem bastante: para alguns, estas são divisões artificiais que remetem às linhas de pensamento dominantes, para outros, não seriam nem relações internacionais, mas sim um apanhado de preocupações das ciências humanas, e, ainda, existem os que reforçam sua especificidade. Neste capítulo, parte-se do princípio de que estas abordagens representam olhares diversos para o mundo, e que cada uma possui uma identidade própria nas Relações Internacionais e nas Ciências Sociais como um todo. Porém, como escolher quais são os olhares diversos que serão abordados?

Aqui já se abre novo problema, tomando como base muitos manuais da área de teoria das Relações Internacionais, as opções também são diferentes: sistematizar conjuntamente estas visões em um só capítulo, definindo algumas como temas de estudo prioritário? Ou dar conta de cada uma delas em um capítulo particular e reforçar sua individualidade?

Diante deste dilema, a opção deste texto é agregar estas reflexões neste capítulo sobre as abordagens contemporâneas. Guardadas suas diferenças, todas elas representam uma contestação e/ou complementação dos modelos vigentes, e oferecem diferentes propostas de pesquisa. Dentre elas, as abordadas são: a economia política internacional, a escola inglesa, o construtivismo e os novos recortes, subdivididos em: feminismo, pós-modernismo e pós-estruturalismo e o pós-colonialismo[1].

5.1. A ECONOMIA POLÍTICA INTERNACIONAL

Tradicionalmente, a inter-relação entre política e economia já vinha sendo trabalhada nas Relações Internacionais, tendo como base suas três correntes clássicas, o realismo, o liberalismo e o marxismo. Na disciplina da Economia, a área de economia política internacional detinha uma visibilidade e agenda de pesquisa específicas, que se ampliaram a partir dos anos 1960 e 1970. Tal ampliação relaciona-se à transformação relacionada à globalização dos fenômenos econômicos e à atuação cada vez mais marcante das empresas transnacionais e dos atores associados ao capital financeiro.

Para as Relações Internacionais isso se refletiu na maior relevância dos estudos de Economia Política Internacional (EPI), com ênfase nas preocupações da disciplina e com diálogo com a economia. De acordo com Bieling, o foco deste campo é "investigar a relação modificada entre Estados, mercados, instituições internacionais e relações sociais (...)" (2014, p. 231). O que se observa é a elevação nas "(...) mudanças nas relações monetárias e de crédito internacionais", (BIELING, 2014, p. 231), que reforça a necessidade desta compreensão integrada.

Diversos autores dedicaram-se, e se dedicam a este campo, a partir do ponto de vista das Relações Internacionais. Assim como em outros capítulos (e itens), não é possível abordar a todos. Com isso é necessário estabelecer um recorte e são abordadas duas reflexões consideradas referências neste campo: as de Robert Gilpin e as de Susan Strange (1923–1988)[2].

---

1 Outra abordagem que ganha espaço nos estudos de relações internacionais é a da teoria verde, que oferece um campo de estudo específico sobre os problemas ambientais, os quais têm suas origens nos movimentos ecológicos que emergem nos anos 1970. O objetivo é inter-relacionar fatores sociais, econômicos e históricos no debate ambiental.

2 Existe uma discussão sobre quem seriam (ou não) autores de *Economia Política Internacional*. Poderiam também ter sido incluídos aqui analistas como Arrighi e Wallerstein abordados no Capítulo 4.

Em obras como *War and Change in World Politics* (1981), *A Economia Política das Relações Internacionais* (2002), Robert Gilpin oferece uma abrangente análise sobre as interações entre a ciência política, as relações internacionais e a economia. Além de apresentar a trajetória da interdependência entre estes pensamentos ao longo dos últimos séculos, o autor foca nos processos contemporâneos de mudança destas áreas. Dentre esses processos, a ascensão da relevância do setor financeiro e da atuação das empresas transnacionais, com impacto direto sobre a soberania dos Estados, reforça a demanda por "integrar o estudo da economia internacional com o estudo da política internacional". (GILPIN, 2002, p. 19).

Esta demanda tem como foco a análise três pilares nos quais se baseiam o conjunto de pensamento da economia e da política no sistema internacional: o poder e a riqueza, o Estado e os Mercados, a política e a moeda.

No que se refere ao primeiro pilar, o que está em jogo é a correlação entre a geração de riqueza e a construção do poder, e a forma como esta riqueza é construída: se com base no capitalismo "clássico" de produção industrial, sustentada em elementos concretos como bens e matérias-primas, que circulam nacional e internacionalmente pela via comercial, ou se na base financeira do capitalismo. Neste segundo caso, a agenda é representada pela financeirização do capital, pelo aumento do capital circulante com base em capitais voláteis ou voltados para o crédito e investimentos.

Este pilar já realiza, portanto, a relação entre a política e a moeda. Ou seja, de que forma o capital circula nas relações internacionais e como ele pode ser utilizado para o estabelecimento de dinâmicas de dependência entre as nações. As nações capazes de deter maior controle sobre a moeda, com controle dos mecanismos de crédito e investimentos já citados, e a flutuação das taxas de juro e cambiais, são as que dominam com mais facilidade a arena econômica. Este elemento, particularmente, tem como sustentáculo o sistema de Bretton Woods, que estabeleceu o dólar americano como moeda de reserva internacional, permitindo aos Estados Unidos reforçar sua hegemonia multidimensional.

Nos anos 1970, a ascensão do poder econômico da Europa Ocidental também gerou o termo "eurodólar" e, atualmente, fala-se nas guerras cambiais entre o dólar, o euro (moeda comum europeia que iniciou sua circulação na Zona do

Euro no século XXI), e o Yuan, moeda chinesa. O dólar americano mantém sua posição como moeda dominante, de reserva, a qual o sistema internacional tem como referência, o que permite aos norte-americanos continuarem dominando este sistema. Sintetizando, Milan oferece este panorama sobre o tema:

> a crescente importância dos mercados e instrumentos financeiros, sob controle norte-americano, se traduziu em um descasamento entre economia real e economia financeira, contribuindo para um aumento da especulação em escala global e aumento da fragilidade financeira (...) houve um rápido crescimento dos instrumentos derivativos em comparação com o produto interno bruto mundial, principalmente nos anos 1980. Esta e outras inovações contribuíram para aumentar a vulnerabilidade e a fragilidade financeira global, com repercussões para o papel do dólar enquanto referência mundial de valor e liquidez, na medida em que o dólar representa um ponto de fuga durante períodos de instabilidade. (MILAN, 2012, p. 134)

O sistema de Bretton Woods, como analisado nos Capítulos 2 e 3, representa o sustentáculo econômico desta hegemonia norte-americana do pós-1945, ao lado da dinâmica política do sistema de Dumbarton Oaks/Nações Unidas. Desta forma, ele se encontra associado a toda uma rede de instituições multilaterais que são criadas para a regulação da economia capitalista naquele momento, buscando reforçar a estabilidade do capitalismo e minimizar as suas crises cíclicas. Crises estas representadas pela superprodução, desemprego, dentre outros fenômenos.

A partir deste sistema reforça-se a tese da Teoria da Estabilidade Hegemônica, de Charles Kindleberg, que estabelece que uma economia liberal depende da existência de um poder hegemônico para seu funcionamento, que estabelece estruturas regulatórias para seu funcionamento. Estas estruturas são, no pós-1945, as organizações internacionais governamentais de Bretton Woods como o FMI, Banco Mundial, negociações do GATT (*General Agreement on Tariffs and Trade* — Acordo Geral de Tarifas e Comércio), e os regimes comerciais, financeiros e produtivos a elas associados. Estas OIGs e seus regimes estabelecem normas de controle do sistema, que é liderado pela hegemonia. Por princípio, uma hegemonia "benigna" que vê na reprodução deste sistema a preservação e continuidade de seus interesses.

Como indicava Keohane (1984) no Capítulo 3, este arcabouço permite que a hegemonia permaneça dominando o sistema, mesmo que se enfraqueça em seu poder bruto, pois terá outras vias de canalização de sua influência. Mais importante, este sistema, embora hegemônico em suas origens, será reconhecido como útil a todos os participantes que, dentro dele, podem compartilhar benefícios, e não só custos. Ou seja, valida-se a hegemonia sem a hegemonia. O fato de a hegemonia tornar-se "maligna", i.e., querer lucrar mais com o sistema do que promover seu gerenciamento quando seus recursos de poder diminuem, é relativizado nestas interpretações. Para Strange, por exemplo, não existe declínio da hegemonia dos Estados Unidos, e sim a continuidade desta dominação favorecida pelas mudanças na relação entre poder político e poder econômico, como será analisado.

No que se refere ao segundo pilar, a interação entre Estados e Mercado, Gilpin (2002) estabelece que estas interações revelam-se complexas e que possuem princípios distintos para a organização da vida social. De acordo com o autor,

> De um lado, o Estado baseia-se nos conceitos da territorialidade, lealdade e exclusividade, e tem o monopólio do uso legítimo da força (...) De outro lado, o mercado fundamenta-se nos conceitos de integração funcional, das relações contratuais e da crescente interdependência de compradores e vendedores (...) Para o Estado, as fronteiras territoriais são necessárias para a unidade política e a autonomia nacional. Para o mercado é imperativo eliminar todos os obstáculos políticos e de outra natureza ao funcionamento do mecanismo dos preços. (GILPIN, 2002, p. 28)

Gilpin identifica diversos temas de análise possíveis que compõem a agenda que considera relevante para a EPI: os efeitos econômicos e políticos do surgimento de uma economia de mercado; o vínculo entre a mudança econômica e a política; e o significado para as economias nacionais da economia globalizada. Em sua visão, a política internacional encontra-se cada vez mais influenciada pelos fenômenos econômicos e é preciso uma ampliação de sua agenda de pesquisa.

Não é possível pensar o Estado como um ator unitário e com elevada autonomia, ou focar na ação dos atores políticos, e sim abrir espaço para o estudo da transnacionalização dos fenômenos econômicos em suas mais diversas manifestações. Igualmente, é preciso considerar a interação entre as agências do multilateralismo econômico e do multilateralismo político. Portanto, "(...) por si mesmo o mercado influencia e transforma os fatores externos de um modo importante: dissolve as estruturas sociais, altera as relações políticas e estimula o progresso científico e tecnológico" (GILPIN, 2002, p. 85).

Em linhas gerais, as avaliações de Gilpin demonstram-se bastante conhecidas e dentro da linha do pensamento clássico tanto da economia quanto da teoria das relações internacionais. Embora alerte para fenômenos importantes da mudança internacional na política e na economia, o trabalho do autor lida com questões de poder, Estado e mercado, dentro dos parâmetros compartilhados pelas teorias clássicas. Em contrapartida, as reflexões de Susan Strange demonstram um viés crítico e que reflete as mudanças nas Relações Internacionais com impactos na EPI de forma mais sistemática.

Segundo Bieling (2014), Susan Strange oferece em sua obra uma alternativa às abordagens tradicionais da EPI e das Relações Internacionais, indicando pontos de estrangulamento. A autora se propõe a "derrubar as barreiras que existem entre as disciplinas e entre as diferentes escolas de pensamento" (BIELING, 2014, p. 231). Com isso, é relevante compreender que as agendas e interesses econômicos são articulados dentro de estruturas políticas, nacionais e internacionais. Segundo Strange:

> É impossível ter poder político sem o poder de comprar, comandar a produção e mobilizar o capital. E é impossível ter poder econômico, sem a sanção da autoridade política, sem a segurança legal e física que somente podem ser supridas pela autoridade política. (STRANGE, 1994, p. 25)

No caso da EPI, o autor aponta a preocupação de Strange com a pouca atenção que esta disciplina atribui às condições estruturais do sistema internacional, em termos políticos e econômicos. No que se refere à disciplina das Relações Internacionais, a principal interlocução de Strange foi com o neorrealismo, ainda que suas observações se estendam, em alguma medida, as demais correntes.

Dentre estas observações destacam-se à crítica a duas separações: àquela entre a economia e a política e à entre o nacional e o internacional.

A autora considera que existe um foco excessivo no papel do Estado, que pode levar à desconsideração da ação de outros atores internacionais, em particular os atores sociais transnacionais (como as empresas transnacionais, atores civis e as organizações não governamentais). A síntese da autora sobre estas limitações indica que as Relações Internacionais se encontram muito

> Preocupadas com as relações entre Estados, ela naturalmente tendeu a pensar o poder nas relações — o que eu defino como poder relacional — e no equilíbrio de poder entre os Estados, e não entre os Estados e outras autoridades políticas por um lado e entre mercados e sociedade por outros." (STRANGE, 1995, p. 64)

Em termos gerais, Strange defende que a superação destes pontos de estrangulamento somente pode ocorrer a partir do momento em que forem reconhecidas, e incorporadas, na agenda da EPI as transformações existentes nas relações econômicas internacionais e suas inter-relações com as configurações de poder político nacional e internacional. Estas mudanças ocorrem nas relações de produção, monetárias e financeiras, que afetam as estruturas e os recursos de poder globais, tornando-os multidimensionais.

É preciso que a EPI compreenda estas dimensões de poder em termos estruturais, as interações entre os Estados e os mercados, a gestão do comércio internacional, as taxas de juros, a dívida externa e os investimentos diretos. Outra preocupação, que se estende à dimensão política e normativa das relações internacionais, é identificar como se estabelece o controle das estruturas internacionais de produção e financeiras, os padrões econômicos assimétricos de reprodução e distribuição da riqueza (e o que se consiste em riqueza) e como se organizam, e quais são as características e formas de distribuição do conhecimento, da informação e das crenças.

Portanto, para Strange, a EPI é uma área que "compreende as estruturas internacionais de autoridade como muito dinâmicas e como uma rede complexa de relações poder sociais — definidas por fatores econômicos, estatais e sociais" (BIELING, 2014, p. 234). Como sustenta Carmo,

> (...) o programa de pesquisa de EPI, liderado por Susan Strange, reconhece a permanência das disputas de poder mesmo diante do enfraquecimento do Estado perante os novos atores. E avança tentando desenvolver o conceito de poder para dar conta de uma realidade na qual os Estados Unidos continuam desempenhando papel central na economia mundial, mas têm seu peso diminuído em termos relativos ao mesmo tempo em que se aprofundam os desequilíbrios no balanço de pagamentos. Para tanto, Strange defende, por um lado, não ser possível na economia política internacional fazer uma distinção entre o poder econômico e o poder político. (CARMO, 2013, p. 13)

Mas, a partir dessas considerações, como se desenvolve a agenda de pesquisa proposta por Strange, no que se refere às características do sistema internacional, os atores que atuam neste sistema e a concepções de poder?

A percepção de Strange sobre o sistema internacional é abrangente englobando relações sociais, políticas, econômicas e estratégicas. A partir da segunda metade do século XX, acelerando-se nos anos 1970, estas relações sofreram importantes alterações, devido ao progresso científico e tecnológico, à institucionalização das relações político-econômicas e à consolidação dos atores transnacionais. Nas palavras de Strange, observa-se a

> (...) aceleração do ritmo das descobertas científicas e da transformação tecnológica, a mudança de fatores-chaves da produção da terra, trabalho e capital (nesta ordem de importância) para capital, informação e energia; e a mudança da produção dos mercados locais e nacionais para os mercados globais — foram as mudanças estruturais. (STRANGE, 1995, p. 63)

Esta somatória de fatores leva à mudança na natureza da competição entre os Estados, pois a disputa entre eles não se refere mais a territórios e a recursos, mas sim por sua participação no mercado global. Como indicia a citação acima, esta participação também tem seu foco deslocado da produção física de bens para a de conhecimento e tecnologia, de domínio da informação, e do controle dos recursos financeiros disponíveis no sistema internacional, e questões associadas ao comércio, ao câmbio e aos juros.

Ainda que o Estado permaneça como unidade de análise, o mesmo está sendo cada vez mais afetado por outras fontes de autoridade. A ideia é de um *deffective state* ("Estado defeituoso"), que partilha autoridade com outros atores não estatais, levando a um possível novo medievalismo. A metáfora apresentada pela autora refere-se à fragmentação da autoridade sobre a economia e a sociedade. De acordo com Bieling, "Strange interpreta tudo isso como resultado de que, dentro dos eixos autoridade–mercado ou mercado–autoridade, o equilíbrio de poder está se afastando dos atores estatais (centrais)" (2014, p. 239).

O processo é contraditório: embora ocorra a concentração de poder na mão de certos atores e grupos sociais não estatais no sistema internacional modificado, são os Estados que permanecem dando as condições formais para que esta dinâmica possa funcionar. Desta forma, a competição internacional entre eles permanece, mudando de foco, recaindo sobre o controle do crédito e investimentos. Neste caso, os principais problemas do Estado parecem recair, como aponta Bieling na "internacionalização da produção e a inadequação política do sistema estatal" (2014, p. 240).

Portanto, os Estados detêm certa medida de poder, e entre eles mesmos se acentuam as assimetrias. Existe uma difusão de poder, que é de dois tipos, considerando o Estado e sua autoridade: a difusão "para cima" e a difusão "para baixo" (*upward and downward diffusion*). A difusão "para cima" corresponde à difusão da autoridade para organizações internacionais governamentais e não governamentais, enquanto a difusão "para baixo" refere-se à transferência de autoridade do Estado e suas instituições centrais para autoridades locais e regionais, além de empresas transnacionais e outros tipos de agrupamento social.

Para Strange (1995), podem ser identificados dois tipos de poder: o relacional e o estrutural. De acordo com Carmo,

> O poder relativo é o conceito tradicional do realismo, o poder de A determinar o comportamento de B, ainda que B desejasse comportar-se de

> modo diferente. Já o poder estrutural é a capacidade de moldar, definir a estrutura do sistema econômico internacional, define o marco no qual os demais Estados e outros atores, empresas multinacionais, bancos, organizações internacionais e indivíduos deverão atuar. (CARMO, 2013, p. 15)

No cenário contemporâneo, o que importa é a análise do poder estrutural, que é composto por quatro dimensões sobrepostas e não excludentes. São essas dimensões que permitem ao Estado projetar sua influência e estão sistematizadas no quadro abaixo:

Quadro 20: O Poder Estrutural

Segurança

"Estrutura de poder dentro da qual alguns mecanismos de proteção e defensivos estão alocados para prevenir desastres naturais, riscos ambientais ou conflitos violentos." (BIELING, 2014, p. 235)

Habilidade de controlar e administrar seu ambiente interno e externo.

Produção

"(...) é a soma de todos os arranjos que determinam quais bens são produzidos por quem e para quem, quais métodos e tecnologias são utilizados para este fim e como, e por quem, este processo é organizado." (BIELING, 2014, p. 235)

Processo de produção e geração de riqueza.

Financeira

Refere-se ao controle do crédito, do capital circulante, câmbio e taxas de juros, com impactos sobre o investimento.

Conhecimento

Dimensão da produção tecnológica como setor estratégico, aprofundamento do conhecimento. A informação como recursos de poder, investimentos em ciência e tecnologia.

Fonte: STRANGE, 1995, BIELING, 2014, CARMO, 2013 (elaborado pela autora).

Por fim, é preciso lembrar que estas transformações afetam o papel da hegemonia dos Estados Unidos no sistema internacional, ressaltando o declínio de sua ação estabilizadora e o foco em sua agenda de interesses. Não há razão, neste campo, para a hegemonia manter sua ação "benigna" prevista pela Teoria da Estabilidade hegemônica, não faz sentido por não ser mais necessário. Para este país, torna-se mais interessante perseguir seus interesses do que manter a estabilidade internacional, visto que possui mais vantagens comparativas. Carmo ainda indica que, a partir desta perspectiva de Strange, não existe declínio da hegemonia estadunidense.

> Strange (1987) argumenta que a natureza das disputas estatais mudou mais por razões econômicas do que por questões políticas, o poder estrutural tem maior peso do que o poder relativo neste jogo, e o poder estrutural americano aumentou e não diminuiu, a instabilidade no sistema deve-se menos ao enfraquecimento dos Estados Unidos do que às disputas internas existentes no país sobre o interesse nacional gerando um comportamento errático em relação às questões internacionais, especialmente no âmbito econômico, fazendo com que o poder estrutural dos Estados Unidos seja utilizado num sentido que instabiliza a economia mundial. Nesse sentido, o ativismo econômico do Estado protegendo sua economia não resulta do declínio da cooperação ou do Estado hegemônico ordenador da economia mundial, mas da crise econômica (...) (CARMO, 2013, p. 14)

A partir desta constatação, escrevendo ainda no século XX, Strange indica que os Estados Unidos têm mais poder do que indicam seus críticos. Não há declínio da hegemonia, mas a mudança de seu foco e agenda.

> (...) não existe nenhum contrapeso à tendência unilateral natural (mas destrutiva) do sistema político dos EUA (...) minha resposta, por mais tentativa que seja, é que a única forma de eliminar o presente veto hegemônico a uma melhoria da governança é construir, pouco a pouco, uma oposição atraente baseada na cooperação euro-japonesa, e abraçando quaisquer outras possibilidades latino-americanas, asiática, africanas que compartilhem os mesmos interesses e preocupações para o futuro. (STRANGE, 1995, p. 71)

Avaliação similar é apresentada por Marcelo Milan (2012),

> No novo século, a antiga estratégia de negligência benigna, onde a potência hegemônica impõe o custo do ajuste de seus próprios desequilíbrios aos demais países, foi adotada novamente. Os deficits tendem a desvalorizar

> o dólar e prejudicar as exportações mundiais para os EUA. Cerca de 60% das reservas internacionais são mantidas em dólares ou em ativos denominados (comprados, vendidos e liquidados) em dólares. Os países com dólares então reciclam-nos por meio de compras de títulos do tesouro norte-americano, reforçando o círculo vicioso. (MILAN, 2012, p. 136)

A ascensão dos emergentes no século XXI e os processos de desconcentração de poder e de multipolarização das relações internacionais, além dos desequilíbrios da economia internacional, parecem validar esta e outras análises de Strange. A crise econômica de 2008, as cisões Norte–Sul, as incertezas associadas à zona do euro são apenas alguns exemplos que podem ser citados como prova desta relevância analítica. Ao mesmo tempo, a percepção de onde se localizam os recursos de poder estrutural demonstram que existe uma disputa em andamento no mundo pelo estabelecimento de um novo equilíbrio de poder estatal, e que dê conta das novas dimensões não estatais.

5.2. A ESCOLA INGLESA

Nos anos 1970, a Escola Inglesa ganhou destaque nas Relações Internacionais ao propor uma análise teórica "intermediária" entre as abordagens realista e idealista. Hedley Bull em *A Sociedade Anárquica*, por exemplo, fala em três tradições de relações internacionais. Nas palavras de Bull,

> Ao longo de toda a história do moderno sistema de estados três tradições doutrinárias têm competido entre si: a hobbesiana, ou realista, que considera a política internacional como um estado de guerra; a kantiana, ou universalista, que preconiza a atuação, na política internacional, de uma comunidade potencial e a grociana, ou internacionalista, para a qual a política internacional ocorre dentro de uma sociedade de estados (BULL, 2002, p. 32)

Além de Bull, outros representantes desta Escola que podem ser lembrados são Robert Jackson, Tim Dunne (*Inventing International Society*, 1998), Martin

Wight e Adam Watson. De acordo com Linklater (2005), estes trabalhos de origem britânica (por isso também o nome "Escola Inglesa") tinham como foco avaliar a evolução do sistema internacional historicamente, promovendo uma interação entre os conceitos-chaves das Relações Internacionais como anarquia, valores, ordem, sociedade e sistema internacional. Por um lado, a Escola Inglesa reconhecia a anarquia e o equilíbrio de poder, por outro, defendia a existência de uma ordem mundial sustentada em valores e regras, que regia as interações entre os Estados.

Portanto, do "Sistema Internacional" era possível, e necessário, progredir para uma "Sociedade Internacional", na qual prevaleceria uma estabilidade entre os Estados, sustentada por sua convergência em torno de normas e instituições. Esta teoria, ou campo de pensamento, detém um forte caráter normativo e estabelece uma visão de mundo clara: os Estados formam uma sociedade e não precisam se submeter a um poder superior por serem soberanos. Apesar de a violência ser endêmica, ela pode ser controlada e monitorada pelo desenvolvimento de normas, valores e instituições compartilhadas. Com isso, a ordem se estabelece na anarquia e se define como fundamental o papel civilizacional das ideias.

Assim, pode-se indicar que três são os pilares-chaves da construção conceitual da Escola Inglesa, aqui sistematizados a partir de Bull (2002) e que são compartilhados por seus analistas: Ordem Internacional, Sistema Internacional e Sociedade Internacional.

Analisando especificamente o conceito de Ordem Internacional, Bull estabelece uma distinção entre ela e o que ele define como "ordem mundial". A "ordem mundial" refere-se a toda a humanidade, enquanto a "ordem internacional" é direcionada à compreensão de como se organizam as relações internacionais.

> Por "ordem internacional" quero referir-me a um padrão de atividade que sustenta os objetivos elementares ou primários da sociedade dos estados, ou sociedade internacional (BULL, 2002, p. 13). Por "ordem mundial", entendemos os padrões ou disposições da atividade humana que sustentam os objetivos elementares ou primários da vida social na humanidade, considerada em seu conjunto. A ordem internacional é uma ordem entre os estados. (BULL, 2002, p. 26)

Portanto, antes de se analisar o Sistema Internacional e a Sociedade Internacional, é preciso compreender que os mesmos possuem suas raízes no conceito de ordem mundial. De acordo com Dunne (2013), é a partir da percepção desta ordem mundial, i.e., da existência de um sistema político global formado por seres humanos que compõem uma comunidade, que se constrói o estudo das Relações Internacionais.

> A ordem mundial é mais fundamental e primordial do que a ordem internacional, porque as unidades primárias da grande sociedade formada pelo conjunto da humanidade não são os estados (como não são as nações, tribos, impérios, classes ou partidos), mas os seres humanos individuais — elemento permanente e indestrutível, diferentemente dos agrupamentos de qualquer tipo. Hoje são as relações internacionais que estão em foco, mas a questão da ordem mundial surge qualquer que seja a estrutura política ou social do mundo. (BULL, 2002, p. 29)

A ordem internacional pode ser o ponto final deste estudo, que deriva da Sociedade Internacional. Mas o ponto de partida é a ordem mundial, da qual parte o Sistema Internacional. Assim, são conceitos que até se sobrepõem e confundem no pensamento da Escola Inglesa, que objetiva estudar como se constitui a Ordem e, portanto, a Sociedade Internacional como este corpo normativo de ideias, valores e instituições que administram a anarquia.

Tentando esclarecer os demais conceitos, é preciso distinguir os temas de Sistema Internacional e de Sociedade Internacional. Para Bull, o conceito de sistema internacional, que também pode ser definido como sistema de Estados, é muito similar ao já trabalhado pelas correntes-base das Relações Internacionais como Realismo e Liberalismo. Assim, o Sistema Internacional origina-se a partir das relações sistemáticas entre um determinado grupo de Estados. Nas palavras do autor "Um *sistema de estados* (ou sistema internacional) se forma quando dois ou mais estados têm suficiente contato entre si, com suficiente impacto recíproco em suas decisões, de tal forma que se conduzam, pelo menos até certo ponto, como partes de um todo" (BULL, 2002, p. 13).

Porém, um sistema de Estados não necessariamente dá origem a uma Sociedade Internacional (ou Sociedade de Estados). Não obrigatoriamente os Estados que interagem no Sistema Internacional convergem para um determinado conjunto de regras ou expectativas. Desta forma, eles podem apenas interagir dentro de certa realidade de poder, na qual prevalece a Anarquia, sem que isso os transforme em uma unidade social. O Sistema Internacional poderá ser apenas a reprodução de uma visão realista (ver Capítulo 1): a interação automática entre unidades políticas, que buscam seus interesses e a manutenção de sua soberania, autorregulada pelo equilíbrio de poder.

Entretanto, para a Escola Inglesa, este é um cenário possível, mas não necessário. Os estudiosos desta corrente acreditam que é possível superar esta dinâmica "natural" entre os Estados, levando à construção de uma agenda comum de valores e regras, que se aproxima das tradições idealista e grociana. A partir do Sistema Internacional, estabelece-se um salto qualitativo nas relações entre os Estados, e se origina a Sociedade Internacional, sustentada na percepção de uma agenda de valores comuns. Assim, para que a Sociedade Internacional possa existir, e se reproduzir, é preciso que os Estados detenham uma real e concreta convergência de valores que os una em torno de regras e princípios comuns. Como indica Daase,

> A distinção entre o sistema internacional e a sociedade internacional é central para a Escola Inglesa como um todo. Em alguns pontos, o sistema internacional é mais fundamental que a sociedade internacional. Pode existir um sistema sem uma sociedade, mas não uma sociedade sem um sistema (...) Mas se um sistema internacional é pré-condição para uma ordem internacional, emerge a questão de como descrever a transição de um para o outro. (DAASE, 2014, p. 150)

A construção da Sociedade Internacional resulta de um processo histórico de aprendizado e convivência, no qual as relações estatais são guiadas por esta agenda comum de convivência. Isso é estabelecido pela interação Estado–Estado e reforçado pelas instituições internacionais. Estas instituições, que são as organizações internacionais governamentais, dão solidez à governança global por meio da normatização e aplicação dessas regras. Neste ponto, as reflexões de Bull apontam que

> Existe uma "sociedade de estados" (ou "sociedade internacional") quando um grupo de estados, conscientes de certos valores e interesses comuns, formam uma sociedade, no sentido de se considerarem ligados, em seu relacionamento, por um conjunto comum de regras, e participam de instituições comuns. Se hoje os estados formam uma sociedade internacional é porque, reconhecendo certos interesses comuns e talvez também certos valores comuns, eles se consideram vinculados a determinadas regras em seu inter-relacionamento, tais como a de respeitar a independência de cada um, honrar os acordos e limitar o uso recíproco da força. Ao mesmo tempo, cooperam para o funcionamento de instituições tais como a forma dos procedimentos do direito internacional, a maquinaria diplomática e a organização internacional, assim como os costumes e convenções da guerra. Nesta acepção, uma sociedade internacional pressupõe um sistema internacional, mas pode haver um sistema internacional que não seja uma sociedade. (BULL, 2002, p. 13)

Segundo Daase (2014), a Sociedade internacional detém duas dimensões distintas: a teórica e a histórica. A dimensão teórica é o estabelecimento do próprio conceito de sociedade como algo distinto do sistema e a histórica corresponde ao estudo da emergência da sociedade. De acordo com este autor, esta questão histórica de como e quanto a Sociedade Internacional se constrói é respondida de certa forma até genericamente: a princípio, a emergência da Sociedade Internacional acontece a partir do momento em que os Estados são capazes de identificar a existência de interesses e valores convergentes. A normatização das Relações Internacionais neste cenário é função das leis, das instituições e da diplomacia. Em síntese, Bull define a sociedade internacional como uma quantidade de Estados que têm consciência da existência de interesses compartilhados e valores, e agem de acordo com esta percepção (DAASE, 2014, p. 151).

Para o estudioso, a pergunta seria respondida a partir da identificação de qual seria este momento "de consciência" e com isso as respostas tendem a variar: para alguns seria no Tratado de Vestfália (1648), para outros, no Tratado de Utrecht (1713). Esses marcos dariam origem à Sociedade Internacional de tipo Ocidental, ligada à Europa Ocidental e a formação do Estado Moderno. A partir dos séculos XIX e XX esta mesma Sociedade Internacional seria contestada e transformada pela globalização, transnacionalização e sofre um processo de evolução, que trará novas normas e padrões para a convivência dos Estados (WATSON, 2009).

Ponto pacífico é correlacionar a existência tanto do Sistema Internacional quanto da Sociedade Internacional, ao Estado Moderno como ator. Antes de seu estabelecimento, o que se observaram foram embriões de unidades políticas, de Sistema e de Sociedade Internacional. Especificamente, são formas de organização pré-Sociedade Internacional na ordem mundial conforme análise de Jackson e Owens (2005): a Grécia Antiga (500–100 a.C.), a Renascença Italiana (1300–1500) e a Constituição da Europa Moderna (1500–1650).

Para estes autores, o pós-1650 já pode ser definido como uma era de Sociedade Internacional, que se subdividiria em: Mundo Europeu Ocidental (1650–1950) e Globalização (1950 em diante). Os anos 1950 são identificados como uma quebra devido à ampliação das Relações Internacionais no pós-Segunda Guerra gerada pela extensão global da hegemonia dos Estados Unidos e a contestação (e declínio) do sistema europeu ocidental pelos processos de descolonização afro-asiática e emergência do Terceiro Mundo. No que diz respeito a esses últimos elementos, eles se referem à emergência do Sul na arena global e em novas agendas internacionais, e à demanda pela atualização do Sistema "Ocidental" (ver 4.3 e 5.4.3 para uma avaliação desses fenômenos).

Independentemente de suas dificuldades e sobreposições com outras correntes da área, a Escola Inglesa oferece importantes contribuições para as Relações Internacionais ao chamar a atenção para a evolução histórica do sistema de Estados. Esta proposta, como indica Halliday (1999), confronta com a dinâmica realista de considerar que todas as dinâmicas envolvendo o poder e os Estados são, por definição, iguais ao longo do tempo. Nesta perspectiva, a política internacional, e a política em geral, é "a-histórica", pois sempre se reproduz da mesma forma.

Criticamente, porém, a Escola Inglesa, tende a enfatizar a visão ocidental de muitas maneiras, ainda que reconheça a contestação presente da "Sociedade Internacional" dominante. Contestação esta muitas vezes baseada nas ideias e na construção de novos valores e identidades. Esta questão, e o peso da normatização por meio de processos valorativos construídos pelos agentes, faz com que a Escola Inglesa seja vista por alguns como uma "aliada natural do construtivismo" (LINKLATER, 2005, p. 92), já que

> (...) está interessada nos processos que transformam o sistema de Estado em sociedades de Estados e nas normas e instituições que ajudam a prevenir o colapso da civilidade e a reemergência do poder sem controle (...) também se preocupa com a questão se as sociedades de Estado podem desenvolver meios de promover a justiça para os indivíduos (...) (LINKLATER, 2005, p. 93)

Quadro 21: Principais Conceitos

A Escola Inglesa

Ordem Mundial

Sistema Político Global Composto por Toda a Humanidade; Constitutiva da Humanidade.

Ordem Internacional

Ordem Gerada pelos Estados, na qual se Desenrolam as Relações Internacionais.

Estado

Unidade Política Soberana e Autônoma.

Sistema Internacional

Conjunto de dois ou mais Estados que interagem na Ordem Internacional e detêm efeitos uns sobre os outros.

Sociedade Internacional

Estados que compõem o Sistema Internacional encontram-se ligados por um mesmo conjunto de regras e valores comuns, institucionalizados, para os quais convergem suas expectativas; Espaço Normatizado de Convivência entre os Estados.

Fonte: BULL, 2002, LINKLATER, 2005 (elaborado pela autora).

Contudo, é no Construtivismo, na década de 1980, que estas dimensões sobre o papel das ideias e da construção subjetiva ganharam mais espaço e se tornaram uma das mais importantes referências no campo das Relações Internacionais.

5.3. O CONSTRUTIVISMO

Desde os anos 1980, a construção da agenda de pesquisa do Construtivismo nas Relações Internacionais tem sido caracterizada por um intenso debate. Enquanto alguns definem esta linha de pensamento como mais uma "Teoria" das Relações Internacionais, outros analistas, inclusive pertencentes a esta corrente de reflexão, definem o construtivismo como um "mapa do caminho" para compreender o mundo, que, eventualmente pode se tornar uma teoria de relações internacionais. Esta posição, inclusive, foi apresentada por Nicholas Onuf, uma das principais referências do pensamento construtivista, quando afirma que,

> Como uma estrutura, o construtivismo torna possível para os observadores propor diversas teorias ou explicações gerais, e permite aos observadores encaixar as teorias umas com as outras. O construtivismo não é uma teoria nela mesma, embora eu confesse ter feito certa confusão com a questão ao chamá-lo de "paradigma teórico" (...) O construtivismo está no meio termo entre a epistemologia e a metodologia, e se fizer a "virada ontológica", pode abrir caminho à teoria. (ONUF, 2002, s/p)

Assim como outras agendas da área, o próprio Construtivismo tende a se perder em debates sobre seu *status* ou não como teoria, que acabam obscurecendo suas contribuições. Assim, independentemente de tentar esclarecer se o construtivismo é ou não uma teoria, pergunta que está longe de ser respondida, é fundamental reconhecer que esta corrente traz importantes pilares de reflexão para as Relações Internacionais.

Tais pilares enfatizam suas dimensões sociais e constitutivas, e se encontram presentes não só no trabalho de Nicholas Onuf, em obras como *The World of*

Our Making, como nos de Alexander Wendt, no livro *Social Theory of International Politics* e no artigo "Anarchy is what states make of it", Richard Ashley e Emanuel Adler, dentre outros. Somente lembrando, esta não é uma lista exaustiva de representantes deste campo e Wendt, por exemplo, não se reporta atualmente à agenda construtivista.

Analisando a trajetória histórica do Construtivismo, Barnett indica que o mesmo tem suas raízes na crítica às abordagens neorrealista e neoliberal que dominaram a década de 1970. Diante deste cenário, Ulbert (2014) indica que havia uma preocupação crescente da parte dos analistas em estabelecer um corte nestas perspectivas, buscando novas perspectivas. Nos anos 1980, o termo Construtivismo passou a ser associado a estes esforços, definindo um foco no papel das ideias e das interações sociais. Como apontam Pearon e Wendt,

> (...) o construtivismo é fundamentalmente preocupado com o papel das ideias na construção da vida social (...) preocupa-se em demonstrar a natureza socialmente construída de agentes e sujeitos (...) é baseado em uma estratégia de pesquisa holística, ao invés de individualista (...) o que unifica estes pontos anteriores é sua preocupação com as explicações constitutivas em oposição às causais." (PEARON e WENDT, 2002, p.57–58)

Mas como isso se aplica na prática? No trabalho de Nicholas Onuf (2002) a preocupação é dar conta da inter-relação entre os agentes sociais e o Estado, tendo como fundamento esta preocupação com as ideias. Desta forma, havia um descolamento entre o que se definia como o Estado e o que as ciências sociais consideravam como tal, e o Construtivismo tem como agenda de pesquisa superar esta separação artificial. O autor destaca que o Construtivismo não tem pretensão de ser uma Teoria das Relações Internacionais, mas sim uma teoria social, que compreende a realidade como um produto de interações sociais. Nas palavras do autor,

> Três pressupostos estruturam a minha sistematização do Construtivismo (...): a) A sociedade é o que ela faz. Qualquer conjunto de relações sociais coerentes (incluindo as relações internacionais) é também, e sempre,

> um processo no qual os agentes e seus mundos constituem uns aos outros. Coconstituição dá conta da mudança em disseminação e da aparente continuidade das relações políticas; b) O discurso e seus derivados (regras, políticas) são o meio da construção social. As pessoas se tornam agentes vivendo em um mundo de linguagem. Elas dependem da linguagem para expressar seus desejos, traduzir seus desejos em objetivos e finalmente perseguir estes objetivos. O discurso (...) é a base, e espelho, da conduta normativa. A construção social é sempre normativa; c) Como meio, as regras transformam materiais disponíveis em recursos, o que gera oportunidades assimétricas para o controle e a distribuição assimétrica de bens. Esta é a regra, e a regra se encontra em cada sociedade, incluindo a sociedade internacional. (ONUF, 2002, s/p)

Portanto, para Onuf (2002), existe um processo de constituição social mútua entre os agentes e a estrutura, que é igualmente reproduzido no trabalho de Wendt (1987). Onuf, além disso, compartilha com Adler (2002), a preocupação com o papel da linguagem na construção das ideias sociais. Sobre isso, vale a pena citar Adler,

> O construtivismo considera que o conhecimento e as ideias intersubjetivas têm efeitos constitutivos na realidade social e sua evolução (...) o construtivismo trata de tudo (...) a comunicação social é outro valor agregado importante (...) a comunicação social e a racionalidade prática dependem da linguagem, que é o veículo para a difusão e institucionalização das ideias (...) (ADLER, 2002, p. 102)

Na avaliação de Ulbert (2014), isso indica que os processos sociais e históricos se reforçam mutuamente, com ações de reciprocidade, e se autodeterminam uns aos outros. Esta avaliação é complementada por Wendt (1992), cujo foco é a relação agente–estrutura. No caso, em seu texto clássico citado, "Anarchy is what states make of it", Wendt procura explicar não só como deve ser uma teoria social da área, mas como se constrói a visão de anarquia na área. Wendt nega que ela seja um princípio dado como nas teorias dominantes. Sobre as teorias, Wendt sustenta que,

> Todas as teorias das relações internacionais são baseadas em teorias sociais da relação entre agente, processo e estrutura social. As teorias sociais não determinam o conteúdo de nossa teorização internacional, mas estruturam as questões que fazemos sobre a política internacional e nossas abordagens para responder a estas questões. A questão substantiva em xeque nos debates sobre a teoria social é qual tipo de fundação oferece o conjunto mais válido de questões e estratégias de pesquisa para explicar as mudanças (...) (WENDT, 2002, p. 422)

O autor destaca sobre a anarquia que,

> (...) a autoajuda e a política de poder não são uma consequência lógica ou casual da anarquia e que hoje se nos encontramos em um mundo de autoajuda, isso se deve ao processo e não à estrutura. Não existe lógica da anarquia separada das práticas que criam e fundamentam uma estrutura de identidades e interesses (...) A autoajuda e a política de poder são instituições não características constitutivas da anarquia. A anarquia é o que os Estados definem. (WENDT, 2002, p. 394–395)

Portanto,

> Um princípio fundamental da teoria social construtivista é que as pessoas agem em direção a objetos, incluindo outros atores, com base no sentido que os objetos têm para eles. Os Estados agem de forma diferente com os inimigos do que o fazem com amigos, porque os inimigos os ameaçam e os amigos não. A anarquia e a distribuição de poder são insuficientes para nos dizer qual é qual. (WENDT, 2002, p. 397)

Em síntese, como destaca Ulbert (2014), não existe "uma realidade" ou "uma identidade", mas sim uma multiplicidade delas, que se constituem processualmente a partir da vivência humana. Sobre isso:

> (...) não temos acesso direto à "realidade". Pelo contrário, o "mundo social" que nos é acessível é construído por meio da forma como lidamos uns com os outros, as ideias que compartilhamos sobre o mundo e como nós vivenciamos o nosso ambiente. (ULBERT, 2014, p. 248) Isso significa, por um lado, que as estruturas são constitutivas da ação dos atores e seus interesses e, por outro, que os autores constantemente reproduzem e mantêm, mas também podem mudar as estruturas por meio da sua ação. As estruturas agem não só para limitar comportamento. Mas também para conter as regras que dão aos atores certo repertório de opções de ação e portanto constituem o fundamento da ação social. (ULBERT, 2014, p. 252)

De acordo com Adler (2002), o Construtivismo agrega valor considerável ao pensamento das Relações Internacionais ao trazer para o campo de pesquisa o chamado "mundo social", até então negligenciado por outras teorias. Torna-se possível trabalhar as dimensões intersubjetivas que prevalecem em todas as áreas da vida social, entendendo a política internacional como parte desta realidade. Isso permite compreender a realidade por meio de suas narrativas e ideias construídas, sem tomar *a priori* a definição de conceitos ou preconceitos. Da mesma forma que Wendt (1987), Adler comenta que a anarquia depende da percepção e compreensão das sociedades, e estende esta avaliação à análise do interesse nacional.

O Construtivismo abre diferentes possibilidades de pesquisa e de interação com temas e sujeitos, pois, como nos diz Onuf (2002, s/p), "cada um de nós vive em um mundo que é unicamente nosso, e compartilhamos mundos quando falamos entre nós sobre eles." Com isso, o debate sobre agente–estrutura, e suas inter-relações demonstra que não existe um descolamento entre a realidade e os Estados, e, mais ainda, que são muitos os agentes estatais e transnacionais que podem influenciar esta estrutura. Isso ajuda as Relações Internacionais a escapar de uma ação a-histórica e a-social, observando e compreendendo a construção e reprodução dos sujeitos como atores em suas circunstâncias, que os determinam e por ela são determinados.

Quadro 22: O Construtivismo

Relação Agente–Estrutura
As Ideias
A Linguagem
As Regras e Instituições
A Constituição Social

5.4. OS NOVOS RECORTES

Uma das tarefas mais difíceis nas Relações Internacionais é definir quais são os novos recortes que um determinado manual trabalhará. Com isso, novamente se coloca a questão da escolha e da subjetividade nas Ciências Sociais. Para este livro, foram escolhidos os seguintes temas examinados em suas linhas gerais: feminismo, pós-modernismo e pós-estruturalismo e o pós-colonialismo.

5.4.1. O Feminismo

Dentre os recortes aqui abordados, talvez seja o feminismo o que tenha desenvolvido uma abordagem mais sólida como agenda teórica de pesquisa das relações internacionais e que possui uma identidade separada. Parte disso deriva de sua especificidade temática que é pesquisar o lugar das mulheres na política internacional, já com seus próprios recortes na segurança, na pauta estratégica e na econômica. Porém, esta também pode ser uma afirmação contestada, debatendo se o tema de gênero é essencial ao campo. Entretanto, é fato que esta é uma das áreas de pesquisa em expansão para as Relações Internacionais e Ciências Sociais de forma ampla, cabendo entender suas preocupações e demandas.

A trajetória do feminismo tem suas origens nos anos 1970 como parte de um processo amplo de mudança e contestação social em diversos temas sociais e políticos: gênero, raça, crítica às guerras e à desigualdade. Segundo Finke, "as abordagens feministas são ligadas com um movimento social e político, especificamente, o movimento feminista" (2014, p. 305). Nas relações internacionais, o processo ganha densidade com o fim da Guerra Fria em 1989, que abre espaço para uma discussão mais ampla de temas sociais na área.

De acordo com Tickner e Sjoberg,

> As teorias feministas entraram na disciplina de relações internacionais no final dos anos 1980, início dos 1990. O começo do feminismo nas relações internacionais está associado à ampliação do debate no campo (...) As feministas (...) questionaram a disciplina a pensar sobre como suas teorias poderiam ser reformuladas e como esta compreensão da política global poderia ser incrementada se as experiências das mulheres recebessem atenção (...) As feministas argumentavam que somente com a introdução da análise de gênero o impacto diferenciado do sistema de estados e da economia global para homens e mulheres poderia ser plenamente compreendido. (TICKNER e SJOBERG, 2013, p. 205)

O feminismo, portanto, busca o desenvolvimento de uma concepção de relações internacionais focada no gênero. Desta forma, visa entender como as relações sociais entre os diferentes gêneros ocorrem, e como são construídas e desempenhadas estruturalmente. A preocupação do feminismo, como indica Finke (2014), não é o estudo do gênero biológico, mas do gênero socialmente construído, e como isso se estende a relações internacionais. Segundo Tickner e Sjoberg (2014), a agenda feminista inicia-se a partir do questionamento do lugar das mulheres nas relações internacionais.

Tal questionamento ocorre em duas bases: primeiro, ele busca "(...) chamar a atenção para a invisibilidade das mulheres e a subordinação de gênero na política internacional e na economia global" (TICKNER e SJOBERG, 2013, p. 205). Como indica Enloe, em um dos livros clássicos deste recorte, *Bananas, Beaches and Bases: Making Feminist Sense of International Relations* (1989), a pergunta central é:

"onde estão as mulheres"? Ou seja, por que e como as mulheres ficam invisíveis na arena global e de que forma isto pode ser superado[3].

Segundo, objetiva-se promover a revisão das categorias socialmente construídas que quando não "escondem" as mulheres, procuram definir quais são seus limites de atuação. Como indica Adam Jones em seu texto "Does gender make the world go round? Feminist critiques of international relations", é preciso compreender as mulheres como atores históricos e políticos, que vá além dos papéis pré-definidos socialmente, que se reproduzem na política internacional. De acordo com Pettman (2005), as Relações Internacionais precisam promover uma revisão destes pressupostos em seus programas de análise, pois tendem a se caracterizar como uma das machistas ciências sociais que existem. Com isso, é preciso superar barreiras para que as mulheres possam, de fato, tornar-se protagonistas deste campo e de outros da vida social. Pois,

> A mais importante questão aqui é o significado das relações de gênero na política (internacional), que pode ser trazida de volta à questão da existência e das origens da ação de orientação "tipicamente" feminina ou masculina (...) Além da teoria feminista e da pesquisa empírica, a cooptação do gênero por meio do "pensamento dominante de gênero" praticado em burocracias internacionais demonstra como a pesquisa de gênero tem um impacto nas relações internacionais (FINKE, 2014, p. 316–317)

Apesar de ter esta base comum, que é a agenda de gênero, o campo de pesquisa teórico feminista nas relações internacionais possui diversas linhas. Ainda que não haja consenso sobre quais seriam todas estas linhas de pesquisa, é possível identificar algumas correntes. Portanto, não "um feminismo" nas relações internacionais, mas um campo de pesquisa heterogêneo que enfatiza a questão de gênero, mas promove seus estudos a partir de diferentes preocupações. No quadro, apresenta-se uma breve síntese:

---

[3] Outras obras que podem ser mencionadas como referência no campo: Laura Shepherd (Ed.), *Gender Matters in Global Politics: A Feminist Introduction to International Relations* (2010), Christine Sylvester, *Feminist Theory and International Relations in a Post Modern Era* (1994), Ann Tickner, *Gender in International Relations: Feminist Perspectives on Achieving Global Security* (1992). No Brasil, destaca-se a coletânea organizada por Mathias (2010), *Sob o signo de Atena — Gênero na Diplomacia nas Forças Armadas.*

Quadro 23: Os "Feminismos" nas Relações Internacionais

Tipologia	Característica
Liberal	Busca "encontrar" as mulheres nas relações internacionais e explicar o porquê de sua exclusão; Projeto Político de Emancipação e Inclusão Social; Igualdade de Gênero.
Social/Marxista/Crítica	Estudo da Associação Entre Gênero e Classe como Forma de Exclusão Social; Avaliação Crítica da Dependência Moral e Material.
Contestatório	Ampla Contestação do Domínio Masculino no Campo; Revisão Conceitual e Moral.
Construtivista	Construção da Dominação e Desigualdade de Gênero por Meio das Ideias e Valores Sociais.
Pós-Modernista e Pós-Estruturalista	Utilização e Manipulação da Linguagem como Forma de Dominação de Gênero.
Pós-Colonial	Crítica à Percepção Construída pelas Mulheres Ocidentais do Feminismo Oriental; Descolamento entre as Questões de Gênero entre o Ocidente e o Oriente; Crítica às Dimensões Pretensamente Universais sobre Gênero.

Fonte: SMITH e OWENS, 2005 e FINKE (2014) (elaborado pela autora).

O feminismo e sua agenda de pesquisa têm permitido uma ampliação dos estudos de gênero em setores como defesa e segurança (o papel das mulheres nas Forças Armadas, as mulheres como vítimas de guerras, a manipulação do poder masculino nas sociedades e a instrumentalização de seu bem-estar) e desenvolvimento social. Neste último aspecto, o combate à insegurança econômica é percebido cada vez mais como função de uma sociedade igualitária, sustentada a partir do respeito às mulheres.

O empoderamento feminino é cada vez mais presente na agenda internacional, com presença nas negociações multilaterais sobre direitos femininos no âmbito das Nações Unidas. A inclusão da igualdade de gênero como uma das metas dos Objetivos do Desenvolvimento do Milênio (ODM, 2000–2015) e dos Objetivos do Desenvolvimento Sustentável (ODS, 2015–2030), demonstra a centralidade deste tema, que não se limita às Relações Internacionais.

5.4.2. O Pós-Modernismo e o Pós-Estruturalismo

A agenda do pós-modernismo e pós-estruturalismo muitas vezes se confunde e se sobrepõe, não sendo um fenômeno exclusivo das Relações Internacionais. De acordo com Smith e Owens (2005), o debate e a contestação do pensamento dominante são tendências que se encontram presentes em toda a área das Ciências Sociais, principalmente a partir dos anos 1980. A desconstrução do conhecimento e de suas formas de reprodução tem como objetivo desvendar o que estaria "por trás" dos pensamentos correntes.

Dentre os autores mais representativos desta agenda em termos gerais, pode ser citado Michel Foucault, que tem como foco de seus trabalhos o estudo da relação entre poder e conhecimento, e como o poder (quem exerce e quem estrutura) produz conhecimento. As sociedades modernas encontram-se baseadas em "regimes de verdade", cujas diretrizes tornam-se dominantes por sua imposição e afetam todas as relações sociais. Esta imposição, contudo, não é clara ou aparente, pois isso facilitaria seu entendimento e contestação.

Na prática, ela é uma construção a partir de discursos que visam construir e reforçar a dominação, por meio do estabelecimento de identidades e valores. O que se revela são estratégias de dominação construídas por meio do discurso e do estabelecimento de narrativas, com a pretensão da verdade. Portanto, o foco é a compreensão do discurso, da narrativa, e das representações dos eventos, avaliando a linguagem associada à dominação e a seu desenho específico de relações sociais. Ou seja, um desenho que supostamente nos diz o que seria "a verdade" e que reforça estruturas sociais desiguais e assimétricas de dominação[4].

---

[4] Autores como Halliday (1999) contestam esta dimensão alegando que as abordagens pós-estruturalistas buscam exatamente o contrário: o esvaziamento do estudo sobre métodos concretos de dominação.

Nas Relações Internacionais, segundo Diez (2014), estas abordagens refletem dinâmica similar: a insatisfação com a realidade presente e a necessidade de a contestar e promover uma agenda analítica. O foco reside nos textos e suas representações e na análise da linguagem e metalinguagem a eles associadas. Pois,

> A partir de uma perspectiva pós-estrutural, a interpretação e a representação são indispensáveis e inescapáveis, quando se trata de engajar o campo da política internacional e das relações internacionais (...) Ao dar conta do pós-estruturalismo é importante ter claro o propósito deste corpo de pensamento (...) diferente da maioria das abordagens para a política internacional, ele não se vê como uma teoria, escola ou paradigma que produz uma única interpretação de seu objeto de estudo. Muito pelo contrário (...) é uma abordagem, uma atitude, um conhecimento, que persegue a crítica (...). (CAMPBELL, 2013, p. 243)

Nas Relações Internacionais, algumas das obras mais conhecidas são as de James der Derian, *International/Intertextual Relations: Post Modern Readings of World Politics*, e de David Campbell, com *Writing Security: United States foreign policy and the politics of identity*. Campbell define que é preciso compreender as relações internacionais a partir de "(...) três grandes complexos temáticos (1) o papel da política externa na construção da identidade do Estado, (2) as consequências éticas da interdependência radical, (3) a desconstrução como fundamento do político." (DIEZ, 2014, p. 292).

Até o momento, a crítica "pós" demanda maiores estudos nas Relações Internacionais e uma compreensão de seu lugar dos debates da área. Como analisado no Capítulo 1, existem grandes divergências sobre o lugar que este debate ocupa (ou não) na agenda das Relações Internacionais: se ele daria origem a um "Quarto Debate" ou se estaria se encaixando no "Terceiro Debate", inter e intraparadigmático, ele mesmo foco de contestação. Assim, cabe avaliar que se trata de uma visão relevante, que merece mais estudos, por sua avaliação da relação conhecimento–poder, com pontos de contato com a Teoria Crítica por sua contestação desta dominação e com o próprio construtivismo por seu foco na construção das ideias e identidades a ela relacionadas.

5.4.3. O Pós-Colonialismo

A interação entre a pauta do Pós-Colonialismo e as Relações Internacionais é bastante abrangente, tendo duas características comuns: a multidisciplinaridade e a influência da história e dos acontecimentos na evolução do pensamento. Este segundo pilar, inclusive, faz com que muitos estudiosos indiquem que os estudos sobre pós-colonialismo representam uma linha independente, um campo em si mesmo, e que não deve ser enquadrado como referencial teórico de uma ou outra disciplina. Isso se aplicaria a sua inclusão nas Relações Internacionais, na Sociologia, na Ciência Política e na História, defendendo uma ampla autonomia no campo.

Enquanto este debate, assim como muitos outros, não se define, cabe indagar, qual é a agenda de pesquisa do pós-colonialismo? Quais suas contribuições para as Relações Internacionais?

A emergência dos estudos pós-coloniais encontra-se diretamente associada à descolonização afro-asiática e ao nascimento do Terceiro Mundo nos anos 1950 e 1960. Enquanto a descolonização coloca em xeque as estruturas de dominação político-social prévias do imperialismo europeu do século XIX, trazendo autonomia e soberania para os povos antes subjugados, o nascimento do Terceiro Mundo abre espaço para uma coalizão de nações do Sul para reivindicar seus direitos. Em contraposição à agenda belicista da Guerra Fria, a agenda do Terceiro Mundo era sustentada pelas demandas da coexistência pacífica, da paz, da não ingerência, do desarmamento, da democracia e do desenvolvimento.

Nos anos 1970, a proposta de criação de uma Nova Ordem Econômica Internacional (NOEI) sintetiza esses pilares. Assim, ambos os processos encontram-se relacionados à ascensão da periferia e a sua emergência como ator internacional. No caso do pós-colonialismo, a agenda de estudos busca o estabelecimento de uma identidade particular para pensar o mundo a partir desta posição periférica. Segundo Grovogui, "O pós-colonialismo associa o desenvolvimento da ordem internacional e da sociedade e da economia política internacional com tipos específicos de violência." (2013, p. 249)

Desta forma, esta visão trabalha a partir de uma perspectiva multidisciplinar. Neste eixo, examinam-se os múltiplos fatores sociais, culturais e identitários que contribuíram para o estabelecimento das estruturas de dominação imperiais, desmistificando seu caráter supostamente universal e compartilhado entre dominadores e dominados. Assim, se havia aceitação desta "universalidade" era porque a mesma se sustentava essencialmente na dominação e na violência estrutural que afligia estas sociedades. Isso não significa que a dominação não fosse construída também com o segundo pilar da cooptação, mas sim que a violência, visível e não visível, era a base de todos estes arranjos.

Segundo Smith e Owens (2005), o questionamento das estruturas prévias de dominação dá voz aos antigos Estados coloniais e permite o estabelecimento de novas identidades a partir da consciência de cada povo. Esta consciência tem como pressupostos a resistência e a superação da dominação em um primeiro momento e, na sequência, a busca de um caminho próprio. Existem, portanto, duas dimensões: a da crítica e a da reconstrução do mundo a partir de novas bases.

Outro elemento relevante deste processo é a contestação, como já indicado, das pretensas universalizações de valores e princípios, assim como dos procedimentos de governança internacionais (como o multilateralismo, suas regras e bases conforme originalmente concebidas). A questão é, novamente, a da reconstrução: não existe uma invalidação destes mecanismos, pois, caso sejam acompanhados de uma visão de justiça e igualdade, os mesmos podem colaborar para a democratização global.

Assim, o que está em xeque é a contestação da imposição de normas e valores dominantes a todos, sem que essas normas e valores sejam objeto de reflexão e debate, ou compatíveis com todas as sociedades. Para ser de fato democrático e justo, o processo de construção de estruturas e sua reprodução deve dar conta da diversidade de Estados, e dos povos e das culturas que os compõem, associadas a suas necessidades materiais. As demandas de reforma que vêm sendo trazidas por estas nações da ordem política, social e econômica internacional refletem esta realidade.

O trabalho de Edward Said sobre orientalismo é uma das referências neste campo, ao procurar estudar o Oriente Médio a partir de um olhar próprio, que não reproduza a linguagem e a interpretação do Ocidente para a região. Como sustentam Owen e Smith, cada povo precisa conhecer sua identidade e sua história, e não a ler ou interpretar a partir do outro, do estrangeiro:

> Orientalismo, para Said, refere-se às formas hegemônicas de representar "o Oriente" e seus povos desde o início da civilização ocidental. Estas representações são absolutamente cruciais para o sucesso da dominação econômica e militar do Ocidente sobre o Oriente e a construção de identidades (de raça, classe ou gênero) em ambos. (SMITH e OWENS, 2005, p. 289).

Como se percebe, os novos recortes têm suas raízes em movimentos amplos da sociedade e das Ciências Humanas que não se restringem às Relações Internacionais. Estas abordagens, e suas diferentes inflexões podem contribuir para a abertura de vias diferenciadas de pesquisa, que contemplem a diversidade e complexidade do cenário internacional contemporâneo.

Quadro 24: Os Novos Recortes

O Feminismo

- Questões de Gênero nas Relações Internacionais;
- Avaliação do Cenário Mundial pela Percepção e Ação das Mulheres;
- Mulheres como Foco da Pesquisa Internacional.

O Pós-Modernismo e o Pós-Estruturalismo

- Estudo das Relações entre Conhecimento e Poder;
- Linguagem e Construção do Sistema de Valores como Instrumentos de Dominação.

O Pós-Colonialismo

- Crítica à Dominação Ocidental das Visões de Relações Internacionais;
- Construção de um Olhar Próprio para os Povos Pós-Coloniais;
- Proposição para Ação Autônoma e Consciente.

Fonte: BAYLIS e SMITH, 2005 (elaborado pela autora).

Questões de Estudo

1. Quais são as principais características da agenda de pesquisa da Economia Política Internacional?
2. Escolha um dos chamados novos recortes e indique qual você considera o mais importante para as Relações Internacionais hoje, indicando o porquê e as principais características desta corrente.
3. Avalie as principais contribuições do Construtivismo e da Escola Inglesa para as Relações Internacionais, indicando, no mínimo, três dessas contribuições.

Dinâmicas de Debate: Documentários e Filmes

1. Reflita, a partir dos novos recortes das relações internacionais, sobre o filme "Hotel Ruanda" e "A Filha do General".
2. Em "Capitalism: a Love Story" (2009), Michael Moore discute os temas da EPI sobre uma perspectiva crítica. Analise esta perspectiva de Moore e indique se você concorda com ela ou não, justificando sua resposta.
3. Discuta sobre as crises de identidade e pressões sobre os povos colonizados a partir do filme "Belém: Zona de Conflito" (2013).

CONCLUSÃO

Ao longo deste livro procurou-se abordar as principais correntes teóricas das Relações Internacionais em suas dimensões formativas e contemporâneas, indicando a evolução desta área de estudo e das formas de pensamento a ela associadas. Tais teorias, assim como aplicação de seus conceitos, não se encontram isentas de elementos políticos e ideológicos, e mesmo a escolha da teoria (ou teorias) que um analista realiza já pressupõe certa concepção de mundo e de sociedade. Ao optar por determinados elementos conceituais, modelos e estruturas de pensamento para analisar seu objeto, o estudioso traça um caminho para suas reflexões, que se revelam em suas interpretações.

Não há, portanto, teoria que se descole do desenvolvimento histórico ou social, ainda que muitas vezes esta aparência prevaleça sobre a realidade, até como forma de encobrir um determinado discurso ou postura política. Igualmente, não há teoria descolada de um olhar específico de uma sociedade: a estrutura de pensamento pode até ser a mesma, mas a percepção de mundo não necessariamente será. As sociedades são produto de sua realidade, de sua construção histórica, de seu desenvolvimento econômico e cultural, de seus valores e normas, que se contrapõem muitas vezes às tentativas de universalização e globalização de percepções. Mas o que prevalece? Os Estados e sociedades tradicionais ou esta globalização?

Basta observar a evolução das correntes teóricas abordadas que se encontra a resposta a essas indagações: as relações internacionais não se encontram em nenhum destes extremos. Nem os Estados e as sociedades individuais têm hoje todas as respostas, ou capacidade para agir, e nem prevalece a globalização, na qual termos como supranacionalidade e universalização suplantam os poderes locais. Da mesma maneira, essas são apenas algumas das perguntas e recortes possíveis interpretativos sobre o mundo que se encontram à disposição: da universalização chega-se à fragmentação, da supranacionalidade à reafirmação da soberania, da cooperação ao conflito, da prosperidade e desenvolvimento à crise e à dominação.

Diante deste cenário, para os estudiosos no Brasil, coloca-se um cenário duplamente desafiador: primeiro, compreender a oferta de instrumentos teóricos que se encontram à disposição para entender o mundo e utilizá-los de forma autônoma e crítica; e, segundo, desenvolver, de dentro para fora, uma visão própria sobre o país e suas relações internacionais e, talvez, até mesmo, uma teoria brasileira.

REFERÊNCIAS BIBLIOGRÁFICAS

ADLER, Emanuel. “O construtivismo no estudo das relações internacionais”. *Lua Nova*, 47, 99. p. 201–252.

ADLER, Emanuel. “Constructivism in international relations”. In CARLSNAES, Walter; RISSE, Thomas; SIMMONS, Beth A. (ed.). *Handbook of international relations*. London: SAGE, 2002. p. 95–118.

ARON, Raymond. *Paz e guerra entre as nações*. Brasília: IPRI/FINAG/IMESP, 2001.

ARRIGHI, Giovanni. *O longo século XX*. São Paulo: UNESP/Contraponto, 1996.

BALDWIN, David A. (ed.). *Neorealism and Neoliberalism — The contemporary debate*. Columbia University Press: New York, 1993.

BAYLIS, John; SMITH, Steve. *The Globalization of World Politics — An introduction to international politics*. Oxford: OUP. 3rd edition, 2005.

BIELER, Andreas; MORTON, Adam David. “Neogramscian perspectives”. In SCHIEDER, Siegfried e SPINDLER, Manuela (ed.). *Theories of international relations*. London: Routledge, 2014. p. 214–230.

BIELING, Hans-Jürgen. “International political economy”. In SCHIEDER, Siegfried e SPINDLER, Manuela (ed.). *Theories of international relations*. London: Routledge, 2014. p. 231–247.

BOBBIO, Norberto; MATEUCCI, Nicola; PASQUINO, Gianfranco. *Dicionário de Política*. Brasília: Ed. UnB, 1986. 2ª ed.

BRAILLARD, Phillipe. *Teorias das Relações Internacionais*. Lisboa: Fundação Calouste Gulbekian, 1990.

BROOKS, Stephen G.; WOHLFORTH, William C. *World out of balance — International relations and the challenge of American primacy*. Princeton: Princeton University Press, 2008.

BULL, Hedley. *A sociedade anárquica*. Brasília/São Paulo: Ed. UnB/IPRI Imprensa Oficial do Estado, 2002.

CAMPBELL, David. “Poststrucutralism”. In DUNNE, Tim; KURKI, Milja e SMITH, Steve. *International relations theories — Discipline and diversity*. Oxford: Oxford University Press. 3rd edition, 2013. p. 223–246.

CARLSNAES, Walter; RISSE, Thomas; SIMMONS, Beth A. (ed.). *Handbook of international relations*. London: SAGE, 2002.

CARMO, Corival Alves do. "Poder, Estado e Hegemonia: as interfaces entre a teoria das relações internacionais e a economia política internacional". *Oikos*, 12 (1), 2013. p. 5–31.

CARR, E.H. *Vinte Anos de Crise — 1919–1939*. Brasília: IPRI/IMESP/FUNAG, 2001.

COX, Robert. "Social Forces, States and World Orders: Beyond International Relations Theory". In KEOHANE, Robert O. (ed.). *Neorealism and its critics*. New York: Columbia University Press, 1986. p. 158–293.

DAASE, Christopher. "The English School". In SCHIEDER, Siegfried e SPINDLER, Manuela (ed.). *Theories of international relations*. London: Routledge, 2014. p. 147–162.

DEUTSCH, Karl W. *et al*. "Political community and the North Atlantic Area", 1957. In NELSEN, Brent F. e STUBB, Alexander (ed.). *The European Union — Readings on the theory and practice of European Integration*. London: Lynne Rienner Publishers. 3rd edition.

DEUTSCH, Karl W. Análise das Relações Internacionais. Brasília: Ed. UnB. 1978.

DEVETAK, Richard. "Critical theory". In BURCHILL, Scott; LINKLATER, Andrew; DEVETAK, Richard; DONNELY, Jack; PATERSON, Matthew; REUS-SMIT, Christian e TRUE, Jacqui. *Theories of international relations*. New York: Palgrave MacMillan, 3rd edition, 2005. p. 137–160.

DIEZ, Thomas, "Postmodern approaches". In SCHIEDER, Siegfried e SPINDLER, Manuela (ed.). *Theories of international relations*. London: Routledge, 2014. p. 287–303.

DOUGHERTY, James; PFALTZGRAFF, Robert. *Contending Theories of International Relations*. New York, Longman, 1997.

DOYLE, Michael W. *Ways of war and peace*. New York/London: W.W Norton & Company, 1997.

DUNNE, Tim; KURKI, Milja; SMITH, Steve. *International relations theories — Discipline and diversity*. Oxford: Oxford University Press, 3rd edition, 2013.

DUNNE, Tim; SCHMIDT, Brian C. "Realism". In BAYLIS, John; SMITH, STEVE. *The globalization of world politics — An introduction to international politics*. Oxford: OUP, 3rd edition, 2005. p. 161–184.

DUNNE, Tim. "Liberalism". In BAYLIS, John; SMITH, STEVE. *The globalization of world politics — An introduction to international politics*. Oxford: OUP, 3rd edition, 2005. p. 185–204.

DUROSELLE, Jean-Baptiste. *Todo império perecerá: teoria das relações internacionais.* Brasília: Ed. UnB, 2000.

ERKSINE, Toni. "Normative international relations theory". In DUNNE, Tim; KURKI, Milja; SMITH, Steve. *International relations theories — Discipline and diversity.* Oxford: Oxford University Press, 3rd edition, 2013. p. 36–58.

ESCUDE, Carlos. "Realismo Periférico: una experiencia argentina de construcción de teoría, 1986–1997". História Política. Disponível em: http://historiapolitica.com/datos/biblioteca/rrii_escude.pdf. Acesso em: 01 nov. 2015.

FAWCETT, Louis e HURRELL, Andrew (ed.). *Regionalism in world politics.* Oxford: Oxford University Press, 1996.

FEARON, James; WENDT, Alexander. "Rationalism vs constructivism: a skeptical view". In CARLSNAES, Walter; RISSE, Thomas; SIMMONS, Beth A. (ed.). *Handbook of international relations.* London: SAGE, 2002. p. 52–72.

FINKE, Barbara. "Feminist approaches". In SCHIEDER, Siegfried e SPINDLER, Manuela (ed.). *Theories of international relations.* London: Routledge, 2014. p. 304–320.

FUKUYAMA, Francis. *O fim da história e o último homem.* Rio de Janeiro: Rocco. 1989.

GADDIS, John Lewis. *We now know.* Oxford: Clarendon Press, 1990.

GILPIN, Robert. *A economia política das relações internacionais.* Brasília: Ed. UnB, 2002.

___________. *War and change in world politics.* Cambridge: Cambridge University Press, 1983.

GRAMSCI, Antonio. *Maquiavel, a política e o Estado Moderno.* Rio de Janeiro: Nacional. 1991.

GRIECO, Joseph. "Understanding the problem of international cooperation: the limits of neoliberal institutionalism and the future of realist theory". In BALDWIN, David A. (ed.). *Neorealism and neoliberalism — The contemporary debate.* Columbia University Press: New York. 1993. p. 301–338.

GROTIUS, Hugo. *Direito da guerra e da paz,* vol. 1 e vol. 2. Ijui: Unijui, 2004.

GROVOGUI, Siba N. "Postcolonialism". In DUNNE, Tim; KURKI, Milja; SMITH, Steve. *International relations theories — Discipline and diversity.* Oxford: Oxford University Press, 3rd edition, 2013. p. 247–265.

HAAS, Ernst B. “International integration: the European and the universal process”. In *International Organization*, vol. 15, n. 3, Summer 1961. p. 366–392.

HALLIDAY, Fred. *Repensando as relações internacionais.* Porto Alegre: Ed. UFRGS/ FAPA, 1999.

HARVEY, David. *A brief history of neoliberalism.* Oxford: OUP, 2005.

____________. *O enigma do capital: e as crises do capitalismo.* São Paulo: Boitempo, 2011.

HAY, Colin. “International relations theory and globalization”. In DUNNE, Tim, KURKI, Milja; SMITH, Steve. *International relations theories — Discipline and diversity.* Oxford: Oxford University Press, 3rd edition, 2013. p. 287–305.

HELD, David e KOENIG-ARCHIBUGI, Mathias (ed.). *Global governance and public accountability.* Oxford: Blackwell Publishing, 2005.

HELD, David. “Democratic accountability and political effectiveness from a cosmopolitan perspective”. In HELD, David e KOENIG-ARCHIBUGI, Mathias (ed.). *Global governance and public accountability.* Oxford: Blackwell Publishing, 2005. p. 240–267.

HEINRICH, Michael. “The theory of imperialism”. In SCHIEDER, Siegfried e SPINDLER, Manuela (ed.). *Theories of international relations.* London: Routledge, 2014. p. 179–197.

HERZ, Monica; HOFFMAN, Andrea Ribeiro. *Organizações Internacionais.* Rio de Janeiro: Campus, 2004.

HIRST, Paul; THOMPSON, Grahame. “The future of globalization”. *Cooperation and conflict: Journal of the Nordic International Studies Association*, 37(3). p. 247–265.

HOBBES, Thomas. *Os Pensadores — Volume 1.* São Paulo: Ed. Nova Cultural, 1988.

HOBDEN, Stephen; JONES, Richrd Wyn. “Marxist theories of international relations”. In BAYLIS, John e SMITH, Steve. *The globalization of world politics — An introduction to international politics.* Oxford: OUP, 3rd edition, 2005.

HOBSBAWM, Eric. *A Era dos Extremos (1914–1991) — O Breve Século XX.* Companhia das Letras, São Paulo, 1997.

HOFFMAN, Stanley. *Janus and Minerva — Essays in the theory and practice of international politics.* Westview Press, London, 1987.

HUMRIK, Christoph. “Critical theory”. In SCHIEDER, Siegfried e SPINDLER, Manuela (ed.). *Theories of international relations.* London: Routledge, 2014. p. 214–230.

HUNTINGTON, Samuel. *O choque de civilizações e a recomposição da ordem mundial*. Rio de Janeiro: Objetiva, 1997.

IKENBERRY, G. John. *Liberal Leviathan — The origins crisis and the transformation of the American order.* Princeton and Oxford: Princeton University Press, 2011.

JACKSON, Robert; OWENS, Patricia. "The evolution of international society". In BAYLIS, John; SMITH, Steve. *The globalization of world politics — An introduction to international politics*. Oxford: OUP, 3rd edition, 2005. p. 45–62.

KANT, Immanuel. *A paz perpétua*. Várias edições.

KENNEDY, Paul. *Ascensão e queda das grandes potências*. Rio de Janeiro: Campus, 1989.

KEOHANE, Robert O. *After hegemony*. Princeton: Princeton University Press, 1984.

___________. (ed.). *Neorealism and its critics*. New York: Columbia University Press, 1986.

___________; MARTIN, Lisa L. "The promise of institucionalist theory". In *International Security*, 20(1) Summer 1995. p. 39–51.

___________; NYE JR., Joseph S. *Transnational relations and world politics*. Harvard University Press, Cambridge, 1981.

___________; NYE JR., Joseph S. *Power and interdependence*. Scott, Foresman and Company, 2nd ed., 1989.

___________; MILNER, Helen V. (ed.) *Internationalization and Domestic Politics*. Cambridge: Cambridge University Press, 1996.

KISSINGER, Henry. *Diplomacy*. New York: Norton, 1994.

KRASNER, Stephen D. (ed.). *International Regimes*. Cornell University Press, New York, 1983.

KURKI, Milja; WIGHT, Colin. "International relations and social science". In DUNNE, Tim; KURKI, Milja; SMITH, Steve. *International relations theories — Discipline and diversity*. Oxford: Oxford University Press, 3rd edition, 2013. p. 14–35.

LAPID, Yosef. "The third debate: on the prospects of international theory in a post-positivist area". In VASQUEZ, John A. *Classics of international relations*. New Jersey: Prentice Hall, 3rd edition, 1996. p. 91–101.

LAYNE, Christopher. *The peace of illusions — American grand strategy from 1940 to the present.* Ithaca and London: Cornell University Press, 2006.

LENIN, Vladimir I. *Imperialismo, etapa superior do capitalismo.* Várias edições.

LIMA, Marcos Costa; VILLA, Rafael Duarte. *Teóricos das Relações Internacionais.* São Paulo: Hucitec Editora, 2012.

LINKLATER, Andrew. *Critical theory and world politics — Citizenship sovereignty and humanity.* London: Routledge, 2007.

__________. "The English School". In BURCHILL, Scott; LINKLATER, Andrew; DEVETAK, Richard; DONNELY, Jack; PATERSON, Matthew; REUS-SMIT, Christian; TRUE, Jacqui. *Theories of international relations.* New York: Palgrave MacMillan, 3rd edition, 2005. p. 84–109.

LITTLE, Richard. "International regimes". In BAYLIS, John; SMITH, Steve. *The Globalization of World Politics.* Oxford: OUP, 3rd edition, 2005. p. 369–376.

LOCKE, John. *O segundo tratado de governo.* Várias edições.

MAQUIAVEL, Nicolau. *Os Pensadores — O Príncipe e Escritos Políticos.* São Paulo: Ed. Nova Cultural, 1987.

__________. *Discursos sobre a primeira década de Tito Lívio.* Várias edições.

MARX, Karl. *O Capital.* Várias edições.

__________. *O 18 Brumário de Luís Bonaparte.* Várias edições.

__________; ENGELS, Friedrick. *O Manifesto Comunista.* Várias edições.

MEARSHEIMER, John J. "Back to the future — Instability in Europe after the Cold War". In *International Security,* 15(1), 1990. p. 5–56.

__________. "The false promise of international institutions". In *International Security,* 19(3) Winter 1994–1995. p. 5–49.

__________. "A realist reply". In *International Security,* 20(1). Summer 1995. p. 82–93.

__________. *The tragedy of great power politics.* New York: W.W Norton & Company, 2001.

MERLE, Marcel. *Sociologia das relações internacionais.* Brasília, Ed. UnB, 1981.

MILAN, Marcelo. "A crise financeira e a hegemonia do dólar". In *Austral*, 1(1), 2012. p. 133–148.

MITRANY, David. *The functional theory of politics*. St. Martins Press, 1976.

____________. "The functional approach to world organization". In *International Affairs*, 24(3), 1948, p. 350–363.

MONTESQUIEU. *O Espírito das Leis*. Diversas edições.

MORAVCSIK, Andrew. "Is there a democratic deficit in world politics? A framework for analysis". In HELD, David e KOENIG-ARCHIBUGI, Mathias (ed.). *Global governance and public accountability*. Oxford: Blackwell Publishing, 2005. p. 212–239.

____________. *The choice for Europe: social purpose and state power from Messina to Maastricht*. New York: Cornell University Press, 1998.

MORGENTHAU, Hans J. "To intervene or not intervene". In HOGE, James F.; ZAKARIA, Fareed. *The American Encounter*. Council on Foreign Relations, New York, 1997. p. 265–272.

____________. *A política entre as nações*. Brasília: IPRI/FUNAG/IMESP, 2003.

NOLKE, Andreas. "World system theory". In SCHIEDER, Siegfried e SPINDLER, Manuela (ed.). *Theories of international relations*. London: Routledge, 2014. p. 198–213.

NYE JR., Joseph S. *Understanding international conflicts*. New York: Harper Collins Publishers, 2002.

OYE, Kenneth A. (ed.). *Cooperation under anarchy*. Princeton: Princeton University Press, 1985.

ONUF, Nicholas, "Worlds of our making: the strange career of constructivism in international relations". In PUCHALA, Donald J. (ed.). *Visions of International Relations: Assessing an Academic Field*. Columbia: University of South Carolina, 2002.

____________. *World of our Making — Rules and rule in social theory and international relations*. London: Routledge. Reimpression, 2012.

____________. *Making sense, making worlds — Constructivism in social theory and international relations*. London: Routledge, 2013.

PECEQUILO, Cristina Soreanu. *A política externa dos Estados Unidos*. Porto Alegre: Ed. UFRGS, 2011.

___________. *A União Europeia*. Rio de Janeiro: Elsevier, 2014.

___________; CARMO, Corival Alves do. *O Brasil e a América do Sul — Relações regionais e globais*. Rio de Janeiro: Ed. Alta Books, 2015.

PETTMAN, Jan Jindy. "Gender issues". In BAYLIS, John; SMITH, Steve. *The globalization of world politics — An introduction to international politics*. Oxford: OUP, 3rd edition, 2005. p. 669–688.

PUTNAM, Robert D. "Diplomacy and Domestic Politics: The Logic of Two-Level Games". In *International Organization*, 42 (3), Summer, 1988. p. 427–460.

ROSENAU, James N. e CZEMPIEL, Ernst-Otto (Org.). *Governança sem governo*. Brasília: Ed. UnB, 2000.

RUGGIE, John Gerard. "International regimes, transaction and change: embedded liberalism in postwar economic order". In *International Organization*, 36(2), Spring 1982. p. 379–415.

RUGGIE, John Gerard. "Epistemologia, ontología y el estúdio de lós regimenes internacionales". Relaciones Internacionales, 12 oct. 2009. p. 171–191.

RUPERT, Mark. "Marxism". In DUNNE, Tim; KURKI, Milja; SMITH, Steve. *International relations theories — Discipline and diversity*. Oxford: Oxford University Press, 3rd edition, 2013. p. 153–170.

RUSSETT, Bruce. "Liberalism". In DUNNE, Tim; KURKI, Milja; SMITH, Steve. *International relations theories — Discipline and diversity*. Oxford: Oxford University Press, 3rd edition, 2013. p. 94–113.

SALMON, Trevor C. e IMBER, Mark F. (ed.). *Issues in International Relations*. Routledge: London and New York, 2nd ed, 2008.

SCHIEDER, Siegfried. "New liberalism". In SCHIEDER, Siegfried e SPINDLER, Manuela (ed.). *Theories of international relations*. London: Routledge, 2014. p. 107–129.

SCHORNIG, Nicholas. "Neorealism". In SCHIEDER, Siegfried e SPINDLER, Manuela (ed.). *Theories of international relations*. London: Routledge, 2014. p. 37–55.

SILVA, Marco Antonio de Meneses. "Teoria crítica em relações internacionais". In *Contexto Internacional*, 27(2), Julho–Dezembro 2005.p. 249–282.

SIMPSON, Archie. "Nations and States". In SALMON, Trevor C. e IMBER, Mark F. (Eds.). *Issues in International Relations*. London: Routledge, 2nd ed, 2008. p. 46–60.

SLAUGHTER, Anne-Marie. "Disaggregated sovereignty: towards the public accountability of global governance networks". In HELD, David e KOENIG-ARCHIBUGI, Mathias (ed.). *Global governance and public accountability*. Oxford: Blackwell Publishing., 2005. p. 35–66.

SPINDLER, Manuela; SCHNEIDER, Siegfried. "Theory in International Relations". In SCHIEDER, Siegfried e SPINDLER, Manuela (ed.). *Theories of international relations*. London: Routledge, 2014. p. 1–21.

SPINDLER, Manuela. In SCHIEDER, Siegfried e SPINDLER, Manuela (ed.). *Theories of international relations*. London: Routledge, 2014. p. 56–75.

STRANGE, Susan. *States and markets*. London, Continuum, 1994.

___________. "The Defective State". In *Daedalus*, 124 (2). What future for the state? Spring 1995. p. 55–74.

TICKNER, J. Ann; SJOBERG, Laura. "Feminism". In DUNNE, Tim; KURKI, Milja; SMITH, Steve. *International relations theories — Discipline and diversity*. Oxford: Oxford University Press, 3rd edition, 2013. p. 205–222.

TUCIDIDES. *História da Guerra do Peloponeso*. Brasília: IPRI/ Ed. UnB. 2001.

ULBERT, Cornelia. "Social constructivism". In SCHIEDER, Siegfried e SPINDLER, Manuela (ed.). *Theories of international relations*. London: Routledge, 2014. p. 248–268.

VASQUEZ, John A. *Classics of international relations*. New Jersey: Prentice Hall, 3rd edition, 1996.

VISENTINI, Paulo Fagundes (*et al.*). *Revoluções e regimes marxistas — Rupturas, experiências e impacto internacional*. Porto Alegre: Ed. Leitura XXI, 2013.

___________. *A projeção internacional do Brasil*. Rio de Janeiro: 2013.

___________. *A primeira guerra mundial e o declínio da* Europa. Rio de Janeiro: Ed. Alta Books, 2014.

ZACHER, Mark. "Os pilares em ruína do templo de Vestfália". In ROSENAU, James N. e CZEMPIEL, Ernest-Otto (org.). *Governança sem governo*. Brasília: Ed. UnB, 2000.

ZANGL, Bernhard. "Regime theory". In SCHIEDER, Siegfried e SPINDLER, Manuela (ed.), *Theories of international relations*. London: Routledge, 2014. p. 76–89.

ZURN, Michael. "Global governance and legitimacy problems". In HELD, David e KOENIG-ARCHIBUGI, Mathias (ed.). *Global governance and public accountability.* Oxford: Blackwell Publishing, 2005. p. 136–163.

WÆVER, Ole. "Still a disciplina after all these debates?". In DUNNE, Tim; KURKI, Milja; SMITH, Steve. *International relations theories — Discipline and diversity.* Oxford: Oxford University Press, 3rd edition, 2013. p. 306–328.

WALLERSTEIN, Immanuel. *The modern world system.* Vols. I, II, III. 1980, 1988. Academic Press.

___________. *Após o liberalismo.* Petrópolis: Ed. Vozes, 2002.

___________. "The rise and future demise of the world capitalist system: concepts for comparative analysis". In VASQUEZ, John A. *Classics of international relations.* New Jersey: Prentice Hall, 3rd edition, 1996. p. 362–367.

___________. "As agonias do liberalismo". In *Lua Nova*, São Paulo, n. 34, p. 117–134, dez. 1994. Disponível em <http://www.scielo.br/scielo.php?script=sci_arttext&pid=S0102-64451994000300008&lng=pt&nrm=iso>. Acesso em 19 dez. 2015.

WALT, Stephen. *Taming American power: the global response to US primacy.* New York: W.W Norton e Company, 2002.

WALTZ, Kenneth N. *Theory of international politics.* McGrawHill, New York, 1979.

___________. "Reductionist and systemic theories". In KEOHANE, Robert O. (ed.). *Neorealism and its critics.* New York: Columbia University Press, 1986. p.47–69.

___________. "Political Structures". In KEOHANE, Robert O. (ed.). *Neorealism and its critics.* New York: Columbia University Press, 1986. p. 70–97.

___________. "Anarchic orders and balance of power". In KEOHANE, Robert O. (ed.). *Neorealism and its critics.* New York: Columbia University Press, 1986. p. 98–130.

___________. "Why Iran should get the bomb". *Foreign Affairs*, July/August 2012.

WATSON, Adam. *Evolução da sociedade internacional.* Brasília: Ed. UnB. 2004.

WEBER, Max. *Ensaios de Sociologia.* Rio de Janeiro: Ed. Guanabara, 5ed., 1979.

WEBER, Cynthia. *International relations theory — A critical introduction.* London: Routledge, 2010.

WENDT, Alexander. "Anarchy is what States make of it: the Social Construction of Power Politics". In *International Organization*, 46(2) Spring 1992. p. 391–425.

____________. *Social Theory of International Politics*. Cambridge: Cambridge University Press, 1999.

WILLETTS, Peter. "Transnational actors and international organizations in global politics". In BAYLIS, John; SMITH, Steve. *The Globalization of World Politics*. Oxford: OUP, 3rd edition, 2005. p. 425–447.

WILSON, Woodrow. *Fourteen Points*. 1918.